THOMAS RAISER

Das Unternehmen als Organisation

Kritik und Erneuerung der juristischen Unternehmenslehre

THOMAS RAISER

Das Unternehmen als Organisation

Kritik und Erneuerung
der juristischen Unternehmenslehre

Berlin 1969

WALTER DE GRUYTER & CO.

Archiv-Nr. 23 33 69
Satz und Druck: Max Schönherr, 1 Berlin 65

VORWORT

Die vorliegende Arbeit ist aus der Beschäftigung mit dem Konzernrecht des Aktiengesetzes von 1965 hervorgegangen. Bei dem Versuch, die Rechtsnatur der Unternehmensverträge weiter zu klären, die Würdinger als kausalose Organisationsverträge und als juristisches Novum beschrieben hat*, stellte sich immer deutlicher heraus, daß der traditionelle Unternehmensbegriff nicht ausreicht, ihre Eigenart in den Griff zu bekommen. Daraus ergab sich die Kritik der herrschenden Lehre, die den ersten Teil des Buches füllt, fast wie von selbst. Schwieriger wäre es gewesen, aus dem juristischen Material einen überzeugenden Ansatz für eine Neuformulierung zu gewinnen. So empfand ich es selbst als eine glückliche Entdeckung, mitten in der Arbeit auf die soziologische Organisationstheorie zu stoßen, die sich alsbald nicht nur als eine Fundgrube neuer Einsichten erwies, sondern die gesuchte Grundkonzeption in ausgereifter, fertiger Form lieferte. Im zweiten Teil des Buches unternehme ich daher den Versuch, aus dieser soziologischen Theorie eine neue juristische Unternehmenslehre abzuleiten. Ich weiß, daß der Entwurf in vieler Hinsicht noch skizzenhaft ist und weiterer wissenschaftstheoretischer wie juristischer Fundierung bedarf. Doch dürfte seine Tragweite auch in der vorliegenden Form verständlich sein, so daß es mir angezeigt scheint, ihn erst einmal zur Diskussion zu stellen.

Ein Mangel des Werks liegt in der Unvollständigkeit der Literaturverarbeitung, die allerdings bei der Weite des Themas unvermeidlich war. Oft mußte ich mich auf wenige repräsentative Äußerungen beschränken. Alle Autoren, die dabei zu kurz gekommen sind, bitte ich um freundliche Nachsicht. Was den soziologischen Teil angeht, bin ich darüber hinaus darauf gefaßt, mir den Vorwurf der Vereinfachung zuzuziehen, der gewiß auch berechtigt ist. Nur ist die gegenseitige Befruchtung der Wissenschaften beim gegenwärtigen Stand der Kommunikation nicht anders möglich, als daß man den Mut zu solchem Dilettantismus aufbringt. Ich lasse mich aber in dieser Hinsicht von der Kritik gerne belehren. Dagegen sollte der Verzicht auf eine Stellungnahme zu den politisch umstrittenen Fragen, die sich mehrfach aufgedrängt hätte, nicht als Mangel bewertet werden, obwohl vielleicht mancher engagierter Leser deshalb in dem Buch nicht findet, was er sucht. Auch ich empfand die Abstinenz an mehreren Stellen als unbefriedigend und abrupt. Aber gerade angesichts der politischen Aktualität des Themas ist es geboten, wissenschaftliche Grundlagenarbeit zu leisten, welche dazu

---

* In: Zur Reform des Konzernrechts, Festschrift für Walter Schmidt, S. 290, 293.

beiträgt, die Voraussetzungen der politischen Entscheidungen zu klären, ohne Gefahr zu laufen, in den Tageskampf hineingezogen zu werden.

Die Arbeit hat im Wintersemester 1968/69 der Juristischen Fakultät der Universität Hamburg als Habilitationsschrift vorgelegen. Herr Generaldirektor Professor Reimer Schmidt, als dessen Assistent ich in meiner ersten Hamburger Zeit gearbeitet habe, hat mich in der - nicht ganz leichten - Wahl des Themas bestärkt und mir auch noch aus der Ferne laufend mit Rat und Tat zur Seite gestanden. Dafür möchte ich ihm auch an dieser Stelle herzlich danken. Mein Dank gilt ferner den Professoren Würdinger, Möller und Zeuner, die nach dem Weggang von Professor Schmidt das Werden der Arbeit mit Interesse, Wohlwollen und Kritik sehr gefördert haben. Vor allem habe ich meinem verehrten Onkel und Lehrer Professor Ludwig Raiser für lange Gespräche zu danken, die meine Gedanken wesentlich befruchtet haben. Dem Verlag danke ich für die freundliche Aufnahme des Werks in sein Programm.

Hamburg, im Juli 1969 *Thomas Raiser*

INHALT

2. Teil
Das Unternehmen als Organisation

1. Kapitel
Der soziologische Ansatz

2. Kapitel
Juristische Folgerungen

Einleitung

DIE ENTWICKLUNG DER JURISTISCHEN UNTERNEHMENSLEHRE SEIT DER JAHRHUNDERTWENDE

1. *Die Anfänge: Das Unternehmen als Rechtsobjekt*

Seit dem Beginn unseres Jahrhunderts ist das wirtschaftliche Unternehmen Gegenstand andauernder und intensiver rechtswissenschaftlicher Forschungen. Zwar war der Begriff auch schon vorher im Allgemeinen Deutschen Handelsgesetzbuch bekannt. Aber dort trug er noch den ganz verbalen Sinn der Wendungen: Gegenstand des Unternehmens und Zeitdauer des Unternehmens, die keinerlei spezifischen juristischen Bedeutungsgehalt aufweisen[1]. Die unbestrittenen Leitbegriffe des Kaufmanns und der Handelsgesellschaften genügten, das dogmatische Gebäude des Handelsrechts zu tragen, und allenfalls der Begriff des Unternehmers trat ihnen gelegentlich an die Seite[2]. Unternehmen fiel als die Tätigkeit der Kaufleute und Gesellschaften ohne weiteres in den Freiheitsbereich, welches das Gesetz diesen gewährte, indem es sie als Rechtssubjekte und als die Zentralfiguren einer vom allgemeinen Zivilrecht gesonderten Rechtsmaterie anerkannte. Jede weitere Regelung hätte daher nur als sach- und systemfremd erscheinen können. Daß auch die Wissenschaft keinen Anlaß fand, sich mit dem Begriff näher auseinanderzusetzen, bedarf unter diesen Umständen keiner Begründung.

Die Lage änderte sich, als um die Jahrhundertwende die Notwendigkeit hervortrat, das Unternehmen in gewissem Sinn von den Inhabern abzulösen und zu objektivieren. Den Anstoß boten einige wichtige gesetzliche Neuregelungen. 1896 anerkannte die österreichische Executionsordnung[3] eine Zwangsvollstreckung in das gewerbliche Unternehmen als Ganzes im Wege der Zwangsverwaltung oder zwangsweisen Verpachtung. In Frankreich hatte die Cour de Cassation bereits 1888 die Verpfändung eines Unternehmens akzeptiert und dem Pfandgläubiger die Befugnis zugesprochen, es bei Pfandreife versteigern zu lassen[4]. Im Gesetz vom 17. März 1909 wurde diese

---

[1] Vgl. Art. 5, 18, 175, 209, 210 ADHGB.

[2] So zum Beispiel im Reichshaftpflichtgesetz von 1871; vgl. unten S. 18.

[3] § 341 ff. der Executionsordnung vom 27. Mai 1896. Über die dieser vorangehende Rechtsprechung vgl. insbes. v. *Ohmeyer*, Das Unternehmen als Rechtsobjekt, S. 92 ff.

[4] Abgedruckt in Annales de droit commercial, 1888 I, S. 171.

Rechtsprechung sanktioniert und ein öffentliches Register für derartige Sicherungsgeschäfte eingeführt[5]. Auch in Deutschland mußte der Gesetzgeber der mit dem wirtschaftlichen Aufschwung einhergehenden Mobilisierung der Unternehmen Rechnung tragen und fügte daher bei der Neufassung des Handelsgesetzbuchs 1897 mit den §§ 25-28 einige neue Vorschriften in den überkommenen Normenbestand ein, welche die Haftung bei Veräußerung und Vererbung eines Handelsgeschäfts sowie beim Gesellschafterwechsel betrafen. In dieselbe Richtung wies der Schutz, den das Reichsgericht seit etwa 1890 gegen rechtswidrige Eingriffe in den eingerichteten und ausgeübten Gewerbebetrieb gewährte[6].

Die Jurisprudenz sah sich angesichts dieser Neuerungen folgerichtig vor die Aufgabe gestellt, einen Begriff des als Rechtsobjekt und Gegenstand deliktischen Rechtsschutzes konzipierten Unternehmens zu formulieren und mit dem Figurenschatz des Privatrechts in Einklang zu bringen. Nicht nur die Pionierarbeiten von *v. Ohmeyer*[7], *Pisko*[8] und *Isay*[9] kreisten nahezu ausschließlich um diese Fragen, sondern sie bildeten auch noch das Hauptthema der großen Monographie von *Oppikofer*[10] in den zwanziger Jahren. Die angesichts des im BGB fixierten starren Sachbegriffs dabei aufgetretenen Schwierigkeiten sind bekannt und brauchen hier nicht wieder aufgerollt zu werden. Wichtig ist hingegen die Feststellung, daß alle diese Forschungen die Grundstrukturen des Handelsrechts nicht antasteten, das primär auf die Kaufleute und Gesellschaften ausgerichtet blieb, und daß sie sich insofern reibungslos in den Rahmen des positiven Rechts einfügten.

2. *Die Mängel dieser Lehre* *Übergang zum mehrgliedrigen Unternehmensbegriff*

Trotz, oder vielleicht richtiger gerade wegen dieser Gesetzestreue barg die Lehre aber einige schwerwiegende Mängel. Es gelang ihr nicht, den volkswirtschaftlichen und juristischen Unternehmensbegriff auf einen Nenner zu bringen, obgleich sich beide Wissenschaften mit demselben sozialen Phänomen beschäftigten[11]. Auch in der Rechtswissenschaft selbst konnte sie nur eine begrenzte Tragweite erlangen. Als Rechtsobjekt konzipiert, bedurfte das Unternehmen von vornherein des tragenden Subjekts und war infolgedessen in entscheidenden Zügen ganz auf die Person des Einzelkaufmanns zugeschnitten, während das Moment einer zweckhaften Organisation des Zusammenwirkens mehrerer Kaufleute, welches im Gesellschafts-

---

[5] Dazu *Metzger*, ZHR 115, 150.

[6] RGZ. 22, 93 (1888); JW 1899, S. 749 u. a.; vgl. i. E. unten S. 39 ff.

[7] Das Unternehmen als Rechtsobjekt, 1906.

[8] Das Unternehmen als Gegenstand des Rechtsverkehrs, 1907.

[9] Das Recht am Unternehmen, 1910. [10] Das Unternehmensrecht, 1927.

[11] Dazu vor allem *Passow*, Betrieb, Unternehmen, Konzern, 1925; *Jessen*, Unternehmen und Unternehmensrecht, ZHR 96, 46 ff.

recht das Bild prägt, kaum berücksichtigt werden konnte. Es war kein Zufall, daß man durchweg die Paragraphen 22 ff. im ersten Buch des HGB als sedes materiae ansah. Schwerer fiel ins Gewicht, daß sich der Begriff als zu eng erwies, eine Brücke zum emporstrebenden Arbeitsrecht zu schlagen, so daß sich dieses mit Hilfe des Betriebsbegriffs als eines eigenen Grundbegriffs selbständig etablierte[12] und es noch heute nur unvollständig gelingt, beide Bereiche an den Nahtstellen zu harmonisieren. Ferner blieb die wichtige Gruppe der Unternehmen des öffentlichen Rechts außerhalb des Gesichtskreises der Handelsrechtsdogmatik, obwohl sie in ihrem rechtlichen Aufbau und in ihrer Funktionsweise Parallelen zu den privaten Unternehmen aufweisen und die Anwendbarkeit des Handelsrechts auf sie zu den stets offenen Fragen gehörte[13]. Schließlich reichte das begrifflich-dogmatische Gerüst, das man baute, für das Recht der staatlichen Wirtschaftsordnung und Wirtschaftsverwaltung nicht aus. Auch hier war die Folge, daß man den ganzen Bereich als selbständiges Lehrfach in einer eigenen Schublade verstaute und sich damit der Chance begab, seine äußere und innere Bezogenheit auf das Handelsrecht sichtbar zu machen.

Eine Aufspaltung des juristischen Unternehmensbegriffs selbst erwies sich bei diesem Stand der Entwicklung bald als unausweichlich. 1940 erklärte Paul *Gieseke*[14] anläßlich des Vergleichs einer größeren Anzahl von handels- und wirtschaftsrechtlichen Gesetzen, es sei prinzipiell falsch, eine einheitliche Begriffsbestimmung des Unternehmens anzustreben, denn es gebe keinen geschlossenen Rechtsbegriff des Unternehmens. Vielmehr sei das Unternehmen der Rechtswissenschaft als Tatbestand vorgegeben. Deren Aufgabe liege nur darin, die verschiedenen rechtlichen Betrachtungsweisen, die sich aus den einzelnen Bestimmungen ergeben, „darzustellen, kritisch zu würdigen, miteinander in Verbindung zu setzen und daraus Folgerungen zu ziehen"[15]. Alsbald machte sich die Mehrheit der Autoren diesen Standpunkt zu eigen. Julius v. *Gierke*[16] begründete ihn in seinem Aufsatz über das Unternehmen, der als die repräsentative und noch heute maßgebende Zusammenfassung aller vorhergehenden Forschungen gelten kann, mit dem Argument, der wirtschaftlich bestimmte Begriff des Unternehmens sei für das Recht zu „statisch". Die Rechtsordnung suche „nach den funktionellen Auswirkungen der Wirtschaftseinheit", denn „die einzelnen Gesetze und Vorschriften erfassen diese, formen und werten sie zu selbständigen rechtlichen Erscheinungen und eigenen Begriffen. Die Gesetze zerreißen die Einheit, um ihre rechtlichen Auswirkungen zu erfassen und rechtlich zu würdigen"[17]. *Gierke* unterscheidet dann drei „selbständige rechtliche Aus-

[12] Vgl. dazu *Passow* aaO.; *Jacobi*, Betrieb und Unternehmen als Rechtsbegriffe, 1926.

[13] Vgl. zu diesem Komplex neuerdings *Raisch*, Geschichtliche Voraussetzungen usw., S. 200 ff.

[14] Die rechtliche Bedeutung des Unternehmens, Festschrift für *E. Heymann*, Bd. 2, S. 112 ff.

[15] S. 118. [16] ZHR 111, S. 1 ff. [17] S. 7.

strahlungen" des Unternehmens: a) die Betriebstätigkeit, b) den durch die Betriebstätigkeit geschaffenen Tätigkeitsbereich mit den ihm zugehörigen Sachen und Rechten und c) die personenrechtliche Betriebsgemeinschaft[18]. Noch heute stützt sich die Lehre vom Unternehmen, soweit sie nicht rein positivistisch den Unternehmensbegriff jedes einzelnen Gesetzes für sich entwickelt, weitgehend auf diese Trichotomie[19]. Es fällt nicht schwer, in ihr das Spiegelbild der Einteilung in Wirtschaftsrecht, Handelsrecht und Arbeitsrecht zu erkennen, durch welche die Rechtswissenschaft die Materie zu bewältigen suchte.

3. Nationalökonomische und soziologische Kritik nach dem ersten Weltkrieg und ihre juristischen Auswirkungen

Im Sinn des juristischen Positivismus lag auch hierin eine konsequente Entwicklung. Schon seit dem ersten Weltkrieg hatte indessen im Kreis der stärker soziologisch und rechtspolitisch orientierten Juristen eine Kritik an der dogmatischen Betrachtungsweise eingesetzt, die geeignet war, von verschiedenen Seiten her das System in seinen Voraussetzungen zu erschüttern. Die vom Fortschritt der Technik verursachte gewaltige Vergrößerung der Unternehmenseinheiten und der damit verbundene, von *Sombart*[20], *Keynes*[21] *Rosenstock*[22], *Schumpeter*[23] und anderen beschriebene Wandel in der Wirtschaftsstruktur mußte auch die Augen der Juristen dafür öffnen, daß die Unternehmen als organisatorische Gebilde die Figuren des Kaufmanns und der Handelsgesellschaft in der wirtschaftlichen und sozialen Realität immer stärker in den Hintergrund drängten. Mehr und mehr bestimmten an der Stelle von Einzelhandelsgeschäften und Personalgesellschaften die Aktiengesellschaften das Geschehen, für welche die Lehre vom Unternehmen als Rechtsobjekt am wenigsten paßte. Den stärksten Einfluß auf die juristische Diskussion gewann Walter *Rathenaus* berühmt gewordene Schrift über das Aktienwesen[24], welche die Unangemessenheit der Herrschaft des privaten Eigentümerinteresses in den großen Unternehmen geißelte und deren eminente öffentliche Bedeutung hervorhob. Seine später unter dem etwas irreführenden Schlagwort vom „Unternehmen an sich" propagierten Gedanken waren in den Erörterungen um eine Reform des Aktienrechts bis in die dreißiger Jahre hinein sozusagen allgegenwärtig[25] und haben dann

---

[18] S. 12 ff.

[19] Vgl. z. B. *Würdinger* im RGRKomm. zum HGB, § 22 Anm. 2, und Aktienrecht, S. 263; *Ballerstedt*, JZ 1951, S. 486; *Hubmann*, ZHR 117, S. 41 ff.

[20] Die Ordnung des Wirtschaftslebens, 1925, S. 45 und passim.

[21] Das Ende des Laissez-Faire, 1926, S. 30 ff.

[22] Vom Industrierecht, 1926, S. 13 ff.

[23] Kapitalismus, Sozialismus und Demokratie, 1942; deutsche Ausgabe, S. 213 ff.

[24] Vom Aktienwesen, eine geschäftliche Betrachtung, 1918.

[25] Dazu u. a. *Haussmann*, Vom Aktienwesen und vom Aktienrecht, 1928; *Netter*, Zur aktienrechtlichen Theorie des Unternehmens an sich, 1932.

schließlich auch in der Verselbständigung des Vorstandes durch § 70 des Aktiengesetzes von 1937 ihre ersten legislatorischen Früchte getragen.

Im engeren Bereich der Unternehmenslehre konnten sich die wirtschaftlichen Umschichtungen zunächst nur in Andeutungen niederschlagen. Schon 1919 finden sich bei *Hedemann* die Sätze: „Mehr und mehr hat sich seit einigen Jahren in den Köpfen der Forscher an die Stelle des bis dahin juristisch allein faßbaren Unternehmers „das Unternehmen" geschoben. Eine völlig neue Rechtsfigur, eine neue Rechengröße, so recht aus dem Zeitgeist geboren und vielleicht dazu bestimmt, der dominierende Begriff bei dem Neubau der Privatrechtsordnung zu werden"[26]. *Wieland* führte aus, in Wahrheit begründe der Unternehmens-, nicht der Kaufmannsbegriff, die innere Einheit des Handelsrechts[27], *Kaskel* baute seine Vorlesung über das Wirtschaftsrecht ganz auf dem Unternehmensbegriff auf[28], und nicht zuletzt betonte Karl *Geiler* in seiner soziologischen Betrachtungsweise des Handelsrechts das Eigengewicht des Unternehmens[29]. Mit großer Entschiedenheit setzte sich dann de lege ferenda Otto *Schreiber* dafür ein, den Begriff des Handelsunternehmens an die Spitze eines künftigen deutschen Handelsgesetzbuchs zu stellen, weil dadurch eine Rechtserscheinung in dessen Mittelpunkt gerückt würde, die „sämtliche die Eigenart des Handelsrechts gegenüber dem Bürgerlichen Recht begründenden Momente" in sich vereinige[30].

Karl August *Eckhardt* unternahm sogar den Versuch nachzuweisen, daß eine derartige Konzeption bereits im geltenden Recht verwirklicht sei[31], allerdings ohne damit Anklang zu finden[32]. Weiter gelangte die Lehre einstweilen nicht. In den während des Dritten Reiches namentlich von *Siebert*[33] und *Fechner*[34] fortgeführten Forschungen gingen die gewonnenen Positionen zwar nicht verloren, vermischten sich aber mit dem Gedankengut einer völkischen Rechtsordnung und konnten selbst in dieser Gestalt nicht zur Reife gedeihen.

---

[26] Das bürgerliche Recht und die neue Zeit, 1919, S. 17.

[27] Handelsrecht Bd. 1, S. 143—145.

[28] Nach dem Bericht von *Nußbaum*, Beiträge zum Wirtschaftsrecht, Bd. 2, S. 493.

[29] Vgl. neben den anderen Arbeiten *Geilers* vor allem: Die wirtschaftlichen Strukturwandlungen und die Reform des Aktienrechts, S. 1 ff., 20 f.

[30] Grundgedanken zum System eines künftigen Handelsrechts, S. 54—57.

[31] ZBH 1928, S. 345 ff.; ZHR 94, S. 20 ff.

[32] Vgl. etwa die zusammenfassenden Darstellungen von *Krause*, Kaufmannsrecht und Unternehmerrecht, ZHR 105, 1938, S. 116—121; und *Schultze-v. Lasaulx*, Die Zukunft des Kaufmannsbegriffs, 1939, S. 22 ff.; ferner *Würdinger*, Grundfragen zur Reform der Einzelunternehmung und der Personalgesellschaften, 1935, S. 1107 ff. und ders., Wirtschaftsordnung und Unternehmung, 1936, S. 112 f.

[33] BGB-System und völkische Ordnung, 1936, S. 204 ff., 225 ff., 252 ff.

[34] Das wirtschaftliche Unternehmen in der Rechtsordnung, 1942.

4. *Die Entwicklung der Lehre nach dem zweiten Weltkrieg*

Nach dem zweiten Weltkrieg zeigte sich schon anläßlich der Diskussionen über eine Reform des Unternehmensrechts auf dem 39. Deutschen Juristentag, daß man bei aller Bereitschaft, den veränderten ökonomischen und sozialen Umständen Rechnung zu tragen, an den dogmatischen Strukturen grundsätzlich festhalten wollte, welche das Kaiserreich und die Weimarer Zeit ausgebildet hatten[35]. Das Betriebsverfassungsgesetz von 1952 knüpfte, jedenfalls was seine begrifflichen und systematischen Grundlagen angeht, weitgehend an das alte Betriebsrätegesetz an[36]. Auch die Unternehmenslehre kehrte in den Arbeiten von *Brecher*[37] und *Hubmann*[38] zu den Fragen zurück, die schon die Pioniere beschäftigt hatten. Daß die Ursache für diesen Regreß nicht nur in dem Mangel einer ausgereiften dogmatischen Konzeption zu suchen war, die als Alternative in Betracht gekommen wäre, sondern auch den rechtspolitischen Anschauungen der fünfziger Jahre entsprach, ließ vor allem die Arbeit von Hermann *Krause*[39] erkennen, der das Gefälle vom Eigentumsunternehmer zur Verselbständigung des Unternehmens in voller Schärfe sah, aber die Zwangsläufigkeit dieses Ablaufs leugnete und dafür plädierte, „die überlieferte Figur des Privateigentums so auszubauen, daß es die neu aufbrechenden Kräfte in sich aufnehmen kann“[40]. Mit diesem Satz repräsentiert *Krause* die herrschende Meinung der handelsrechtlichen Autoren[41]. Indessen ließ sich je länger desto weniger eine spürbare Differenz zwischen solchen Ideen und dem Zustand des geltenden Rechts verleugnen, die sich zunächst mehr unbewußt in einem wachsenden Mißbehagen mit der handelsrechtlichen Terminologie bemerkbar machte. Es fällt auf, daß man im wissenschaftlichen Sprachgebrauch, ungeachtet aller dogmatischen Konstruktion und rechtspolitischen Ziele, in der Regel stillschweigend dazu überging, von Unternehmen anstelle von Kaufleuten und Gesellschaften zu reden[42]. Wo man das persönliche Element festhalten wollte, sprach man statt dessen von

---

[35] Vgl. namentlich die Referate von *Reinhardt*, S. B 5 ff.; *Nikisch*, S. B 41 ff. und *L. Raiser*, S. B 57 ff.

[36] Vgl. *Dietz*, Betriebsverfassungsgesetz, Einführung I 1.

[37] Das Unternehmen als Rechtsgegenstand, 1953.

[38] Das Recht am Unternehmen, ZHR 117, S. 41 ff., vgl. auch *Rittner*, Unternehmen und freier Beruf, 1962, S. 15.

[39] Unternehmer und Unternehmung, 1954.

[40] S. 24.

[41] Vgl. etwa *Ballerstedt*, Unternehmen und Wirtschaftsverfassung, JZ 1951, S. 486 ff.; *L. Raiser*, Referat auf dem 39. Dt.Jur.tag, S. B 61 f.; *Schilling*, Wandlungen des modernen Gesellschaftsbegriffs, JZ 1953, S. 489 ff.; *C. E. Fischer* AcP 154, S. 204 ff.; *Würdinger*, Aktienrecht, 1959, S. 9; *Mestmäcker*, Verwaltung, Konzerngewalt und Rechte der Aktionäre, 1958, S. 14; *Zöllner*, Die Schranken mitgliedschaftlicher Stimmrechtsmacht, 1963, S. 72; *Rittner*, Die Funktion des Eigentums im modernen Gesellschaftsrecht, 1967.

[42] Das gilt vor allem für den größten Teil der Literatur zur Reform des Aktienrechts.

Unternehmern, ohne jedoch den Begriff zu definieren[43]. Auch vermied man, sich mit den anstehenden Problemen ernsthaft auseinanderzusetzen, sondern verfiel bei der Verteidigung des geltenden Systems mitunter in einen verdächtig apodiktischen Ton[44]. Zu welchen Ungereimtheiten man sich bereitfand, trat dann mit voller Schärfe in den Ausführungen von *Raisch* zutage, welcher die Begriffe Unternehmer und Unternehmen als synonym und vertauschbar behandelt und diesen Sprachgebrauch damit rechtfertigt, daß beide Begriffe „ein Gedankengebilde, eine Sinneinheit" kennzeichnen, denn der Unternehmer sei nicht ohne Unternehmen, das Unternehmen nicht ohne Unternehmer denkbar[45]. Auch bei *Raisch* vermißt man eine fundierte Begründung solch kühner Thesen.

5. *Zum Begriff des Unternehmers*

Angesichts dieser Entwicklung bedarf der Begriff des Unternehmers einer genaueren Überprüfung. Wie bereits angedeutet, kommt er in der Gesetzessprache zwar vor, erlangte aber keine tragende Bedeutung. In der neueren Legislatur ist er fast überall dem des Unternehmens gewichen[46]. Auch die dogmatische Jurisprudenz hat ihn folgerichtig nicht zu einem terminus technicus mit spezifischem, fest umrissenem Inhalt ausgebildet. Seine Herkunft aus der Wirtschaftstheorie liegt auf der Hand, wo er in der Epoche des Hochkapitalismus die Leitfigur des schöpferischen und risikobereiten Kaufmanns bezeichnete, der als Träger und Motor des wirtschaftlichen Geschehens im Zentrum der wissenschaftlichen Aufmerksamkeit stand. Assoziationen an diese Figur stehen ja offensichtlich auch hinter den Versuchen, den Begriff in die neuere juristische Diskussion einzuführen. Daher ist es angezeigt, zunächst vom Stand der ökonomischen Theorie Kritik daran zu üben. Seit *Schumpeters*[47] glanzvollen Analysen konnte man sich in den Wirtschaftswissenschaften der Einsicht nicht mehr entziehen, daß infolge des Fortschritts der Technik und der wachsenden Größe der Unternehmen der kraft seines Eigentums alles Geschehen regierende Unternehmer seinen Platz an die Gruppe der Manager abtreten mußte, die, ohne am Kapital beteiligt zu sein und daher, ohne ein nennenswertes Risiko zu tragen, aufgrund ihres Sachverstandes gemeinsam die komplizierten Prozesse diri-

---

[43] Vgl. etwa die zitierte Arbeit von *Krause;* ferner *Raisch,* Geschichtliche Voraussetzungen, dogmatische Grundlagen und Sinnwandlung des Handelsrechts, 1965. Klarer, und zwar im Sinn des Trägers der Planungs- und Entscheidungsfunktion wird der Begriff bei *Köhler,* Rechtsform und Unternehmensverfassung, ZgStW 115 (1959) S. 716 ff. und bei *Rittner,* Die Funktion des Eigentums im modernen Gesellschaftsrecht S. 54, gebraucht, der vom Unternehmensträger spricht.

[44] *Mestmäcker* aaO.; *Zöllner* aaO.; *L. Raiser,* ZVersWiss. 1965, S. 465.

[45] aaO., S. 120.

[46] Eine Ausnahme bildet das Betriebsverfassungsgesetz (§§ 67 ff.).

[47] Zuerst Art. Unternehmer im HDSt Bd. VIII, 1928; ferner Kapitalismus, Sozialismus und Demokratie, S. 213 ff.

gieren, die das Unternehmen am Leben erhalten. Erst jüngst hat *Galbraith* diesen Sachverhalt wieder eindrucksvoll beschrieben[48]. Wo der Begriff des Unternehmers in den Wirtschaftswissenschaften daher noch heute gebraucht wird, wandelte er seine Bedeutung und bezeichnet regelmäßig nicht mehr den Unternehmer alten Stils als Individuum, sondern die Institution der Unternehmensführung, die planvolle wirtschaftliche Entscheidungen trifft[49]. Das bedeutet, daß die Juristen in Wirklichkeit einem Phantom nachjagen, wenn sie glauben, die Personenbezogenheit des Handelsrechts retten zu können, indem sie sich, gewissermaßen post festum, an die Figur des Unternehmers erinnern. Ein Blick auf den tatsächlichen Gebrauch des Begriffs wird dieses Urteil bestätigen. Wer sich die Mühe macht, nachzuprüfen, welche Personen er in der juristischen Literatur meint, wird feststellen müssen, daß er sich, um das Beispiel der Aktiengesellschaft zu wählen, oft an derselben Stelle abwechselnd auf die Gesellschaft selbst als formalen Rechtsträger, auf die Hauptversammlung als deren oberstes Organ, auf den Vorstand bzw. dessen Vorsitzenden als die wirklichen Leiter oder schließlich auf alle am Management in irgendeiner Form beteiligten Mitglieder bezieht, ohne daß die Sphären geschieden würden. Es bedarf keiner Begründung, daß ein so verwaschener Sammelbegriff für die exakte juristische Technik unbrauchbar ist, weil er die Funktionen und Verantwortungsbereiche nicht trennt, sondern vernebelt. Nicht nur im ideellen Gehalt, sondern auch in der praktischen Anwendung lebt der Begriff von der Fiktion, das Geschehen im Unternehmen könne mit den Handlungen einer Person identifiziert werden, die Rechtsträgerschaft, Sachverstand, Führertum, Kapitaleigentum und Risiko in ihrer Brust vereinigt. Das ist, nicht zuletzt angesichts des geltenden Rechts, Ideologie oder Heuchelei. Daher sollte der Unternehmer aus dem juristischen Sprachgebrauch so schnell wie möglich wieder verschwinden.

6. *Ansätze zu einer Neuorientierung*

Es bleibt, das Unternehmen selbst als die sachliche Einheit in einem neuen Anlauf zum Gegenstand rechtsdogmatischer Überlegungen zu machen. Einen bedeutenden Vorstoß in diese Richtung verdanken wir der Studienkommission, die der Deutsche Juristentag eingesetzt hatte, um eine Reform des Unternehmensrechts vorzubereiten[50]. Die Kommission stellte fest, daß „eine gesellschaftsrechtliche Behandlung das Unternehmen nicht in seiner Ganzheit erfaßt, weil auf diese Weise nur der Unternehmer und der

---

[48] Die moderne Industriegesellschaft, 1967, S. 104 ff.

[49] *Kosiol*, Die Unternehmung als wirtschaftliches Aktionszentrum, S. 158; *Gutenberg*, Grundlagen der *Betriebswirtschaftslehre*, Bd. 1, S. 5 f.; vgl. auch S. 383 ff., wo mehrere Unternehmerbegriffe einander gegenübergestellt werden; ferner der Bericht: Unternehmensverfassung als gesellschaftspolitische Forderung S. 17, 89 ff. und passim.

[50] Untersuchungen zur Reform des Unternehmensrechts, Teil 1, 1955, S. 18 ff.

Kapitaleigner als Subjekte des im Unternehmen ablaufenden Wirtschaftsgeschehens erscheinen". Statt dessen entwirft sie das Bild eines Unternehmensrechts als systematischen Ansatzpunkt dafür, „Unternehmer, Kapitaleigner und Arbeitnehmer als jeweils in besonderer Weise Beteiligte und Mitträger zu würdigen" und zugleich die gesamtwirtschaftliche Rolle des Unternehmens in den Griff zu bekommen. Der Bericht der Kommission fährt dann fort: „Wird der Sinn des Begriffs ‚Unternehmensrecht' in der angedeuteten Weise verstanden, so bezeichnet seine Unterscheidung vom Gesellschaftsrecht keineswegs einen Gegensatz. Der Begriff des Unternehmensrechts stellt sich vielmehr als der umfassendere dar, der in organischer Entwicklung aus dem des Gesellschaftsrechts hervorgegangen ist und in den dieses sich systematisch einordnet. Die Bedeutung des Gesellschaftsrechts für die Unternehmensverfassung tritt insbesondere darin hervor, daß es die vermögensrechtliche Einheit des Unternehmens — bei Kapitalgesellschaften in Gestalt der juristischen Person — nach außen gewährleistet. Freilich muß man klar sehen, daß — wie ebenfalls § 70 AktG, wenn auch noch in undeutlicher Formulierung, zeigt — die Anerkennung des Unternehmensrechts als die im Verhältnis zum Gesellschaftsrecht weitere Kategorie zugleich einen Wandel der Wirtschaftsziele und damit der Verantwortungsmaßstäbe für unternehmerisches Handeln zum Ausdruck bringt[51]."

Soweit in diesen Sätzen rechtspolitische Ziele anklingen, sind sie nicht Gegenstand unserer Überlegungen. Daher besteht auch kein Anlaß, die unter dem Stichwort „Unternehmensverfassung" seitdem mit wachsender Vehemenz geführten Diskussionen um eine Erweiterung der Publizität der großen Unternehmen und der Mitbestimmung hier zu verfolgen. Für die juristische Unternehmenslehre ist vielmehr der veränderte Blickwinkel von Interesse, unter welchem in dem Bericht die Begriffe in ihrem theoretischen Zusammenhang erscheinen. Wenn die Kommission für das Unternehmensrecht den systematischen Vorrang vor dem Gesellschaftsrecht beansprucht, gründet sie ihre Analysen und Reformvorschläge auf ein anderes dogmatisches Fundament als bisher, denn ihre Aussage impliziert, daß nunmehr das Unternehmen als systematischer Leitbegriff anzusehen ist, der die Kaufleute und Gesellschaften von dieser Stelle verdrängt hat. Gewiß führt die Kommission den Ansatz nicht durch, sondern nimmt ihn, wie aus Angst vor der eigenen Courage, halb wieder zurück, wenn sie anfügt, das Unternehmensrecht sei in organischer Entwicklung aus dem Gesellschaftsrecht hervorgegangen. Doch ist der Satz nicht ganz eindeutig und deshalb vielleicht nur als Hinweis auf die zeitliche Abfolge zu verstehen. Wie dem aber

[51] *Ballerstedt,* der Verfasser des Ausschußberichts, beruft sich später noch mehrfach auf diese Formulierungen, ohne sie allerdings wesentlich weiterzuführen. Einmal fügt er hinzu, das Gesellschaftsrecht habe es „mit dem Unternehmen nicht in seinem vollen Sinn zu tun", sondern nur das Unternehmensrecht erfasse das Unternehmen „als Element der Sozialordnung", (Schriften des Vereins für Socialpolitik, Bd. 20 II, 1960, S. 880 f.). Vgl. auch: Zur großen Aktienreform, 1962, S. 35 ff.

auch sei: jedenfalls sind die Vorboten eines neuen Kapitels der juristischen Unternehmenslehre nicht zu verkennen.

Die von dem Bericht ausgehende Weiterarbeit der folgenden Jahre ist überwiegend rechtspolitisch orientiert und daher für die dogmatische Theorie nicht allzu ergiebig. Immerhin gewinnt nach und nach auch der gedankliche Neuansatz immer deutlichere Konturen. Herbert W. *Köhler* bezeichnete als erster — wenn ich recht sehe — das Unternehmen als eine „interessenpluralistisch orientierte Wertschöpfungsveranstaltung und volkswirtschaftliche Leistungseinheit", um damit zum Ausdruck zu bringen, daß es nicht mit den Kapitaleigentümern identifiziert werden könne und sich also nicht im Gesellschaftsrecht erschöpfe, sondern zugleich den anderen „konkret beteiligten Gruppen" der Gläubiger, Arbeitnehmer, Lieferanten, Abnehmer und schließlich der gesamten Öffentlichkeit diene[52]. *Köhler* leitet daraus die Forderung ab, ein Unternehmensverfassungsrecht auszubilden, das die Einzelbereiche der verschiedenen Interessengruppen koordiniert. Das Gesellschaftsrecht leiste diese Aufgabe nicht, denn es betreffe nur die Organisation der Eigentümer und ihrer Rechte am Unternehmen[53], also nur die Verfassung einer einzigen Gruppe. Der neue Leitgedanke, der sich hier Bahn bricht, versteht das Unternehmen nicht mehr als Vermögensgemeinschaft, sondern als ein Sozialgebilde, in dem zahlreiche Menschen kooperieren. Er tritt im folgenden namentlich bei *v. Nell-Breuning* und *Kunze* schärfer zutage. Nach *v. Nell-Breuning* haben wir im Unternehmen einen Verbund zweier Gruppen von Menschen zu sehen, deren eine die Sachmittel beiträgt, wogegen die andere Arbeitsleistung vollbringt[54]. Beide leisten einen unerläßlichen Einsatz, weshalb sie in gleicher Weise zum Unternehmen gehören[55]. Die Einheit des Verbandes und sein wirtschaftlicher Erfolg werden durch die einheitliche Leitung bewirkt, deren gestaltender Wille allen übrigen Mitgliedern ihre Aufgaben zuweist und sie insofern beherrscht[56]. Auch für Otto *Kunze* stehen die im Unternehmen zusammenwirkenden Menschen und Menschengruppen im Vordergrund der Betrachtung, wobei er wie *Köhler* auch die Gruppen der Geschäftspartner und die Allgemeinheit mit einbezieht. Er bezeichnet das Unternehmen als ein „interessenpluralistisches Gebilde", in dem die Unternehmensordnung für den Ausgleich der inneren Spannungen und die notwendige Integration zu sorgen hat[57]. In jüngster Zeit laufen im Bericht „Unternehmensverfassung als gesellschaftspolitische Aufgabe", an welchem beide Autoren mitgewirkt haben, ihre Vorstellungen zusammen insofern, als dort die Einheit der Leistung und die Einheit der Leitung als gleichermaßen konstituierende Elemente für das Unternehmen erscheinen[58]. So kennzeichnet der Bericht als die vorläufig letzte Arbeit auf dieser Linie das Unternehmen als einen „interessenpluralistischen Herrschaftsverband"[59].

---

[52] ZgStW 115, S. 721.

[53] JZ 1956, S. 139.

[54] Festschrift für *H. Kronstein*, S. 51.

[55] Vgl. S. 54 ff.

[56] S. 56,

[57] Marburger Gespräch, S. 78 ff.

[58] S. 17 ff.

[59] S. 86—88.

7. *Thema und Methode der Arbeit*

Es ist das Ziel der vorliegenden Arbeit, die damit angesprochenen Probleme weiterzuführen und dogmatisch zu vertiefen. Ihr Thema ist also die juristische Unternehmenstheorie. Dagegen bezieht sie zu den aktuellen rechtspolitischen Streitpunkten nicht Stellung, es sei denn, um an der einen oder anderen Stelle ein klärendes Wort zu ihren Voraussetzungen beizutragen. Im ersten Teil stellt sie die Frage, ob bzw. inwiefern es dogmatisch gerechtfertigt sei, die Begriffe des Kaufmanns und der Gesellschaft als die Leitbegriffe des Handels- und Wirtschaftsrechts zu entthronen und durch den Unternehmensbegriff zu ersetzen und sucht eine Antwort auf dem doppelten Weg einer umfassenden, auch die Praxis einbeziehenden Würdigung des geltenden Rechts und seiner historischen Wurzeln im letzten Jahrhundert. Im zweiten Teil stellt sie einen der soziologischen Theorie entstammenden Ansatz zur Diskussion, der das Unternehmen als Organisation definiert und sich, wie ich glaube, besser als die traditionelle Lehre dazu eignet, die dogmatischen Probleme zu meistern, die das geltende Recht der Wissenschaft stellt.

Zur Methode der Arbeit sind vorab zwei Anmerkungen vonnöten. Zum einen: Sie geht davon aus, daß es eine Scheinlösung ist, Rechtsbereiche, die mit dem vorhandenen dogmatischen Werkzeug nicht voll zu bewältigen sind, dadurch der Wissenschaft gefügig zu machen, daß man sie künstlich auseinanderreißt und die Teile in getrennten Fächern unterbringt, obwohl sie ein einheitliches soziales Phänomen betreffen. Ich halte es mit anderen Worten für falsch, verschiedene Unternehmensbegriffe zu bilden, je nachdem, ob es sich um Materien des Handelsrechts, Arbeitsrechts, Wirtschaftsrechts oder Rechts der öffentlichen Unternehmen handelt. Hier hat der Jurist als Sozialwissenschaftler zur sozialen Wirklichkeit vorzustoßen, bevor er sich um die Reinheit der Systembildung kümmert. Daher reichen die folgenden Analysen bewußt über das Handelsrecht im klassischen Sinn hinaus und suchen die Grundlage ihrer Erkenntnis in allen auf Unternehmen bezogenen Normen. Und zum zweiten: Die Arbeit trägt rechtswissenschaftlichen Charakter, das heißt, sie verzichtet darauf, ihre Kritik an der herrschenden Lehre mit den Einsichten der Sozial- und Wirtschaftsforschung zu begründen. Gleichwohl wird sie nur vor dem Hintergrund des Erkenntnisstandes dieser Schwesterwissenschaften in ihrer vollen Tragweite verständlich, denn man braucht nicht Marxist zu sein, um zu wissen, daß das Recht auf die ökonomischen und sozialen Verhältnisse seiner Zeit abgestimmt sein muß. So ist das eigentliche Kriterium für die Richtigkeit meiner Thesen die Realität der modernen Industriegesellschaft, wie sie zuletzt *Galbraith* in seiner meisterhaften Darstellung[60] beschrieben hat, auf den ich mich, neben anderen[61], insoweit ausdrücklich berufe.

---

[60] Die moderne Industriegesellschaft, 1967.

[61] Unter denen namentlich *Kosiol*, Das Unternehmen als wirtschaftliches Aktionszentrum, 1966, zu nennen ist.

1. Kapitel

KAUFMANN, GESELLSCHAFT UND UNTERNEHMEN IM GELTENDEN RECHT

Vorbemerkung

ZUR DARSTELLUNGSMETHODE

Die Frage, in welchem Verhältnis Kaufmann, Gesellschaft und Unternehmen im geltenden Recht zueinander stehen, läßt sich nicht in einem einzigen Anlauf zufriedenstellend beantworten. Denn einmal erschöpft sich, gemäß unserem methodischen Postulat, das Problem nicht in einer Betrachtung des Handels- und Gesellschaftsrechts, vielmehr sind die anderen Rechtsgebiete mit einzubeziehen, die sich auf Unternehmen beziehen, namentlich also Wirtschaftsrecht, Arbeitsrecht, Steuerrecht und das Recht der öffentlichen Unternehmen. Ferner befinden sich alle diese Rechtsgebiete nicht in einer Ruhe- und Gleichgewichtslage, die es erlauben würde, mittels einer einfachen Querschnittsanalyse den konsolidierten Stand des Problems festzustellen. Im Gegenteil herrscht eine andauernde starke Entwicklung, die uns nötigt, die in Betracht kommenden Gesetzesstellen, Urteile usw. als Ausprägungen aufeinanderfolgender Stadien anzusehen, die in eine zeitliche Reihenfolge gebracht werden müssen. Es genügt daher nicht, ein gleichsam statisches Bild des Unternehmensrechts zu entwerfen, sondern wir haben uns seine Entwicklungslinien und -tendenzen zu vergegenwärtigen, wenn wir seinen heutigen Stand richtig beurteilen und in die Zukunft extrapolieren wollen. Auch verläuft diese Entwicklung nicht in einem einzigen großen Strom, sondern in mehreren nebeneinander liegenden, wenngleich kommunizierenden Kanälen: Gesetzgebung, Judikatur, Verwaltung, Kautelarpraxis usw.

Die folgenden Überlegungen suchen diesem Befund auf doppelte Weise gerecht zu werden: Sie gehen erstens historisch vor, das heißt, sie setzen beim Rechtszustand — überwiegend — der Jahrhundertwende ein, verfolgen die Veränderungen von da an bis zur Gegenwart und suchen dann aus dem Überblick über diesen Zeitraum ein Bild von den Trends zu gewinnen, welche die Entwicklung beherrschen. Zweitens gruppieren sie den Stoff um vier Themen. Zunächst verfolgen sie die Gesetzesterminologie, um darzulegen, welche Wandlungen der Unternehmensbegriff seit dem Erlaß des Handelsgesetzbuchs formell und inhaltlich durchlaufen hat und welche Bedeutung ihm im Körper unseres heute geltenden Gesetzesrechts zukommt. Die beiden anschließenden Abschnitte sind der Judikatur und der Kautelarpraxis gewidmet. Endlich beschäftigen wir uns im vierten Abschnitt mit den Unternehmen des öffentlichen Rechts, die nicht allein juristisch noch immer ein Eigendasein führen, sondern auch infolge der Dialektik zwischen ihrer Eingliederung in den Staatsapparat und ihrer Emanzipation daraus gewisse Sonderaspekte aufweisen.

Bei der Fülle des Materials kann es nicht unser Ziel sein, Vollständigkeit in den Einzelheiten zu erreichen, vielmehr bietet sich von vornherein kein anderer praktikabler Weg an, als mit Beispielen zu arbeiten. Ihre Auswahl wurde unter dem Gesichtspunkt getroffen, Fälle darzustellen, die hinsichtlich der gestellten Frage als repräsentativ und signifikant gelten können.

1. Abschnitt

DIE ENTWICKLUNG DER GESETZLICHEN TERMINOLOGIE SEIT DEM HANDELSGESETZBUCH VON 1897

1. Die Terminologie des Handelsgesetzbuchs und seiner Nebengesetze

Für das Handelsgesetzbuch von 1897 stehen der Kaufmann und die Handelsgesellschaften im Mittelpunkt seines dogmatischen Systems. Sie sind die Träger der Sonderrechte, um derentwillen das Handelsrecht außerhalb des allgemeinen Zivilrechts kodifiziert wurde, und als solche die im Gesetz durchgehend anerkannten Rechtssubjekte und Normadressaten. Der Begriff des Unternehmens spielt demgegenüber eine gänzlich untergeordnete Rolle und hat sich noch nicht zu einem terminus technicus mit präzisem Wortsinn entwickelt. In den §§ 2 und 3 HGB bedeutet er, wie aus dem Wortlaut unmittelbar hervorgeht, dasselbe wie Gewerbe, und man hat den Eindruck, daß er vom Gesetzgeber aus ästhetischen Gründen um der sprachlichen Abwechselung willen gebraucht wurde. Mit Recht verstand ihn die herrschende Lehre als Inbegriff kaufmännischer Tätigkeit im Sinn einer Substantivierung des Zeitworts „unternehmen", in welcher sich dessen sehr allgemeine, jede beliebige Tätigkeit umfassende Bedeutung fortsetzt[1]. Auch die an vielen Stellen des Handelsrechts[2] vorkommende Wendung „Gegenstand des (vom Kaufmann oder der Gesellschaft betriebenen) Unternehmens" ließ sich zunächst schwerlich anders deuten[3]. Daneben fanden sich einige Vorschriften, in denen das Unternehmen sprachlich als Rechtssubjekt erschien. Zu nennen sind die register- und bilanzrechtlichen Sonderregeln für „Unternehmen des Reiches, eines Bundesstaates oder eines inländischen Kommunalverbandes"[4], ferner der durch das Aktiengesetz von 1937 aufgehobene § 180 Abs. 2 HGB, wonach der Bundesrat für „gemeinnützige Unternehmen" sowie für gewisse mit einer öffentlichen Er-

---

[1] z. B. *Jacobi,* Betrieb und Unternehmen als Rechtsbegriffe, S. 22 ff.

[2] Vgl. §§ 6 Abs. 2, 20, 33 Abs. 2, 182 Ziff. 2, 195 Ziff. 6, 198 Abs. 1, 201 Abs. 5, 210 Abs. 2, 284 Ziff. 4, 310 u. a. HGB; §§ 3 Abs. 1 Ziff. 2, 4, 8 Ziff. 4, 10, 76 GmbHGes.; §§ 3 Abs. 1, 6 Ziff. 2, 12 Ziff. 3, 16 Abs. 2 GenG u. a.

[3] Anders *Eckhardt* (ZHR 94, 21 ff.), der in seinem Bestreben, das Unternehmen als Zentralbegriff des Handelsrechts zu verstehen (vgl. oben S. 5), behauptete, daß der Begriff rein sprachlich auch eine Auslegung zulasse, wonach die Gesetzesautoren mit dem Unternehmen die Vorstellung des Subjekts der gewerblichen Tätigkeit verbunden hätten.

[4] §§ 36, 42 HGB.

tragsgarantie ausgestattete „Unternehmen“ die Ausgabe von Aktien mit einem geringeren als dem gesetzlichen Mindestnennwert zulassen konnte. Offensichtlich handelt es sich um die Unternehmen der öffentlichen Hand, bei denen die Gesetzesautoren den Unternehmensbegriff in anderem Sinn als sonst verwendeten. Aufs Ganze gesehen stehen diese Vorschriften aber vereinzelt und tragen nur beiläufigen Charakter. Sie erlauben daher keine grundsätzlichen Zweifel an der Aussage, daß systematisch Kaufleute und Gesellschaften als die Subjekte des Handelsrechts anzusehen waren.

Im Rahmen dieser Grundkonzeption gestatten die vom Gesetz ausgeprägten Gestaltungsformen in unterschiedlichem Maße, das Unternehmen als eigenständiges Institut zu behandeln. Am wenigsten ist es beim Einzelkaufmann möglich, wo die Regelung auch inhaltlich ganz auf die Person des Inhabers abstellt, dem das Gesetz nicht einmal in der Bilanz die Trennung des Unternehmensvermögens von seinem Privatvermögen gestattet[5]. Immerhin fügen sich zwei wichtige Regelungskomplexe in dieses Schema nicht reibungslos ein. Zum einen erlaubt die Firma dem Kaufmann, für den Bereich des Unternehmens einen anderen Namen zu gebrauchen als im privaten Verkehr[6], und bewirkt so wenigstens de facto und nach außen, der gesetzlichen Konzeption zum Trotz, eine Verselbständigung der Unternehmenssphäre. Das kann bei abgeleiteten Firmen so weit gehen, daß sich ein uralter Name als reine Unternehmensbezeichnung durchsetzt, während der jeweilige Inhaber völlig zurücktritt[7]. Zum anderen mußte das Gesetz die Veräußerlichkeit des Unternehmens nebst seiner Firma anerkennen und regeln, womit es unzweifelhaft zugleich seine Ablösbarkeit und Selbständigkeit als Organisation gegenüber der Person des Inhabers zugab. Selbst beim Einzelkaufmann war im Ergebnis also das Dogma von der vollständigen Personenbezogenheit des Unternehmens nicht aufrechtzuerhalten.

Im Recht der Personalgesellschaften gewinnt die Unternehmenssphäre weiter an Selbständigkeit. Die Aufgabe, eine rechtliche Ordnung für die „Produktionsgemeinschaft“ der Gesellschafter zu errichten, mußte von selbst zu Vorschriften inspirieren, die den Bedürfnissen des Unternehmens als der gemeinsamen Einrichtung entgegenkommen. Schon die obligatorische Pflicht, den gemeinsamen Zweck zu fördern[8], impliziert den Schutz des diesem Zweck gewidmeten Apparats. In der dinglichen Ordnung tritt die

[5] § 38 HGB; dazu RGSt 41, 47; *Würdinger* im RGRK § 38 Anm. 9. Daß heute tatsächlich das Privatvermögen nicht mehr in die Handelsbilanz aufgenommen wird, steht auf einem anderen Blatt, zeigt aber, daß sich die Anschauungen zugunsten der Abtrennung des Unternehmens von der Privatsphäre gewandelt haben.

[6] § 17 HGB.

[7] Die Funktion der Firma, das Unternehmen zu verselbständigen, wurde vor allem in der handelsrechtlichen Literatur des 19. Jahrh. immer wieder hervorgehoben. Vgl. statt aller *Endemann*, Handelsrecht, 4. Aufl., § 21, S. 62 f.

[8] § 705 BGB.

Selbständigkeit des Apparats noch deutlicher in Erscheinung, denn in demselben Maße, in dem die Figur der gesamten Hand die Eigentümerherrschaft mediatisiert, erhöht sie dessen innere Stabilität. Im Außenverhältnis weist das Institut der Firma noch entschiedener als beim Einzelkaufmann auf das Unternehmen selbst hin, weil es die allen Gesellschaftern gemeinsame Sphäre für jedermann sichtbar von ihrem privaten Lebenskreis unterscheidet. Zu demselben Erfolg trägt darüber hinaus vor allem der hohe Grad formeller rechtlicher Selbständigkeit bei, den die Gesellschaften nach §§ 124, 129 Abs. 4, 161 HGB, 17 ZPO und 209 ff KO genießen. Bekanntlich reicht diese ja so weit, daß der Streit darüber nie ganz verstummt ist, ob sie nicht als juristische Personen aufzufassen seien und ihre Teilrechtsfähigkeit heute als anerkannt gelten kann[9]. Da diese Rechtsstellung rein formeller Natur ist, läßt sie sich inhaltlich leicht auf das Unternehmen beziehen. So erweist sich, daß das Gesetz in Wirklichkeit das Gewicht des Unternehmens stärker betont und seiner Eigenständigkeit nicht zuletzt gegenüber den Gesellschafter selbst besser Rechnung trägt, als sein Wortlaut und die dogmatische Konstruktion, auf der es ruht, ohne weiteres erkennen lassen.

Bei den Kapitalgesellschaften läßt die Verleihung der Rechtsfähigkeit und die Haftungsbeschränkung — beides muß, wie wir seit Otto *Schreiber*[10] wissen, keineswegs miteinander verbunden sein — das Unternehmen weiterhin in den Vordergrund treten. Formell ist zwar die Gesellschaft der Kapitaleigentümer Rechtssubjekt, aber de facto wird durch beide Institute ein Schutzwall um das Unternehmen gelegt, der diesem die für seine Entfaltung notwendige Unabhängigkeit garantiert. Der Sachverhalt wäre an Hand der Einzelvorschriften leicht zu verfolgen. Namentlich haben die Haftungsbegrenzung und das damit korrespondierende Verbot von Rückzahlungen aus dem Unternehmensvermögen an die Gesellschafter zur Folge, daß Unternehmens- und Gesellschaftersphäre vermögensrechtlich noch weiter auseinander treten als bei den Personalgesellschaften. Auch die gegenüber dem Handelsgesetzbuch verschärften Bilanzierungsvorschriften sind ganz am wirtschaftlichen Lebensprozeß des Unternehmens orientiert. Dogmatisch kommt der veränderte Blickpunkt vielleicht am deutlichsten in der Figur der Mitgliedschaft zum Ausdruck, die, an die Stelle des Eigentums getreten, weitergehend als dieses erlaubt, die Rechte der Gesellschafter im Interesse des Unternehmens zu kürzen. Im Außenverhältnis weist die gesetzlich vorgeschriebene Sachfirma jedermann von vornherein auf das Unternehmen selbst hin. Hat dieses somit, wenn auch nicht in der dogmatischen Grundkonzeption, so doch im Aufriß der Gesetze die ihm gebührende Stellung erlangt, so tritt umgekehrt die Gesellschaft der Kapitaleigentümer stärker zurück. Namentlich im Aktienrecht, auf das wir wei-

---

[9] *Fabricius*, Relativität der Rechtsfähigkeit, S. 163 ff.

[10] Die Kommanditgesellschaft auf Aktien, S. 28 ff.; vgl. auch *Müller-Freienfels*, AcP 156, S. 528; *Soergel - Schultze - v. Lasaulx*, BGB, Vorbem. 1 vor § 21.

ter unten noch zurückkommen werden[11], ist deren Kompetenz bekanntlich sorgfältig begrenzt und hat der Vorstand das Unternehmen aus eigener Verantwortung zu leiten[12]. Indem das Aktiengesetz neben Funktionsweise und Zuständigkeit der Hauptversammlung die gesamte Verfassung der Aktiengesellschaft regelt, gibt es auch äußerlich zu erkennen, daß nicht die Gesellschaft, sondern das Unternehmen sein eigentlicher Gegenstand ist. Wir wissen, daß es nur in dieser Gestalt zum geeigneten juristischen Gefäß für die modernen Großunternehmen werden konnte und können daher mit einigem Recht die Behauptung aufstellen, daß wenigstens insoweit unter dem Zwang der wirtschaftlichen Realität der Übergang vom Gesellschafts- zum Unternehmensrecht zwar nicht dem Wortlaut, aber der Sache nach weitgehend bereits vollzogen ist.

2. *Der Sprachgebrauch anderer Gesetze aus der Zeit um die Jahrhundertwende*

Der Sprachgebrauch anderer wichtiger Gesetze aus der Zeit vor der Jahrhundertwende bestätigt die Feststellung, daß die Gesetzgeber fast ausschließlich die Kaufleute als individuelle Rechtsträger ins Auge faßten, während der Unternehmensbegriff noch keine spezifische juristische Ausprägung erfahren hatte.

Die Stichworte „Unternehmen" oder „Unternehmung"[13] tauchen im Hauptregister zum Reichsgesetzblatt für die Jahre 1867 bis 1906 überhaupt nicht auf, ebensowenig die uns heute geläufigen des Kredit-, Versicherungs-, Verkehrs- und Versorgungsunternehmens. In der Gewerbeordnung von 1869 wird der Begriff an drei Stellen verwendet, von denen eine[14] ganz verbalen Sinn trägt und die zweite[15] eine vorübergehende Veranstaltung bezeichnet. Nur in § 6 taucht ausnahmsweise der Begriff der Eisenbahnunternehmung auf. Dagegen gebraucht es den Begriff des Unternehmers im Wechsel mit dem des Gewerbetreibenden laufend[16]. Auch das Reichshaftpflichtgesetz von 1871 verpflichtet durchweg den „Unternehmer". In den Sozialversicherungsgesetzen der achtziger Jahre sind die „Betriebsunternehmer" Träger der gesetzlichen Pflichten und Lasten[17]. In

---

[11] S. 38 ff.

[12] § 76 AktG, 1965.

[13] Beide Ausdrücke sind gleichbedeutend, vgl. *Passow* S. 42; anders *Jacobi* S. 18, dessen Vorschlag beide Begriffe zu unterscheiden, sich nicht durchgesetzt hat.

[14] § 17 GewO.

[15] Schauspielunternehmung in § 49 Abs. 1 GewO.

[16] Vgl. §§ 6, 19, 21 Ziff. 4, 22, 25, 30, 32, 59, 107 u. a. GewO 1869.

[17] Vgl. z. B. das Gesetz betreffend die Krankenversicherung der Arbeiter vom 15. Juni 1883, RGBl. S. 73, §§ 60 ff.; das Unfallversicherungsgesetz vom 6. Juli 1884 (RGBl. S. 69), §§ 9 ff.; dazu die nachfolgenden speziellen Unfallversicherungsgesetze für land- und forstwirtschaftliche Betriebe, Schiffahrtsbetriebe und Bauunternehmen; ferner das Gesetz über die Invaliditäts- und Altersversicherung vom 22. Juni 1889 (RGBl. S. 97), §§ 118, 152 ff.

§ 8 des Gesetzes zur Bekämpfung des unlauteren Wettbewerbs vom 27. Mai 1896[18] taucht das „gewerbliche Unternehmen" zwar auf, wird jedoch dem „Erwerbsgeschäft" gegenübergestellt und meint nach Auskunft der Motive einzelne Teile eines solchen, die unter eigenem Namen betrieben werden[19]. Die auf die Reichstagskommission zurückgehende Ausdrucksweise gilt allgemein als verunglückt und hat jedenfalls keinerlei prinzipielle Bedeutung[20]. Im übrigen verwenden die Gesetze zur Bezeichnung der auf die Dauer angelegten wirtschaftlichen und sozialen Einrichtungen die Begriffe Haus (Bankhaus)[21], Anstalt (Kredit-, Verkehrs-, Versicherungsanstalt)[22], Verein (Kreditverein)[23] und Kasse (Sparkasse, Krankenkasse)[24]. Nur im Einführungsgesetz zum BGB finden sich vereinzelt die Ausdrücke Eisenbahn-, Dampfschiffahrts- und ähnliche Verkehrsunternehmungen"[25].

3. *Die Entwicklung bis 1945*

Die erste bemerkenswerte Abweichung von der auf die beteiligten Personen bzw. Personenverbände abstellenden Systematik ist im Gesetz über die privaten Versicherungsunternehmungen vom 12. Mai 1901 (Versicherungsaufsichtsgesetz) zu beobachten. Schon die Überschrift gibt zu erkennen, daß sich das Gesetz nicht an Kaufleute und Gesellschaften, sondern an Unternehmen wendet; entsprechend bezeichnet es in § 1 den Kreis seiner Adressaten als die „Privatunternehmungen, welche den Betrieb von Versicherungsgeschäften zum Gegenstand haben". Durchgehend erscheinen diese als die Träger der gegenüber der Aufsichtsbehörde bestehenden Rechte und Pflichten[26]. Darüber hinaus rechnet das Gesetz aber erkennbar damit, daß sie auch im Privatrechtsverkehr als Rechtssubjekte fungieren, wenn es z. B. in § 4 Abs. 2 von den Verhältnissen des Unternehmens redet, aus denen sich

---

[18] RGBl. S. 145.

[19] Zit. nach *Müller*, Kommentar zum Reichsgesetz zur Bekämpfung des unlauteren Wettbewerbs, 3. Aufl., S. 122.

[20] Die Unterscheidung kehrt in § 16 UWG von 1909 wörtlich wieder, ist aber längst als bedeutungslos erkannt und wird heute in der Kommentarliteratur überhaupt nicht mehr erwähnt, vgl. *Baumbach-Hefermehl*, Wettbewerbs- und Warenzeichenrecht, Bd. 1, Bemerkungen zu § 16 UWG.

[21] Vgl. Gesetz vom 23. 5. 1873, §§ 4—6, RGBl. S. 118.

[22] z. B. Gesetz vom 1. Juli 1881 (RGBl. S. 191), § 27; BGB §§ 248, 1115, 1807; §§ 978 ff. BGB (Verkehrsanstalt); Gesetz über die Invaliditäts- und Altersversicherung vom 22. Juni 1889 (RGBl. S. 97) §§ 41 ff. u. v. a. (Versicherungsanstalten). Ebenso noch durchgehend in der Reichsversicherungsordnung, z. B. §§ 13 ff., 623.

[23] Vgl. Gesetz über die privatrechtliche Stellung der Kreditvereine vom 4. Juli 1868 (RGBl. S. 415); GenG §§ 1 Ziff.. 1.

[24] z. B. §§ 248, 1807 BGB, Art. 99 EGBGB (Sparkassen); §§ 140, 141 GewO; § 394 BGB u. v. a. (Kranken-, Hilfs- und Sterbekassen).

[25] Art. 112, 125 EGBGB.

[26] Vgl. etwa §§ 1—5, 14, 54 ff., 64 ff. VAG 1901.

die dauernde Erfüllbarkeit seiner künftigen Verpflichtungen ergibt[27]. Wer nach der Zivilrechtsdogmatik Rechtsträger ist, interessiert den Gesetzgeber nicht. Zwar muß er gelegentlich nach der Rechtsform differenzieren, aber als wichtiger erweist sich eine ganz andersartige Gruppierung, nämlich die nach Versicherungsarten[28]. Nicht die Rechtsform, sondern der Gegenstand des Geschäftsbetriebs bildet auch das Abgrenzungskriterium für den Geltungsbereich des ganzen Gesetzes. Daß es daneben die Organisationsvorschriften für den Versicherungsverein auf Gegenseitigkeit als einer speziellen Unternehmensform birgt, beruht auf historischer Zufälligkeit[29] und ändert daher nichts an dieser prinzipiell bemerkenswerten Änderung seines Blickwinkels.

Wichtige Gesetze der folgenden Zeit, vor allem wirtschafts-, arbeits-, sozial- und finanzrechtlichen Inhalts, machten sich die vom Versicherungsaufsichtsgesetz geschlagene Bresche zunutze. Der Durchbruch erfolgte in der Kriegsgesetzgebung des 1. Weltkrieges, durch welche „ausländische Unternehmungen"[30] gewissen Sondervorschriften unterworfen wurden. Unter anderem konnten für sie Aufsichtspersonen eingesetzt werden, die „unter Wahrung der Eigentums- und sonstigen Privatrechte des Unternehmens" die deutschen Interessen wahrzunehmen hatten; „Leiter und Angestellte der Unternehmungen" wurden verpflichtet, den Weisungen dieser Staatskommissare Folge zu leisten, „Gelder und sonstige Vermögenswerte eines unter Aufsicht gestellten Unternehmens" durften nicht ins Ausland abgeführt werden[31]. In gewissen Fällen konnte auch ein Zwangsverwalter eingesetzt werden, der sich „in den Besitz des Unternehmens" zu setzen hatte und zu „allen Rechtshandlungen für das Unternehmen befugt" war, während die „Befugnisse des Inhabers des Unternehmens sowie die Befugnisse anderer Personen zu Rechtshandlungen für das Unternehmen" ruhten[32]. Das Unternehmern ist Kostenschuldner all dieser Maßnahmen[33]. Wertpapiere, „durch die eine Beteiligung an einem im Ausland ansässigen Unternehmen verbrieft" wurde, mußten nach einer anderen Vorschrift bei der Reichsbank

---

[27] Jetzt § 5 II VAG, 1931.

[28] Nach der Rechtsform wird z. B. differenziert in §§ 6, 8, 9 Abs. 2, 54, 55 Abs. 3, 65 Abs. 3, 68, nach der Versicherungsart in §§ 6 Abs. 2, 11, 12, 56—63, 69 Abs. 2 VAG 1901.

[29] Vgl. *Prölss*, VAG, 5. Aufl. Vorbem. III 2.

[30] So schon die Überschrift der Bekanntmachung betreffend die Überwachung ausländischer Unternehmungen vom 4. September 1914, RGBl. S. 397.

[31] Sämtliche Zitate sind der in der vorigen Anmerkung genannten Bekanntmachung §§ 1—5 entnommen. Vgl. auch die Bekanntmachung vom 22. Oktober 1914 (RGBl. S. 447).

[32] § 2 der Bekanntmachung betreffend die zwangsweise Verwaltung französischer Unternehmungen vom 26. November 1914 (RGBl. S. 487), später ausgedehnt auf die Unternehmungen im Besitz von Angehörigen anderer Feindmächte.

[33] § 5 Bek. vom 26. 11. 14.

angemeldet werden[34]. Man sieht, wie unbefangen die Gesetzessprache hier überall davon ausgeht, daß die Unternehmen zivilrechtliche Rechtsträger seien, die Eigentum und andere Vermögensrechte besitzen, an denen Mitglieder beteiligt sind und die durch Leiter und Vertreter geführt werden.

Für die richtige Würdigung dieser Terminologie sind die Gründe heranzuziehen, auf denen sie beruht. Sie ergeben sich bei einer kritischen Betrachtung des Zwecks der genannten Vorschriften von selbst: Das Auswahlkriterium für die Sonderregelungen, um die es hier durchweg geht, lag nicht in der Rechtsreform, sondern beim Versicherungsaufsichtsgesetz in der Art des Geschäftsbetriebs, bei den anderen Vorschriften in der Nationalität. Man bedurfte also schon rein sprachlich eines Oberbegriffs, der es erlaubte, von der Rechtsform zu abstrahieren. Doch wäre es voreilig, sich mit dieser Erklärung zu begnügen. Der entscheidende Grund liegt vielmehr darin, daß hier auch materiell nicht die Gesellschaften der Kapitaleigentümer, sondern die Unternehmen als produktive wirtschaftliche Organisationen Gegenstand der rechtlichen Regelung wurden. Die Gesellschaftsform erweist sich nicht nur als kein geeignetes Differenzierungsmerkmal, sondern sie ist überhaupt uninteressant. Sie ist nur eine Eigenschaft des Unternehmens, nicht anders als die Art seiner Produkte und Produktionsweisen oder seine Nationalität, und wird für den Gesetzgeber daher nur in bestimmten Fällen relevant. Der Schwerpunkt liegt allein beim Unternehmen. Führen wir uns den Sachverhalt an Hand der Kriegsgesetze vor Augen: Wem die betroffenen ausländischen Unternehmen gehören und in welcher Art und Weise die Eigentümer zusammenwirken, spielt für sie offenkundig keine Rolle. Daher konnten die Eigentumsverhältnisse unangetastet bleiben. Es kam allein darauf an, die Unternehmen als leistungsfähige Wirtschaftskörper für die Kriegswirtschaft nutzbar zu machen. Die Wahl des Unternehmensbegriffs weist also auch sachlich auf den richtigen Beziehungsgegenstand hin. Es handelt sich nicht, wie vielfach in ähnlichen Fällen noch heute angenommen wird, um eine terminologische Abbreviatur, sondern um eine im zu regelnden Tatbestand selbst angelegte, ihn zutreffend wiedergebende Anpassung des Ausdrucks.

Im Sinn dieser Erklärung war es konsequent, daß sich der Sprachgebrauch überall festigte, wo es nicht auf die gesellschaftsrechtliche Differenzierung der Unternehmensformen ankam. Wir können hier nicht eine vollständige Liste aller einschlägigen Gesetze zusammenstellen und begnügen uns mit einigen markanten Zitaten: Die Weimarer Reichsverfassung ermächtigte in Art. 156 das Reich, „für die Vergesellschaftung geeignete private wirtschaftliche Unternehmungen" in Gemeineigentum überzuführen. Die Eigentümer können also wechseln, trotzdem bleibt das Unternehmen, auf das es den Verfassungsgebern allein ankommt, dasselbe. Die gleiche

---

[34] Bekanntmachung über die Anmeldung von Wertpapieren vom 23. August 1916 (RGBl. Teil II, S. 952) § 1 Nr. 2.

Formulierung kehrt im Sozialisierungsgesetz vom 23. März 1919[35] wieder. Das Gesetz betreffend die Sozialisierung der Elektrizitätswirtschaft vom 31. Dezember 1919[36] gebraucht, soweit ich sehe, zum ersten Mal in § 3 den Ausdruck „gemischtwirtschaftliche Unternehmungen". Es knüpft damit zwar bei den unterschiedlichen Gruppen der Kapitaleigentümer an, bezieht aber ohne Bedenken die ursprünglich gesellschaftsrechtliche Figur der Beteiligung auf das Unternehmen. Das Reichssiedlungsgesetz vom 11. August 1919[37] verpflichtet die Bundesstaaten, „gemeinnützige Siedlungsunternehmen" zu begründen, die entweder privatrechtliche Rechtsform tragen oder als öffentliche Behörden oder Anstalten eingerichtet werden können. Sie treten nach dem Wortlaut des Gesetzes im Privatrechtsverkehr als selbständige Subjekte auf[38]. Auch für die Reichshaushaltsordnung[39] steht das Unternehmen im Vordergrund, während die Gesellschaftsformen nur Untergliederungen schaffen. Erwähnt sei zum Beleg der bekannte § 48, wonach sich das Reich an der Gründung von gewerblichen und wirtschaftlichen Unternehmen mit eigener Rechtspersönlichkeit in der Regel nur beteiligen soll, „wenn für das Unternehmen die Form einer Aktiengesellschaft, einer Kommanditgesellschaft auf Aktien oder einer Gesellschaft mit beschränkter Haftung, bei der sitzungsgemäß ein Aufsichtsrat zu bestellen ist, gewählt wird"[40].

Im beginnenden Arbeitsrecht treten entsprechende Vorstellungen weniger zutage, weil hier schon das Betriebsrätegesetz[41] mit den Begriffen des Arbeitgebers, des Arbeitnehmers und des Betriebs eine eigene Terminologie schuf, wobei das Verhältnis des letzteren zum Unternehmensbegriff zunächst unklar blieb[42]. Immerhin ist die Formulierung des § 21 Abs. 1 zu nennen, wonach die Arbeitnehmer nicht nur einem Betrieb, sondern auch einem Unternehmen angehören. Dagegen wendet sich das Energiewirtschaftsgesetz vom 16. Dezember 1935[43] wieder durchweg an „Energieversorgungsunternehmen ohne Rücksicht auf Rechtsformen und Eigentumsverhältnisse" (§ 2 Abs. 2), erlegt ihnen offentlich-rechtliche Pflichten auf, verpflichtet sie zum Abschluß privatrechtlicher Energieversorgungsverträge[44]

---

[35] RGBl. S. 341, § 2.

[36] RGBl. 1920, S. 19.

[37] RGBl. S. 1429.

[38] Insbesondere räumt ihnen das Gesetz ein gesetzliches Vorkaufsrecht ein, auf das weitgehend die Vorschriften des BGB anzuwenden sind, vgl. §§ 4 ff., 8, 11.

[39] Vom 31. 12. 22, RGBl. 1923 II, S. 17.

[40] Vgl. auch §§ 15, 85, 86, 110 ff. RHO.

[41] RGBl. 1920, S. 147.

[42] Die Frage wurde dann im wissenschaftlichen Schrifttum der Folgezeit weitgehend geklärt, vgl. *Passow*, Betrieb, Unternehmen, Konzern; *Jacobi*, Betrieb und Unternehmen als Rechtsbegriffe; *Eckhardt*, ZHR 94 S. 26. Siehe auch dazu unten S. 128 ff.

[43] RGBl. S. 1451.

[44] Vgl. §§ 3 ff., insbes. § 6.

und bringt somit zum Ausdruck, daß es sich auf die Unternehmen als die Produzenten volkswirtschaftlich wichtiger Leistungen und nicht als Gesellschaftsformen bezieht.

Entsprechende Vorstellungen ließ die Deutsche Gemeindeordnung erkennen, wenn sie Vorschriften darüber aufstellte, wann die Gemeinden wirtschaftliche Unternehmen errichten oder sich daran beteiligen dürfen und darüber hinaus generell anordnete, „wirtschaftliche Unternehmen (gleich welcher Rechtsform) sollen einen Ertrag für den Haushalt der Gemeinde abwerfen“[45].

Handelte es sich bei den bisher genannten Vorschriften fast durchweg um solche des öffentlichen Rechts, die wirtschaftspolitische Ziele verfolgten, so faßte der Gedanke des Unternehmensrechts im Aktiengesetz von 1937 zum ersten Mal auch im Gesellschaftsrecht Fuß. Von den vorhergegangenen wissenschaftlichen und rechtspolitischen Auseinandersetzungen, die sich im Rückblick mit dem Begriff des „Unternehmens an sich“ verknüpfen, war schon die Rede[46]. Terminologisch verharrte das Gesetz fast durchweg bei dem unspezifischen Unternehmensbegriff, den es im Handelsgesetzbuch vorfand. Bezeichnenderweise wechselte es aber in der neuen, die Konzerne betreffenden Vorschrift des § 15 zu dem modernen Unternehmensbegriff über, für den die Rechtsform unerheblich ist und der als Subjektsbegriff formuliert wird[47]. Materiell gab das Gesetz vor allem im berühmten § 70 zu erkennen, daß es ihm nicht mehr nur um die Gesellschaft der Aktionäre zu tun war, sondern zugleich um die im Unternehmen arbeitenden Gefolgschaftsmitglieder und um seine Produktionskapazität für die Gesellschaft im ganzen. In dieselbe Richtung wies, um nur die wichtigste Vorschrift zu nennen, die Neuerung, wonach der Jahresabschluß nicht mehr von der Hauptversammlung, sondern vom Vorstand und Aufsichtsrat festgestellt wurde[48]. Wie tief der Gedanke der Prävalenz des Unternehmens bereits Fuß gefaßt hatte, zeigte sich noch deutlicher sechs Jahre später bei der sogenannten lex Krupp[49], die dem Inhaber der Firma gestattete, das Unternehmen durch eine selbstgeschaffene Satzung in eine Rechtsform überzuführen, für welche die gesellschafts- und erbrechtlichen Nachfolgeregelungen nicht galten, die also den Einfluß, welchen die Familienmitglieder kraft ihrer Vermögensbeteiligung nach allgemeinem Recht ausüben konnten, um des Unternehmens willen weitgehend verdrängte.

---

[45] §§ 67 ff. DGO.

[46] Vgl. oben S. 4.

[47] Das Gesetz sprach von „rechtlich selbständigen Unternehmen“.

[48] § 125 AktG, 1937.

[49] Erlaß des Führers über das Familienunternehmen der Firma Friedr. Krupp vom 12. Nov. 1943, RGBl. I, S. 655.

4. *Die Entwicklung von 1945 bis zum Aktiengesetz von 1965*

Nach dem zweiten Weltkrieg läßt sich die Entwicklung weiter verfolgen. Schon das Montan-Mitbestimmungsgesetz gewährte das Mitbestimmungsrecht „in den Aufsichtsräten und den zur gesetzlichen Vertretung berufenen Organen" in Unternehmen, die „in Form einer Aktiengesellschaft, einer Gesellschaft mit beschränkter Haftung oder einer bergrechtlichen Gewerkschaft mit eigener Rechtspersönlichkeit" betrieben werden[50]. Das Betriebsverfassungsgesetz stellte zwar, wie schon das Betriebsrätegesetz von 1920, den Betrieb in den Mittelpunkt seines Systems, mußte aber an mehreren Stellen auf die umfassendere Einheit des Unternehmens zurückgreifen, weil sich diese als die sachlich richtige Bezugsgröße seiner Vorschriften erwies. So ist nach § 46 ein Gesamtbetriebsrat zu bilden, wenn „ein Unternehmen aus mehreren Betrieben" besteht. Nach § 56 lit e hat der Betriebsrat bei der Verwaltung von Wohlfahrtseinrichtungen mitzubestimmen, „deren Wirkungsbereich auf den Betrieb oder das Unternehmen beschränkt ist"[51]. Vor allem aber bezieht sich das Mitbestimmungsrecht in wirtschaftlichen Angelegenheiten auf das Unternehmen[52], und es war von Anfang an nie zweifelhaft, daß es den Rahmen des Gesellschaftsrechts sprengte[53]. Wir werden auf das komplizierte Verhältnis der Begriffe Betrieb und Unternehmen im zweiten Teil noch genauer eingehen[54]. An dieser Stelle genügt festzuhalten, daß auch in diesem Bereich nach dem gesetzlichen Wortlaut das Unternehmen als die übergreifende und das heißt letztlich maßgebliche Einheit erscheint.

Bemerkenswert ist in diesem Zusammenhang schließlich das Mitbestimmungsergänzungsgesetz von 1956[55], das mit der Unterscheidung von herrschenden, abhängigen und Konzernunternehmen eine neue Differenzierung in die Gesetzessprache einführt, die wiederum nichts mit den handelsrechtlichen Formen zu tun hat, sondern tatsächliche Zustände der Organisation und der Führungsstruktur der Unternehmen bezeichnet.

Nach ihrem Wortlaut erscheint das Unternehmen weiter in den Verträgen über die Gründung der drei Europäischen Gemeinschaften durchweg als das maßgebliche Subjekt privat- und öffentlich-rechtlicher Verpflichtungen[56]. Freilich kommt *P. Ulmer* in seiner Untersuchung zum Unter-

---

[50] Gesetz über die Mitbestimmung der Arbeitnehmer in den Aufsichtsräten und Vorständen der Unternehmen des Bergbaus und der Eisen und Stahl erzeugenden Industrie vom 21. Mai 1951, BGBl. I, S. 347 § 1 Abs. 2.

[51] dsgl. § 57 lit b.

[52] §§ 67 ff.

[53] Vgl. z. B. *Reinhardt,* Die gesellschaftsrechtlichen Fragen der Gestaltung der Unternehmensformen, S. B 13 ff.; *Ballerstedt,* JZ 51, 486 (487 f.).

[54] Unten S. 128 ff.

[55] BGBl. I S. 707.

[56] z. B. Artt. 65 ff. MUV, Artt. 52 II, 80 ff., 110, 112 EWGV; Artt. 2 c, 5 ff., 45 ff. EAGV.

nehmensbegriff im Montanvertrag[57] zum Ergebnis, der Vertrag knüpfe nicht an die wirtschaftlichen Produktionseinheiten an, sondern nehme auf die in den Mitgliedstaaten anerkannten Rechtssubjekte Bezug; er sei insoweit nur als „stellvertretender Rechtsbegriff" zu verstehen[58]. Aber *Ulmer* setzt voraus, daß in den nationalen Rechten das Unternehmen nicht als Rechtssubjekt anerkannt sei, sondern nur Kaufleute, Handelsgesellschaften und „die ihnen angenäherten, teilweise rechtsfähigen Organisationen"[59]. Ihm geht es um die Frage, ob der Vertrag demgegenüber eigene Rechtszuständigkeiten geschaffen habe, und diese Frage verneint er. Über das Wesen der Rechtsträger, mit denen sowohl der Montanvertrag als die nationalen Rechtsordnungen zu tun haben, sagt er nichts aus. Seine eigene Argumentation würde mit logischer Konsequenz dazu führen, unsere für das deutsche Recht getroffenen Festellungen auf das Montanrecht zu übertragen. Vor allem weist *Ulmer* aber selbst darauf hin, daß der Vertrag bei der Aufzählung der Aufgaben, welche die Gemeinschaftsorgane wahrzunehmen haben, in Art. 3 auf die Unternehmen als Produktionseinheiten abziele[60]. Auch die Maßnahmen, welche der Hohen Behörde nach Art. 57 ff. zustehen, richten sich, wie *Ulmer* zutreffend hervorhebt[61], gegen die Unternehmen als wirtschaftliche Produktionskörper. Dasselbe gilt aber in Wirklichkeit für den ganzen Vertrag, denn er schafft keine Eigentums- oder Gesellschaftsordnung für die betroffenen Unternehmen, sondern eine Wirtschaftsgemeinschaft, die gemäß Art. 2 dazu berufen ist, „zur Ausweitung der Wirtschaft, zur Steigerung der Beschäftigung und zur Hebung der Lebenshaltung in den Mitgliedstaaten beizutragen", und die sich zu diesem Zweck an die Unternehmen als die Einrichtungen wenden muß, in denen die wirtschaftliche Wertschöpfung geschieht, von der die Erfüllung ihrer Ziele abhängt. Für die beiden anderen Verträge gilt mutatis mutandis dasselbe.

Im deutschen Gesetz gegen Wettbewerbsbeschränkungen liegt der gleiche Sachverhalt noch offenkundiger auf der Hand. Im sprachlichen Ausdruck erscheinen durchweg die Unternehmen als die Rechts- und Pflichtsubjekte seiner Normen. Es erklärt wettbewerbsbeschränkende Verträge und Beschlüsse von „Unternehmen und Vereinigungen von Unternehmen" generell für unwirksam[62], statuiert Ausnahmen einerseits für gewisse Vertragsarten[63], andererseits für bestimmte, nach der Art ihres Gewerbes oder nach ihrer Marktposition näher gekennzeichnete Unternehmen[64], „marktbeherrschende Unternehmen" erfahren eine Sonderregelung[65], Unternehmen je-

---

[57] Der Unternehmensbegriff im Vertrag der Europäischen Gemeinschaft für Kohle und Stahl, 1960.

[58] Vgl. die Zusammenfassung S. 139 ff.; ferner S. 76 f.

[59] S. 140, vgl. auch S. 30, 44 ff.

[60] S. 68.

[61] S. 68.

[62] § 1 GWB.

[63] §§ 2 ff.

[64] §§ 98 ff.

[65] §§ 22 ff.

der Art können ohne Rücksicht auf ihre Rechtsform und bürgerliche Rechtsfähigkeit am Verfahren vor den Kartellbehörden und Kartellgerichten beteiligt sein[66]. Nach § 9 Abs. 4 Nr. 1 und 2 haben Unternehmen eine Firma, die ins Kartellregister einzutragen ist[67]. Der Sinn dieser Terminologie liegt auch hier auf der Hand. Es geht um die rechtliche Ordnung des Marktes, das heißt der Einkaufs- und Verkaufsgeschäfte, die alle Unternehmen mit der Außenwelt vornehmen müssen, um als Organisation und Produktionseinheiten existieren und sich behaupten zu können. Eine Regelung der Gesellschaftsverhältnisse, eine Differenzierung nach der inneren Rechtsform, kommt für diese Zwecke normalerweise nicht in Betracht. Wo das Gesetz unterschiedlichen Verhältnissen Rechnung tragen muß, geht es um ganz anders geartete Eigenschaften der Unternehmen: um den Gegenstand ihrer Produktion oder um ihre Marktstellung.

Wir versagen uns, den Wald der neueren wirtschaftslenkenden und steuerrechtlichen Gesetze nach ihrer Verwendung des Unternehmensbegriffs zu durchforsten und beschränken uns auf wenige Beispiele. Nach § 1 des Kreditwesengesetzes[68] sind Kreditinstitute „Unternehmen, die Bankgeschäfte betreiben". Sie sind Gläubiger und Schuldner öffentlich-rechtlicher wie privatrechtlicher Verpflichtungen[69]. Die Gesellschaftsarten sind „Rechtsformen", in denen die Unternehmen betrieben werden können[70]. Das Gesetz über die vermögensrechtlichen Verhältnisse der deutschen Bundesbahn[71] regelt die Rechtsverhältnisse von „Unternehmen des privaten Rechts mit eigener Rechtspersönlichkeit", die früher zum Reichsbahnvermögen gehörten; das Bundesbahngesetz selbst[72] bezeichnet diese zwar nicht als Unternehmen, sondern als Sondervermögen des Bundes ohne eigene Rechtsfähigkeit, spricht aber von Leistungen der Bundesbahn für den Bund und seine Unternehmen[73]. Die Begriffe „gemeinnützige" und „freie" Wohnungsbauunternehmen beherrschen das ganze öffentliche Wohnungsrecht[74]. Aus dem Steuerrecht sei u. a. auf § 3 Ziff. 6 des Gewerbesteuergesetzes verwiesen, der „gemeinnützige, mildtätige und kirchliche Unternehmen" unter näher bezeichneten Voraussetzungen von der Gewerbesteuer ausnimmt, und auf §§ 25 bis 28 Gewerbesteuerdurchführungsverordnung, die von der Gewerbesteuererklärung für alle „gewerbesteuerpflichtigen Unternehmen" und speziell für „Wareneinzelhandelsunternehmen" und „gemischte Unternehmen" handeln. Nicht zuletzt muß auf die neuen landesrechtlichen Gemeindeordnungen und Eigenbetriebsgesetze aufmerksam gemacht werden, welche sich durchweg des Begriffs: wirtschaftliche Unter-

---

[66] §§ 51, 76.

[67] ähnlich § 23, Abs. 4.

[68] vom 10. Juli 1961, BGBl. I, S. 881.

[69] Vgl. z. B. §§ 13 ff., 24 ff.

[70] § 10 Abs. 2 Nr. 6.

[71] vom 2. März 1951, BGBl. I, S. 155 § 2.

[72] vom 13. Dezember 1951, BGBl. I, S. 955.

[73] §§ 1, 5.

[74] Z. B. §§ 1 ff. Wohnungsgemeinnützigkeitsgesetz, § 25 1. Wohnungsbaugesetz.

nehmen der Gemeinden bedienen[75]. Überall steht derselbe Sachverhalt im Hintergrund der gesetzlichen Terminologie, daß Regelungsgegenstand nicht eine Gesellschaft von Kapitaleigentümern ist, sondern das Unternehmen als die Organisation aller am Produktionsprozeß beteiligten Kräfte.

5. *Der Begriff des Unternehmens im Aktiengesetz von 1965*

Handelte es sich bei den zuletzt genannten Vorschriften durchweg um solche des Arbeits-, Wirtschafts- oder Steuerrechts, so mußte sich beim Aktiengesetz von 1965 herausstellen, inwieweit sich die materielle und formelle Selbständigkeit des Unternehmens inzwischen auch im Zentralbereich des Gesellschaftsrechts Bahn gebrochen hatte. Wir beginnen wieder mit einer Sprachanalyse des Gesetzes. Zahlenmäßig überwiegen nach wie vor die Vorschriften, in welchen „die Gesellschaft", die „Aktiengesellschaft" oder die „Kommanditgesellschaft auf Aktien" als die Subjekte des gesetzlichen Rechtssatzes erscheinen. Der Begriff der Gesellschaft ist Bestandteil des Namens und der Legaldefinition der Aktiengesellschaft geblieben[76]. Gelegentlich spricht das Gesetz auch von einer „Kapital-"[77], „Personen-"[78], „Personenhandels-"[79] oder „Familiengesellschaft"[80]. Der Unternehmensbegriff scheint demgegenüber auf den ersten Blick vor allem in der Wendung „Gegenstand des Unternehmens" wiederzukehren, die auf das Handelsgesetzbuch zurückgeht[81]. In der Tat gehören die Vorschriften, welche sich dieser Wendung bedienen, durchweg zum alten Bestand, ja sie wurden zum größten Teil wörtlich übernommen. Auch ihr Unternehmensbegriff ist folglich der noch unentwickelte der Jahrhundertwende, weshalb ihm für die Beurteilung der gegenwärtigen Lage kein Gewicht zukommt. An einigen Stellen erscheint das Unternehmen als Rechtsobjekt[82]. Auch sie bereiten indessen kein Kopfzerbrechen, denn sie fügen sich ohne Mühe der zum Handelsgesetzbuch in den zwanziger Jahren erarbeiteten Unternehmenslehre ein. Neuerdings scheint der Gesetzgeber sogar vorzuziehen, an die Stelle dieses Begriffs den des Vermögens der Gesellschaft zu setzen[83]. Charakteristisch für die Neufassung von 1965 sind demgegenüber aber eine Reihe von Vorschriften, in welchen das Unternehmen sprachlich als Rechtssubjekt auftritt. Zunächst handelt es sich um Regeln mehr singulären Charakters. So trifft § 134 Abs. 1 Satz 4 eine Sonderregelung für die Ausübung des Stimmrechts, „wenn der Aktionär ein Unternehmen ist". § 143

---

[75] Z. B. GemO von Baden-Württemberg, §§ 85 ff.

[76] §§ 1, 278 AktG.

[77] §§ 19—21, 100 Abs. 1 Nr. 2 u. a.

[78] §§ 143 Abs. 2 Nr. 2, 164 Abs. 2 Nr. 2.

[79] §§ 89 Abs. 4, 115 Abs. 3.

[80] § 157 Abs. 4 Nr. 2.

[81] So vielfach, z. B. §§ 3, 4, 23 Abs. 3 Nr. 2, 37 Abs. 2 Nr. 5 usw.

[82] §§ 31 Abs. 1 u. 3, 153 Abs. 5, 292 Abs. 1 Nr. 3.

[83] Vgl. §§ 1, 339 ff.

Abs. 2 Nr. 2 und § 164 Abs. 2 Nr. 2 stellen „Einzelunternehmen" juristischen Personen und Personengesellschaften gegenüber. In den §§ 158 und 166 sowie § 17 des Einführungsgesetzes hat der Begriff des Unternehmens den der Gesellschaft verdrängt, obwohl sich dieser reibungsloser dem traditionellen Sprachgebrauch angepaßt hätte. Er spielt die Rolle eines Oberbegriffs, unter dem mehrere Gesellschaftsarten zusammengefaßt sind, wie die Überschrift zum zweiten Abschnitt des Einführungsgesetzes erweist. Auf bezeichnende Weise findet man den traditionellen und den neuen Unternehmensbegriff in § 23 Abs. 3 Nr. 2 zusammengespannt: Die Vorschrift bestimmt in Übereinstimmung mit der entsprechenden schon des Handelsgesetzbuchs, daß die Satzung den Gegenstand des Unternehmens benennen müsse. Die Reformer von 1965 hielten einen klärenden Zusatz für erforderlich und fuhren daher fort: „namentlich ist bei Industrie- und Handelsunternehmen die Art der Erzeugnisse und Waren, die hergestellt und gehandelt werden sollen, näher anzugeben". So selbstverständlich ist ihnen die Wandlung des Unternehmensbegriffs geworden, daß sie sich an der grammatischen Unebenheit einer solchen Formulierung nicht mehr stoßen.

Alle genannten Regeln würden aber zu verstreut liegen, um grundsätzliche Schlüsse zu rechtfertigen. Entscheidend ist ein anderes: Im gesamten Komplex der Normen, welche sich, erstmals in der Geschichte des deutschen Rechts, mit den „verbundenen Unternehmen" beschäftigen, ist das Unternehmen zum beherrschenden Subjektsbegriff geworden. Den konzernrechtlichen Definitionen und Gliederungen der §§ 15 bis 19 liegt er zugrunde, die Mitteilungspflichten nach §§ 20 und 21 sind „Unternehmen" auferlegt, die in der Konzernbildung gebräuchlichen Verträge faßt das Gesetz in §§ 291 ff. unter dem Begriff „Unternehmensverträge" zusammen, in die Konzernbilanzen sind die zum Konzern gehörenden Unternehmen einzubeziehen usw. (§ 329 Abs. 2). Mit Selbstverständlichkeit sind die Unternehmen Vertragspartner, Schuldner und Gläubiger gesetzlicher Handlungs-, Duldungs- und Schadensersatzpflichten[84], Inhaber von gesellschaftsrechtlichen Beteiligungen[85], Beteiligte am landgerichtlichen Verfahren zur Kontrolle der Ausgleichs- und Abfindungszahlungen[86]. Nur strafrechtlich sind sie nicht selbst, sondern die jeweils betroffenen Vorstands- und Aufsichtsratsmitglieder, Prüfer oder Aktionäre verantwortlich[87], und auffallenderweise hat das Gesetz ferner die Anmeldepflichten zum Handelsregister den vertretungsberechtigten Organen persönlich auferlegt[88]. Im übrigen werden, namentlich im Buch über die Unternehmensverträge, häufig auch die Gesellschaft bzw. Aktiengesellschaft und Kommanditgesellschaft auf Aktien als Subjekte genannt[89]. Indessen ändert dies nichts am Gesamtbild, denn der Grund des Wechsels im Ausdruck liegt offen zutage. Er ist rechtspolitischer, nicht systematischer Natur: Die Geltung des Gesetzes sollte auf die Unter-

[84] Vgl. §§ 291 f.

[85] Z. B. § 328.

[86] § 306 Abs. 4.

[87] §§ 399 ff.

[88] §§ 294, 298, 319 Abs. 3.

[89] Vgl. §§ 291, 292 usw.

nehmensverträge beschränkt werden, an welchen sich auf der Passivseite eine Aktiengesellschaft oder Kommanditaktiengesellschaft beteiligt. Daher war eine Differenzierung nach Gesellschaftsformen nötig, welche sich im Gesetzeswortlaut auf diese Weise manifestiert.

Nach alledem ergibt die Bilanz, daß die Gesetzesverfasser sich nicht für eine durchgehend festgehaltene Terminologie entscheiden konnten, sondern die Begriffe der Gesellschaft und des Unternehmens nebeneinander als Leit- und Subjektsbegriffe verwenden, ohne aber ihr gegenseitiges Verhältnis zu klären. Immerhin hat im Vergleich zum Handelsgesetzbuch und zum Aktiengesetz von 1937 der Unternehmensbegriff stark an Boden gewonnen. Überall, wo gegenüber dem traditionellen Normenbestand neue Formulierungen notwendig waren, hat er sich wie selbstverständlich durchgesetzt. Nun können wir davon ausgehen, daß sich die Gesetzesautoren aus praktischen Gründen bemühten, am überkommenen Wortlaut so wenig wie möglich zu ändern. Ist dies richtig, so bestätigt es unsere Feststellung, wonach das Unternehmen materiell der eigentliche Gegenstand des Aktiengesetzes ist, der im Organisationsrecht der individuellen Aktiengesellschaft nur deshalb verdeckt bleiben konnte, weil dieses trotz seiner gesellschaftsrechtlichen Konzeption weitmaschig genug ist, die ganze Unternehmensverfassung aufzunehmen. Der Wechsel der Terminologie ist dann so zu erklären, daß es im Konzernrecht sich schlechthin als ausgeschlossen erwies, auf jenem Gleis weiterzufahren.

Es ist für unseren Gedankengang von ausschlaggebendem Interesse, uns von der Richtigkeit dieser Aussage zu überzeugen, weshalb es notwendig ist, sie durch eine inhaltliche Interpretation der betroffenen Vorschriften zu untermauern. Allerdings würde der vollständige Nachweis eine Exegese des ganzen Aktiengesetzes erfordern, die hier unsere Kräfte übersteigt. Statt dessen greifen wir zwei Vorschriften aus dem neuen Recht der Unternehmensverträge heraus, die uns geeignet erscheinen, beispielhaft für das Ganze den Sachverhalt zu beleuchten. Wir beschäftigen uns zunächst mit der Frage, unter welchen Umständen ein Unternehmensvertrag aus wichtigem Grund gekündigt werden kann (§ 297 AktG), und erwägen im Anschluß daran die Reichweite des einem herrschenden Unternehmen nach §§ 291 oder 323 AktG zukommenden Weisungsrechts.

a) § 297 AktG läßt die fristlose Kündigung eines Unternehmensvertrags aus wichtigem Grund zu und macht sich damit die allgemein anerkannte Generalklausel zu eigen, wonach Dauerschuldverhältnisse aus wichtigem Grund gelöst werden können[90]. Zur Konkretisierung der als solcher für die Rechtsanwendung viel zu unscharfen Maxime gibt das Gesetz selbst nur einen vagen Anhaltspunkt, indem es fortfährt, ein wichtiger Grund liege namentlich vor, wenn der andere Vertragsteil voraussichtlich nicht in der Lage sein werde, seine auf Grund des Vertrags bestehenden Verpflichtungen zu erfüllen. Im übrigen verweist es auf die vorhandene Rechtsprechung

---

[90] Vgl. auch die Begründung zum Regierungsentwurf, *Kropff*, S. 386.

und Lehre und zwingt den Interpreten, sich kritisch damit auseinanderzusetzen, will er für die Auslegung der Vorschrift im Recht der Unternehmensverträge festen Boden unter den Füßen gewinnen. Wir verfolgen in aller Kürze die Entwicklung. Das Reichsgericht hatte in seiner früheren Judikatur die fristlose Kündigung nur bei Verträgen zugelassen, die eine enge persönliche Zusammenarbeit der Partner und daher ein gutes Einvernehmen zwischen ihnen erfordern, und zur Voraussetzung gemacht, daß das gegenseitige Vertrauen zerstört ist[91]. Später hatte es, alle Arten von Dauerverträgen einbeziehend, objektive Umstände genügen lassen, wenn sie die Fortsetzung des Vertrags erheblich gefährdeten und dem Kündigenden daher nicht mehr zuzumuten waren, ihn zum Beispiel „mit der Zeit zur wirtschaftlichen Vernichtung oder wenigstens zu schwerster Gefährdung seines wirtschaftlichen Fortkommens führen" würden, ohne daß er dieser Gefahr „selbst mit erheblichen geldlichen Opfern begegnen konnte"[92]. Der Bundesgerichtshof ist der letzteren Formulierung gefolgt und hat sich veranlaßt gesehen, einer allzu großzügigen Anwendung entgegenzuwirken, indem er stets betonte, die fristlose Kündigung könne, namentlich bei objektiven Gründen, nur als ultima ratio zugelassen werden, wenn bei Abwägung der beiderseitigen Interessen nach Treu und Glauben kein anderer Weg mehr gangbar erscheine[93]. Die kritische Analyse dieser Maximen in der Wissenschaft hat ergeben, daß die Lösung der jeweils auftretenden Interessenkonflikte nach der Eigenart des betroffenen Rechtsverhältnisses und der in seiner gesetzlichen Regelung vorgezeichneten Wertung beurteilt werden muß[94]. Auf die Unternehmensverträge übertragen, folgt aus diesen Regeln, daß das Recht zur fristlosen Kündigung aus den im Konzernrecht typischen Interessenkonflikten abzuleiten ist, während es unrichtig wäre, sich an der in anderen Bereichen entfalteten Kasuistik zu orientieren. Damit treten Faktoren in das Blickfeld, die primär ökonomischer Natur sind. Die Gerichte werden sich vor die Frage gestellt sehen, ob etwa die Veränderung von Machtpositionen, ein Wechsel in den unternehmerischen Dispositionen der Konzernleitung oder ein über das gesetzliche oder vertragliche Maß hinausgehender wirtschaftlicher Druck des herrschenden Unternehmens die fristlose Kündigung rechtfertigen können. Auch die Gründe, die im Sinn des § 297 Abs. 1 Satz 2 AktG die Befürchtung entstehen lassen, ein Vertragspartner werde zur Vertragserfüllung außerstande sein, können nur aus der Sphäre des Unternehmens stammen: Ein Brand oder eine Explosion haben eine für die Erfüllung des Vertrags unerläßliche

[91] RGZ 78, 385 (389); 94, 234; 150, 193 (199); 160, 257 (270).

[92] So RGZ 128, 1 (16); 148, 81 (92); 150, 193 (199).

[93] Vgl. BGH, NJW 51, 836; BGH BB 53, 369; BGHZ 13, 188; 15, 71; 29, 172; 34, 367; NJW 60, 1614; ferner die umfangreiche Rspr. des BAG zu § 626 BGB, die von demselben Grundgedanken ausgeht.

[94] Vgl. dazu statt aller *Larenz*, Schuldrecht, Bd. 1, S. 25; *Esser*, Schuldrecht, Bd. 1, S. 195 f.

Anlage beschädigt, eine wichtige Konzession wird entzogen, ein bis dahin genütztes Patent erweist sich als nichtig, Unregelmäßigkeiten haben zur finanziellen Schwächung des Unternehmens geführt, radikale Elemente vergiften das Betriebsklima und mindern dadurch die Produktivität und so weiter. Wir haben die Fälle hier nicht zu entscheiden. Vielmehr kommt es darauf an zu erkennen, daß hier objektive, unternehmensbezogene Gründe im Vordergrund stehen. Der zu entscheidende Interessenkonflikt wird nur dann zutreffend gelöst, wenn wir ihn unter dem Gesichtspunkt beurteilen, daß der Unternehmensvertrag zwei Unternehmen zu einer wirtschaftlichen Einheit zusammenfaßt mit dem Ziel, die Produktion im größeren Verband zu rationalisieren. Wird dieser Zweck vereitelt oder gefährdet, so muß die Kündigung des Vertrags möglich sein. Mit der spezifischen Problematik des Gesellschaftsrechts haben diese Fragen dagegen nicht das geringste zu tun. Persönliche Differenzen zwischen den beteiligten Kapitaleigentümern oder Managern verdienen keine Beachtung, sofern sie nicht die wirtschaftliche Kooperation der beiden Unternehmen lähmen, denn der Vertrag begründet nicht ein individuelles Vertrauensverhältnis, sondern die zweckorientierte Assoziation zweier Organisationen. Eine fristlose Kündigung des Unternehmensvertrags wegen subjektiver Unzumutbarkeit wäre daher, im Gegensatz zum Gesellschafts- und Arbeitsrecht, wo sie das Hauptkriterium bildet, ausgesprochen sachwidrig; sie würde der Eigenart des Vertrags widersprechen. Damit bestätigt sich in diesem Bereich unsere Behauptung: das Unternehmen, nicht die Gesellschaft der Kapitaleigentümer, ist nach seinem inneren Sinn der wahre Gegenstand des Unternehmensvertrags.

b) Unser zweites Beispiel, das einem herrschenden Unternehmen nach §§ 291 und 323 AktG zukommende Weisungsrecht, ist sowohl praktisch wie theoretisch von außerordentlichem Interesse. Das Gesetz erläutert seine Tragweite an zwei Stellen nur lückenhaft. Nach § 308 kann das herrschende Unternehmen dem Vorstand des beherrschten hinsichtlich der Leitung der Gesellschaft Weisungen erteilen, und zwar, sofern nichts anderes vereinbart wurde, auch solche Weisungen, die für das beherrschte Unternehmen nachteilig sind, sofern sie nur den Belangen des herrschenden oder eines anderen zu dessen Konzern gehörenden Unternehmens dienen[95]. Ist die Zustimmung des Aufsichtsrats zu der angewiesenen Maßnahme nötig, so wird dessen Weigerung überwunden, wenn der Aufsichtsrat des herrschenden Unternehmens zustimmt. Die zweite das Weisungsrecht betreffende Regelung zieht eine sachliche Grenze: Nach § 299 AktG sind Weisungen im Rahmen eines Unternehmensvertrags unzulässig, welche darauf abzielen, den Vertrag selbst zu ändern, fortzusetzen oder zu beenden. Die Frage drängt sich auf, ob damit alle rechtlichen Schranken des Weisungsrechts genannt sind. Bezieht es sich auf alle Tätigkeiten des Vorstandes, oder gibt

---

[95] Bei der Eingliederung ist die Erteilung auch nachteiliger Weisungen generell zulässig (§ 323 Abs. 1 i. V. mit § 308 Abs. 1 Satz 2, der für die Eingliederung nicht gilt)

es Aufgaben, die er wahrzunehmen hat, ohne daß sie unter den in § 308 verwendeten Begriff „Leitung der Gesellschaft“ fallen[96]? Umgekehrt: Wie steht es mit Handlungen des Unternehmens, die im Innenverhältnis zur Zuständigkeit der Hauptversammlung oder des Aufsichtsrats gehören und vom Vorstand nur nach deren Beschlüssen vollzogen werden, wie etwa die Änderung des Grundkapitals, des Sitzes, Firmennamens oder des Unternehmensgegenstandes[97]? Soll das beherrschte Unternehmen auch zum Abschluß weiterer Unternehmensverträge angewiesen werden können, die zwar vom Vorstand geschlossen werden, über welche aber die Hauptversammlung nach § 293 AktG abstimmen muß? Kann deren Recht, über die Verwendung der Hälfte des sich aus der Bilanz ergebenden Jahresüberschusses zu beschließen, durch Weisungen auch ohne Abschluß eines Gewinnabführungsvertrags beschränkt werden[98]? Das mit diesen Fragen aufgeworfene Problem läßt sich abstrakt formulieren: Ist mit der im Aktiengesetz vorgenommenen Abgrenzung der Kompetenzen zwischen den drei Hauptorganen, welche sich an der notwendigen balance of powers im unabhängigen Einzelunternehmen orientiert, eine praktisch wie systematisch richtige Beschränkung des Weisungsrechts gefunden, dem eine abhängige Gesellschaft gegenüber seinem Konzernherrn unterliegt?

Eine Antwort auf diese Fragen bedarf der umfassenden Auslegung des Gesetzes, an welcher der Dogmatiker nicht weniger als der Praktiker mitarbeiten muß. Bevor wir ihre Implikationen verfolgen, bedarf es noch der Widerlegung des naheliegenden Einwands, sie sei nur theoretischer Natur, weil in der Realität das herrschende Unternehmen in der Hauptversammlung regelmäßig maßgebenden Einfluß besitze und dort Maßnahmen der Geschäftsleitung auch dann durchsetzen könne, wenn es der Beherrschungsvertrag nicht gestattet. In der Mehrzahl der Fälle besteht heute zwar eine so weitgehende Kapitalverflechtung, und die Verfasser des Aktiengesetzes konnten deshalb mit ihr rechnen. Aber sie hat historische Ursachen[99]; der vom Aktiengesetz ausgeformte Typus des Beherrschungsvertrages setzt sie nicht voraus, und keinerlei rechtspolitische noch systematische Gründe sprechen dafür, daran im Hinblick auf die generelle Auslegung des Gesetzes festzuhalten. Im Gegenteil gibt es Fälle, wo sich für den mit der Unternehmensverbindung bezweckten Erfolg der Abschluß eines Beherrschungsvertrags, etwa an Stelle eines Betriebspacht- oder -überlassungsvertrags, als das passende Mittel anbietet, ohne daß an eine Kapitalbeteiligung in nennenswertem Ausmaß gedacht ist. Der Anwendungsbereich und damit

---

[96] Nach der Begründung zum Regierungsentwurf umfaßt das Weisungsrecht nicht nur die Fragen der Geschäftsführung, sondern „den gesamten Bereich, in dem der Vorstand die Gesellschaft nach § 76 Abs. 1 zu leiten hat“. (*Kropff*, S. 403).

[97] Vgl. §§ 23 Abs. 3; 119 Abs. 1 Nr. 5—6; 179 AktG.

[98] Vgl. § 58 Abs. 2 AktG.

[99] Dazu statt aller *Mestmäcker*, Verwaltung, Konzerngewalt und Rechte der Aktionäre, S. 287 ff.

die Bedeutung des Beherrschungsvertrags in der Zukunft werden wesentlich davon abhängen, ob er für derartige Verhältnisse flexibel genug ist. Ja, wir müssen sogar noch einen Schritt weiter gehen. Es gilt auch bei der Auslegung des Aktiengesetzes ins Auge zu fassen, daß Konzernbildungen bei allen Unternehmensformen vorkommen. Der Beherrschungsvertrag stellt die Rechtsfigur dar, mit deren Hilfe sich die dazu notwendigen Abhängigkeitsverhältnisse auf dem Wege privatautonomer Vereinbarung generell begründen lassen. Wenn ihn das Gesetz vorläufig auf den Fall, daß eine Aktiengesellschaft oder Kommanditaktiengesellschaft beherrscht wird, beschränkt und auf die dabei auftretenden Sonderprobleme zugeschnitten hat, so liegt darin zwar eine aus Gründen der Gesetzgebungstaktik möglicherweise unvermeidliche, aber innerlich nicht gerechtfertigte Spezialisierung[100]. Es gibt keine überzeugenden Gründe dafür, den Abschluß eines Beherrschungsvertrags etwa zwischen einem Einzelkaufmann und einer offenen Handelsgesellschaft oder Kommanditgesellschaft für unzulässig zu halten, sofern er nur ausreichende Kautelen zugunsten etwa benachteiligter Gesellschafter und Gläubiger aufweist, es sei denn, man zieht sich auf das positivistische Argument zurück, für solche Verhältnisse sei er im Gesetz nicht anerkannt. Wie dem aber auch sei: Wer die Lehre vom Beherrschungsvertrag und seinem wesentlichen Merkmal, dem Weisungsrecht, umfassend entwickeln will, wird nicht anders verfahren können, als die unter systematischem Aspekt zufällige Grenze, welche das positive Recht für seinen Anwendungsbereich gesetzt hat, zu überschreiten, um sein rechtliches Wesen ganz in den Griff zu bekommen. Dann sieht er sich aber sogleich vor die entscheidende Frage gestellt, ob die dem Weisungsrecht im Aktiengesetz nach dem Muster der internen Kompetenverteilung gezogene Grenze auch bei den anderen Unternehmensformen sachgemäß wäre.

Die Frage kennt keine auf der Hand liegende Antwort, weil die Zahl und das Zusammenspiel der Organe bei den anderen Unternehmensformen abweichend vom Aktienrecht geregelt sind. Um ein fundiertes Urteil zu gewinnen, bedarf es vielmehr zunächst eines Standpunktes, von dem aus wir die Zusammenhänge übersehen und schlüssig argumentieren können. Wir müssen zurückgehen auf den Sinn der Unternehmenszusammenschlüsse und betreten damit erneut das Reich ökonomischer Realitäten. Wie schon erwähnt, liegt der Konzernbildung regelmäßig die Absicht zugrunde, mehrere Unternehmen zu einer höheren wirtschaftlichen Einheit zu verschmelzen, weil die Vergrößerung des Produktionsapparats die Rentabilität steigert. Diese wirtschaftliche Einheit läßt sich aber nur dann vollständig verwirklichen, wenn das Weisungsrecht als ihr Hebel alle für die wirtschaftliche Betätigung wesentlichen Entscheidungen erfaßt, ohne Rücksicht darauf, von welchem Organ sie nach der inneren Zuständigkeitsordnung des beherrschten Unternehmens zu treffen sind.

---

[100] Folgerichtig enthält der Referentenentwurf für ein neues GmbH-Gesetz in den §§ 234 ff. Vorschriften für Unternehmensverträge, bei denen eine GmbH beherschtes Unternehmen ist.

Es darüber hinaus auszudehnen, etwa auf interne Personalangelegenheiten oder die gesellschaftsrechtlichen Beziehungen der Kapitaleigentümer untereinander, besteht hingegen kein Anlaß. Damit sind wir beim springenden Punkt: Maßgeblich für die Interpretation sind auch hier die objektiven wirtschaftlichen, in der Sphäre des Unternehmens — hier des Gesamtunternehmens — beheimateten Faktoren, auf dessen Funktionsfähigkeit alles ankommt, während Argumente des Personen- und Gesellschaftsrechts offenkundig sachfremd wären. Wiederum kommen wir also zum Ergebnis, daß nicht eine Gesellschaft von Kapitaleigentümern, sondern das Unternehmen als wirtschaftliche Produktionsorganisation das wahre innere Subjekt des Rechts der Unternehmensverbindungen darstellt. Das Aktiengesetz selbst bringt den Sachverhalt wenigstens mittelbar zum Ausdruck, wenn es in § 308 anordnet, daß die dem beherrschten Unternehmen nachteiligen Weisungen nur mit den wirtschaftlichen Belangen des herrschenden bzw. eines anderen Konzernunternehmens gerechtfertigt werden können, denn es schließt mit diesen Worten jede Berücksichtigung der privaten Interessen eines herrschenden Aktionärs aus[101].

Die Einsicht in die ökonomisch-organisationsrechtliche[102] Natur des Beherrschungsvertrags hat weitreichende Konsequenzen. Die wichtigste dürfte sein, daß sie allein rechtsethisch das ungewöhnliche Maß von Abhängigkeit rechtfertigt, in welche der Vertrag das beherrschte Unternehmen versetzt. Das Reichsgericht hatte nicht Unrecht, als es in seinen früheren Entscheidungen die Konzernverträge daran scheitern ließ, daß es die Unterwerfung einer Gesellschaft unter den Willen einer anderen als eine Art Selbstentmündigung ansah, die mit ihrem Wesen unvereinbar sei und daher keinen Rechtsschutz beanspruchen könne[103]. Hat man Gesellschaften im Auge, in welchen sich freie Unternehmerpersönlichkeiten zu einem ihrer eigenen Entfaltung dienenden Zweck zusammengefunden haben, so kann das Recht in der Tat die vollständige Unterwerfung der Gesellschaft unter den Willen eines Dritten oder eines Mitglieds so wenig dulden wie bei einer natürlichen Person. Auch heute, unter dem Zeichen des Grundgesetzes, müßte ein Vertrag für nichtig erklärt werden, in welchem ein geselliger Verein sich und seine Mitglieder zu unbedingtem Gehorsam gegenüber einem Dritten verpflichtet. Das Reichsgericht beging nur den Fehler, das Unternehmen dem Verein gleichzusetzen, obwohl bei ihm die Sphäre persönlichkeitsbezogener Freiheit ganz hinter dem institutionellen Charakter der auf ihr Ziel ausgerichteten Organisation zurücktritt. Im Unternehmen regieren die Gesetze wirtschaftlicher Rationalität, und daher berührt seine zweckmäßige Eingliederung in einen größeren Unternehmensverband den einer natürlichen Person garantierten Freiheitsbereich nicht. Die Bildung eines Konzerns ist,

---

[101] Vgl. die Begründung zum RegE, *Kropff*, S. 403.

[102] Vgl. *Würdinger*, Zur Reform des Konzernrechts, Festschrift für W. Schmidt, S. 279 ff.

[103] RGZ 3, 123; 82, 308 u. a.

wie bereits die Kritiker der Judikatur des Reichsgerichts sahen[104], ein prinzipiell anderer Vorgang als eine unzulässige Selbstentmündigung.

6. *Zusammenfassung*

Wir fassen die Ergebnisse dieses Abschnitts zusammen: Im Sprachgebrauch der Gesetze herrscht keine einheitliche, durchgehend festgehaltene Terminologie. Das klassische Handels- und Gesellschaftsrecht einschließlich der traditionellen Partien im Aktiengesetz von 1965 hält an den Kaufleuten und Gesellschaften als den systematischen Leitfiguren und maßgeblichen Rechtssubjekten bis heute fest. Dagegen ist in allen anderen Gesetzen im Lauf der Zeit der Begriff des Unternehmens an deren Stelle getreten. Es ist der Normadressat namentlich wirtschaftsrechtlicher Vorschriften aller Art und wird in diesen auch als selbständiger Träger privatrechtlicher Rechte und Pflichten angesprochen. Der Prozeß des Übergangs zu der neuen Terminologie hält noch an und hat im Aktiengesetz an wichtigen Stellen auch auf den engeren Bereich des Gesellschaftsrechts übergegriffen.

Der Wechsel entspricht dem materiellen Gehalt der Gesetze, als deren gedanklicher Bezugspunkt sich bei der Interpretation durchweg das Unternehmen erwies. Im Wirtschaftsrecht liegt dieser Sachverhalt offen zutage, denn der Gesetzgeber ist an den Unternehmen als wirtschaftlichen Produktivkörpern interessiert, während die Rechtsformen für ihn irrelevant bleiben. Er gilt aber auch für das Gesellschaftsrecht und das Arbeitsrecht. Hier geht es zwar unmittelbar darum, das Zusammenspiel der Kapitaleigentümer und Gesellschaftsorgane beziehungsweise der Arbeitgeber und Arbeitnehmer zu ordnen, aber diese Ordnung empfängt ihren Sinn und übergeordneten Richtpunkt von der Aufgabe, ein funktionsfähiges Unternehmen zu organisieren. Obgleich das in der Terminologie und Systematik etwa des Handelsgesetzbuchs und seiner Nebengesetze nicht zum Ausdruck gelangt, tragen sie dem in der inhaltlichen Ausgestaltung überall Rechnung.

Als Fazit ist daher festzuhalten, daß das Vordringen des Unternehmensbegriffs keineswegs aus einer Verlegenheit der Gesetzesverfasser um einen passenden Oberbegriff für alle Gesellschaftsformen erklärt werden kann, wie die herrschende Lehre will, sondern den wahren Tatbestand spiegelt. Die Studienkommission des Juristentags hat Recht mit der Behauptung, daß sich das Unternehmensrecht als die gegenüber dem Gesellschaftsrecht umfassendere und übergeordnete Kategorie erweist. Aber ihr Standpunkt muß eingeschränkt werden: Ihre Lehre, wonach das Unternehmensrecht „in organischer Entwicklung“ aus dem Gesellschaftsrecht hervorgeht, ist systematisch nicht haltbar. Der primäre, nicht abgeleitete Leitbegriff ist der Begriff des Unternehmens, während die Gesellschaftsformen Eigenschaften der Unternehmen darstellen, die nur in gewisser Hinsicht rechtlich relevant sind. Daher betrifft das Gesellschaftsrecht einen systematisch unselbständigen Teilbereich des Unternehmensrechts.

---

[104] Vgl. statt aller *Friedländer*, Konzernrecht, S. 63 ff. mit weiteren Nachweisen.

2. Abschnitt

DAS VORDRINGEN DES UNTERNEHMENS ALS RECHTLICHER LEITBEGRIFF IN DER RECHTSPRECHUNG

Vorbemerkung

Die Ergebnisse des vorangehenden Abschnitts würden für sich allein kein vollständiges Bild von der Bedeutung des Unternehmensbegriffs im geltenden Recht vermitteln. Sie müssen vielmehr durch den Nachweis entsprechender Entwicklungstendenzen in anderen Bereichen des Rechtslebens ergänzt werden. Im folgenden richten wir unser Augenmerk zunächst auf die Judikatur, bei der wir allerdings noch einschneidender als bisher vor der Schwierigkeit stehen, die Fülle des Stoffs nur unvollständig verarbeiten zu können. Wir greifen drei repräsentative Beispiele heraus: a) Die Ausweitung des Namensschutzes nach § 12 BGB zum umfassenden Unternehmensschutz, b) Die Entwicklung der Judikatur zum Recht am eingerichteten und ausgeübten Gewerbebetrieb und c) die Rechtsprechung des Reichsgerichts über die Schranken der Stimmrechtsausübung in der Hauptversammlung einer Aktiengesellschaft.

1. Die Ausweitung des Namensschutzes nach § 12 BGB zum umfassenden Unternehmensschutz

Wenden wir uns zunächst dem Namensrecht zu[1]: Die in § 12 BGB begründeten Unterlassungsansprüche sollten ursprünglich dazu dienen, den bürgerlichen Namen einer individuellen Person vor Beeinträchtigungen zu schützen. Die Vorschrift war, wie sich aus den Gesetzesmaterialien ergibt[2], als Ergänzung der bereits bestehenden Regeln des handelsrechtlichen Firmen- und Zeichenschutzes für die bis dahin schutzlose Sphäre des bürgerlichen Namens gedacht und sollte darauf beschränkt bleiben. Mit Absicht wurde sie deshalb in den Abschnitt über die natürlichen Personen eingefügt, und eine analoge Anwendung hielt man nur bei Idealvereinen und

---

[1] Zum folgenden vor allem *Hefermehl,* Der namensrechtliche Schutz geschäftlicher Kennzeichen, Festschrift f. Hueck, S. 519 ff.; *Bußmann,* Name, Firma, Marke; *Würdinger* RGR HGB Anm. 23 ff. zu § 37; *Soergel-Schultze-v. Lasaulx,* BGB § 12 Bem. 82 ff.

[2] Vgl. Prot., *Mugdan* I, S. 593, ferner die Erklärung des Verfassers des Allgemeinen Teils, Dr. *Gebhardt,* im Reichstag in Sten.Ber. (Mugdan I, S. 982).

Stiftungen für möglich[3]. Anfangs bekannte sich auch das Reichsgericht zu dieser Auffassung. Es lehnte die auf § 12 BGB gestützte Klage eines Firmeninhabers ab, in dessen Firma sein persönlicher Name nicht vorkam[4], und einer Personalgesellschaft, die unter ihrer Firma geklagt hatte, verweigerte es die Berufung auf § 12 BGB generell[5]. Schon nach kurzer Zeit begann es indessen, Schritt für Schritt von der zunächst bezogenen gesetzespositivistischen Haltung abzurücken. Zunächst gewährte es den Namensschutz für die Sachfirma der Kapitalgesellschaften und begründete diese Neuerung mit dem Argument, daß sie ihrer Rechtsnatur nach Vereine darstellten[6]. Wegen der Gleichheit der Interessenlage war damit aber alsbald auch eine Ausdehnung auf die Firma der Personalgesellschaften unausweichlich[7]. Damit ging der Firmenschutz des § 37 HGB in dem Namensschutz auf. Noch einschneidender war die etwa zur gleichen Zeit einsetzende Anwendung des § 12 BGB auf bislang nur nach § 16 UWG geschützte Firmenabkürzungen und schlagwortartige Firmenbestandteile, selbst wenn sie mit dem persönlichen Namen eines Beteiligten nichts zu tun hatten, sondern reine Phantasiebezeichnungen darstellten[8], und schließlich sogar auf eine Gaststättenbezeichnung, die überhaupt nicht mit einer Firma verknüpft war[9].

Daß sich diese Judikatur grundsätzlich vom ursprünglichen Sinn des § 12 BGB abwandte, scheint das Reichsgericht zunächst nicht erkannt zu haben. Jedenfalls bleibt seine Argumentation auffallend an der Oberfläche und beschränkte sich regelmäßig darauf, den Rechtsbegriff „Namen" zu interpretieren. Den Gedanken, daß zwischen Personenrecht und Recht der Handelsgesellschaften ein prinzipieller Unterschied bestehe, den die Geschichte des § 12 BGB aufdrängen mußte, ließ es dagegen vollständig fallen. Das ist erstaunlich, denn der Namensschutz ging zwar über die Reichweite der firmen- und wettbewerbsrechtlichen Abwehrvorschriften hinaus[10], aber niemand konnte behaupten, dort klaffe eine unerträgliche Lücke, die auf alle Fälle geschlossen werden mußte. Die Ausdehnung des § 12 BGB war somit durchaus nicht ein Ergebnis zwingender Konsequenz, sondern hätte,

---

[3] So schon Prot. (Mugdan I, S. 593), ebenso die ersten Auslegungen zum BGB, z. B. *Planck-Knoke*, BGB 4. Aufl. S. 34, 39, 40; *v. Tuhr*, Allg. Teil, S. 444, 448; noch *Enneccerus*, Allg. Teil in der 11. Aufl. 1926, S. 227.

[4] RGZ 59, 285.

[5] RGZ 88, 421 (422).

[6] RGZ 100, 186; 109, 213 im Anschluß an RGZ 74, 114 und 78, 102, die Idealvereine betreffen.

[7] RGZ 114, 90, 93 unter ausdrücklicher Aufgabe der Entscheidung, RGZ 88, 421.

[8] Vgl. vor allem RGZ 109, 213 (Kwatta); 115, 401 (Salamander); 117, 215 (Eskimo).

[9] RGZ 171, 30 (Am Rauchfang); vgl. auch BGH GRUR 1963, 430 (Erdener Treppchen).

[10] Vgl. im einzelnen *Soergel-Schultze-v. Lasaulx*, § 12 BGB Bem. 82 ff.

mit Ausnahme allein der Gleichbehandlung von Kapital- und Personalgesellschaften hinsichtlich ihres Firmennamens, leicht vermieden werden können. Auch sah sich die Rechtsprechung nunmehr genötigt, ein kompliziertes System von sonstigen Abgrenzungsmerkmalen aufzubauen, für die § 12 BGB kaum eine Grundlage bot[11]. Schon daraus erhellt, daß die eigentlichen Gründe für diese Judikatur an anderer Stelle zu suchen sind. Sie liegen im allmählichen Vordringen des Gefühls dafür, es sei angemessen, das Unternehmen, das als Träger all dieser von der Beziehung auf individuelle Personen gelösten Bezeichnungen allein in Betracht kam, namensrechtlich den natürlichen Personen gleichzustellen. Man sah, daß das Unternehmen als solches im Wirtschaftsleben einen Namen trägt, der es individualisiert und von anderen Unternehmen unterscheidet genauso wie der bürgerliche Name einer natürlichen Person, und folgerte daraus, daß dieser Name Rechtsschutz verdiene, auch wenn er mit dem Namen der Inhaber des Unternehmens oder der nach den Vorschriften des Handelsrechts gebildeten Firma keine Berühung mehr hatte. Sachlich war damit das Unternehmen als Träger und maßgebliches Subjekt des Namensrechts anerkannt, und es fehlte nur noch der letzte Schritt, für die Dogmatik daraus die Konsequenzen zu ziehen. Daß das Reichsgericht davor zurückschreckte, nimmt freilich nicht wunder, denn es konnte sich nicht dazu berufen fühlen, einen so weittragenden Bruch mit der herrschenden Lehre zu vollziehen. So blieb es trotz der Ungereimtheit dabei, Kaufleute und Gesellschaften formell als die Schutzberechtigten des Unternehmensnamens anzusehen[12]. Nur in einer Entscheidung ist beiläufig vom Namensrecht des Unternehmens selbst die Rede[13].

In der Rechtsprechung des Bundesgerichtshofs stabilisierte sich dieser Stand der Entwicklung[14]. Das Gericht gewährt nach wie vor Unternehmenszeichen den Namensschutz, wenn sie nur im Verkehr als Hinweis auf ein bestimmtes Unternehmen verstanden werden, also Namensfunktion besitzen, aber ohne Rücksicht darauf, ob sie Bestandteil der Firma sind oder nicht. Als Anspruchsträger gelten ihm weiterhin die Kaufleute und Gesellschaften. Aber der Widerspruch klafft: Man kann nicht in einem Atemzug sagen, Namensschutz sei Individualitätsschutz, und das Recht einem Träger zusprechen, auf dessen Individualität sich der Name gar nicht bezieht[15]. Hier zeigt sich noch klarer als bisher, daß dem tatsäch-

---

[11] Vgl. dazu die Kommentare zu §§ 12 BGB und 16 UWG.

[12] Vgl. besonders deutlich RGZ 115, 401; 117, 215.

[13] RGZ 171, 30 (35).

[14] Vgl. besonders BGHZ 11, 214 (KFA); GRUR 57, 87 (Meisterbrand), ferner die Darstellung von *Lindenmaier*, BB 53, 629 und *Siebert*, BB 59, 641 sowie *Baumbach-Hefermehl*, Wettbewerbsrecht § 16 UWG, Anm. 10 ff., 98 ff.

[15] Konsequent wollen daher *v. Godin-Hoth*, Wettbewerbsrecht, Anm. 8 b zu § 16 UWG, den Gesellschaftsbezeichnungen nur dann Namensschutz zubilligen, wenn sie auch den Unternehmer individualisieren.

lich bereits vollzogenen Wandel dogmatisch nur beizukommen ist, wenn wir die Unternehmenslehre neu konzipieren.

2. *Die Entwicklung der Judikatur zum Recht am eingerichteten und ausgeübten Gewerbebetrieb*

Eine ähnliche Entwicklung läßt sich auch in der Rechtsprechung des Reichsgerichts und des Bundesgerichtshofs zum Recht an eingerichteten und ausgeübten Gewerbebetrieb nachweisen, wenngleich sie hier nicht ganz so plastisch hervortritt[16] [17]. Schon vor dem Inkrafttreten des BGB hatte das Reichsgericht die ungehinderte gewerbliche Betätigung vor rechtswidrigen Angriffen geschützt mit der Begründung, der Beklagte sei dem Kläger „ehrverletzend zu nahe" getreten und habe ihn ohne Rechtsgrund in „rechtlich erlaubten gewerblichen Verfügungen" gestört[18]. Wenig später hieß es, das in § 1 GewO verankerte Recht auf „freie gewerbliche Betätigung" sei verletzt[19] und, in einem anderen Urteil, der Beklagte habe rechtswidrig „in den Gewerbebetrieb eines anderen eingegriffen" und sei „seiner Ehre zu nahe getreten"[20]. Ferner formulierte das Gericht, die Eingriffe verletzten „das Recht auf Achtung der Person" und „das Ansehen des individuellen Geschäftsbetriebs, auf dessen Wahrung jeder Gewerbetreibende, solange er nicht rechtswidrig oder unsittlich handelt, einen Anspruch" habe[21]. Man sieht, wie die Begründung in diesen Urteilen zwar noch schwankt, aber jedenfalls um die Person des Kaufmanns und seine Persönlichkeitsrechte kreist, während ein objektiver Bereich des Gewerbebetriebs nur andeutungsweise erwähnt wird. Das ändert sich mit der Grundsatzentscheidung vom 27. 2. 1904[22], in welcher der ganzen späteren Judikatur die Wege gewiesen wurden, denn dort heißt es, das subjektive Recht am bereits eingerichteten und ausgeübten Gewerbebetrieb erhalte seine feste Grundlage dadurch, „daß es sich bei dem bestehenden selbständigen Gewerbebetrieb nicht bloß um die freie Willensbetätigung des

---

[16] Die Rechtspr. wurde jüngst eingehend dargestellt und kritisch analysiert von *v. Caemmerer,* Wandlungen des Deliktsrechts, S. 83 ff., auf dessen Darstellung hier verwiesen werden kann. Vgl. ferner *Schippel,* Das Recht am eingerichteten und ausgeübten Gewerbebetrieb, S. 38 ff.; ausführlich auch BGHZ 29, 65.

[17] Es ist im folgenden nur eine Würdigung dieser Rechtspr. unter dem Gesichtspunkt des Gedankens beabsichtigt, inwiefern sich darin der Gedanke des verselbständigten Unternehmens manifestiert, nicht dagegen eine Kritik an der Abgrenzung des Rechts am eingerichteten und ausgeübten Gewerbebetrieb, die in der juristischen Diskussion sonst im Vordergrund steht.

[18] RGZ 22, 93 (96); Vgl. auch *Bolze,* Praxis des Reichsgerichts Bd. 8, Nr. 147; Bd. 9, Nr. 110.

[19] RGZ 45, 59 (62).

[20] RG JW 1899, 749 (750); *Bolze* Bd. 11 Nr. 112.

[21] RGZ 28, 238 (249); ähnlich auch RGZ 35, 166.

[22] RGZ 58, 24; vgl. auch RGZ 56, 271; RGZ 51, 369.

Gewerbetreibenden handelt, sondern dieser Wille darin bereits seine gegenständliche Verkörperung gefunden hat"[23]. Damit hatte sich die von der Unternehmensdogmatik[24] dann aufgegriffene Vorstellung durchgesetzt, der Schutzgegenstand sei eine Art Kombination von Tätigkeitsbereich und Rechtsobjekt, die aber jedenfalls Deliktsschutz nach Analogie des Eigentums verdiene[25]. Ein erster Schritt zur Trennung von Kaufmann und Unternehmen war damit vollzogen. Bis in die dreißiger Jahre hielt das Gericht an der damit bezogenen Position im wesentlichen fest und konzentrierte sich auf die schwierigen Abgrenzungsfragen, für deren Entscheidung die sachliche Komponente, der Bestand des Gewerbebetriebs, folgerichtig eine ausschlaggebende Bedeutung erlangte[26]. Nach und nach trat in den Entscheidungsbegründungen aber unter der Hand die Eigenständigkeit der Unternehmensorganisation in den Blickpunkt. So heißt es im Urteil vom 19. November 1938, jeder Unternehmer könne beanspruchen, „vor widerrechtlichen Störungen bewahrt zu bleiben, die sein Unternehmen nicht zur vollen, in der Gesamtheit seiner Bestandteile und Betriebsmittel begründeten Entfaltung kommen lassen"[27]. Hätte nicht auf die Person des Kaufmanns fixierte Dogmatik im Wege gestanden, so wäre aus solchen Sätzen zweifellos bald die Vorstellung eines dem Unternehmen selbst kraft seiner sozialen Wirksamkeit zustehenden Rechtsschutzes erwachsen.

In der Judikatur des Bundesgerichtshofs ist wiederum, wie bei § 12 BGB, eine Übernahme des erreichten Stands festzustellen. Schon im Constanze-Urteil[28] heißt es, daß gegen Äußerungen, welche „die Verhältnisse eines gewerblichen Unternehmens, seine Erzeugnisse und son-

---

[23] S. 29 f. [24] Vgl. oben S. 2.

[25] Beide Komponenten, sowohl die andauernde gewerbliche Tätigkeit des Inhabers wie der gegenständliche Niederschlag dieser Tätigkeit werden vom Reichsgericht bis zuletzt für erforderlich gehalten (vgl. etwa RGZ 73, 107 (111); 73, 253 (256); 102, 223 (225); 119, 435 (438). Darin äußert sich ein zwar noch ungeklärtes und durch das Festhalten an der Figur des Unternehmers einseitiges, aber in der Anlage insofern durchaus richtiges Bild vom Unternehmen, als dieses einerseits der auf das Unternehmensziel hin ausgerichteten Führung, andererseits der Organisation von Arbeitskräften und Produktionsmitteln bedarf. Vgl. unten S. 150 ff.

[26] RGZ 64, 155; 73, 253 (256); 73, 107; 76, 35 (46); 77, 217 (218); 79, 224 (226); 95, 339; 102, 223; 126, 93 (96) u. a. Neben dem Bestandsschutz spielte das Merkmal der Unmittelbarkeit des Eingriffs bei der Abgrenzung die entscheidende Rolle. In der späteren Judikatur wurde das Erfordernis des Bestandsschutzes, zunächst für das Wettbewerbs- und Warenzeichenrecht, aufgegeben und nur noch auf die Unmittelbarkeit des Eingriffs abgestellt, ein weiteres Zeichen dafür, daß die Vorstellung von der im sozialen Leben wirkenden Organisation an die Stelle der Vorstellung von zweckmäßig zusammengeordneten Vermögensgegenständen rückte (vgl. RG MuW 1935, 26 (30); vorher schon andeutungsweise in MuW 1929, 378; MuW 1931, 276).

[27] JW 1939, 485; RGZ 163, 21 (32); RG GRUR 1940, 375 (378); GRUR 1942, 364.

[28] BGHZ 3, 270 (279).

stigen Leistungen herabsetzen und damit störend in die freie gewerbliche Entfaltung des Unternehmens eingreifen", Rechtsschutz gewährt werde, denn der Gewerbebetrieb müsse „nicht nur in seinem eigentlichen Bestand, sondern auch in seinen einzelnen Erscheinungsformen" geschützt werden, wozu der gesamte Tätigkeitsbereich zu rechnen sei. Deutlicher kann man die Bedürfnise des Unternehmens nicht zum Kriterium der Entscheidung machen, wengleich das Gericht formell daran festhält, daß Kaufleute und Gesellschaften die anspruchsberechtigten Rechtsträger sind[29]. Noch bündiger formuliert die sieben Jahre später ergangene Grundsatzentscheidung BGHZ 29, 65: „durch den dem eingerichteten und ausgeübten Gewerbebetrieb gewährten Schutz soll das Unternehmen in seiner wirtschaftlichen Tätigkeit, in seinem Funktionieren vor widerrechtlichen Eingriffen bewahrt bleiben"[30]. Mit Recht bemerkte *v. Caemmerer,* hier sei eine Generalklausel entstanden, nach der jedes Unternehmen — man ist versucht zu ergänzen: wie eine Person — Rechtsschutz genieße[31], und hat für diese Interpretation auch das Einverständnis des Bundesgerichtshofs gefunden[32]. Die Anerkennung einer solchen Generalklausel kann keinen anderen Sinn haben, als daß der Entfaltungsspielraum geschützt wird, dessen das Unternehmen selbst als Produktionskörper bedarf, um gedeihen und seine Leistung erbringen zu können. Von den Rechten und Bedürfnissen der hinter ihm stehenden Kaufleute und Gesellschafter ist dagegen so wenig noch die Rede wie beim namensrechtlichen Unternehmensschutz, und sie spielen auch bei der Abgrenzung des Rechts in der Argumentation der Urteilbegründungen keine Rolle. Es geht im Gegensatz zur dogmatischen Konstruktion der Sache nach allein um das produktive soziale Gebilde, das wir im folgenden mit dem Begriff der Organisation beschreiben.

3. Die Rechtsprechung des Reichsgerichts über die Schranken der Stimmrechtsausübung in der Hauptversammlung einer Aktiengesellschaft

Bei dem dritten Fragenkreis, dem wir unsere Aufmerksamkeit schenken, dem Ausgleich disparater Interessen zwischen Aktionären und Verwaltung einer Aktiengesellschaft bzw. zwischen mehreren Aktionärsgruppen, liegen

[29] Die Ausführungen von BGHZ 3, 270 werden im folgenden Urteil BGHZ 8, 142 (144, schwarze Listen) wörtlich wiederholt und in ihrer gedanklichen Substanz weiterhin festgehalten. Vgl. BGHZ 16, 172; 24, 200 (205 ff.), ferner die bei *v. Caemmerer,* aaO, S. 86 zitierten Urteile.

[30] S. 70. Auf den Ausführungen dieser Grundsatzentscheidung fußen BGHZ 32, 134 (140); 36, 91 (95); 38, 200; 41, 123; 45, 296 (Höllenfeuer); BGM LM § 823 BGB Ai Nr. 20; BGH NJW 1964, 29 (Blinkfuer) u. v. a.

[31] aaO., S. 90 ff.

[32] BGH LM § 823 BGB (Ai) Nr. 20, wo von der „generalklauselartigen Weite" dieses Rechts die Rede ist.

die Verhältnisse komplizierter[33]. Das Anfangsglied in der langen Kette der einschlägigen Urteile des Reichsgerichts bildet die berühmte Hibernia-Entscheidung aus dem Jahre 1908[34], in welcher sich das Gericht prinzipiell auf den formalen Standpunkt stellte, in der Generalversammlung der Aktiengesellschaft entscheide die Stimmenmehrheit ohne Rücksicht darauf, welche Ziele sie mit der Stimmabgabe verfolge. Grundsätzlich stehe es jedem Aktionär frei, seinen eigenen Interessen nachzugehen, auch wenn sie mit dem Gesellschaftszweck nichts zu tun haben. Der Kurs, welchen die Gesellschaft nimmt, bestimmt sich daher nicht nach den Lebensgesetzen des Unternehmens, sondern ist das Ergebnis eines Machtkampfs zwischen Mehrheit und Minderheit der Aktionäre. Nur den Verstoß gegen die guten Sitten anerkennt das Gericht als Schranke des Stimmrechts, und bezieht sich damit auf ein Regulativ, das zwar im Individualrecht, wo es beheimatet ist, seine legitime Funktion erfüllt, im Recht der sozialen Verbände aber kaum das wesentliche Kriterium liefert, denn dort kommt es nicht auf ein Mindestmaß an Verkehrsmoral an, sondern auf die loyale Zusammenarbeit zum gemeinsamen Ziel. Schon in der Entscheidung RGZ 80, 385 rückte das Gericht unter dem Eindruck der allenthalben laut gewordenen Kritik am Hibernia-Urteil von seinem individualistischen Standpunkt vorsichtig wieder ab, indem es einen angefochtenen Hauptversammlungsbeschluß mit der Begründung bestätigte, er liege „im berechtigten Interesse" der Gesellschaft, denn er verhindere, daß ein Gesellschafter seine Pflicht, auf die Gesellschaftszwecke Rücksicht zu nehmen, „im eigenen Sonderinteresse und zum Nachteil seiner Gesellschaft vergesse"[35]. Damit setzte es, wenngleich nach wie vor unter dem Stichwort der Sittenwidrigkeit, einen neuen Beurteilungsmaßstab an die Stelle des Kriteriums der Verkehrsmoral, der, obgleich noch generalklauselartig unbestimmt, doch insofern den Weg wies, als er auf die Ziele und Aufgaben der Gesellschaft, die Sozialsphäre abstellte. Wie das Gericht mit dem Begriff des Gesellschaftsinteresses arbeiten konnte, wurde in den Entscheidungen der Nachkriegszeit seit 1923 klar, als es die mit den Mehrstimmrechts-, Verwaltungs- und Schutzaktien aufgekommenen Mißbräuche abwehren mußte. Das Gericht sieht jetzt gerade in der Ausnützung der Stimmrechtsmacht zugunsten von Sonderinteressen „unter Hintansetzung der Interessen der übrigen Stamm-Aktionäre und der Gesellschaft" die Sittenwidrigkeit[36]. Nach RGZ 107, 205 trifft den Ge-

[33] Aus der umfangreichen Literatur zu diesem Problem seien nur genannt: *Filbinger*, Die Schranken der Mehrheitsherrschaft im Aktienrecht und Konzernrecht, insbes., S. 78 ff., 82 ff., 107 ff.; *Fechner*, Die Treubindungen des Aktionärs, insbes. S. 34 f.; *A. Hueck*, Der Treuegedanke im modernen Privatrecht; *G. Hueck*, Der Grundsatz der gleichmäßigen Behandlung im Privatrecht, S. 333 ff.; *Mestmäcker*, Verwaltung, Konzerngewalt und Rechte der Aktionäre, S. 139 ff.; *Wiethölter*, Interessen und Organisation der Aktiengesellschaft S. 100 ff.

[34] RGZ 68, 235.

[35] S. 391; vgl. auch RGZ 85, 170.

[36] So lautet die später immer wiederholte Formel erstmals in RGZ 107, 72 (76).

sellschafter zwar keine rechtliche, aber immerhin eine „moralische Pflicht", seine privaten Sonderinteressen dem Wohl der Gesellschaft unterzuordnen[37]. In RGZ 112, 14 argumentiert das Gericht, der angefochtene Kapitalerhöhungsbeschluß befriedige nicht ein Kapitalbedürfnis der Gesellschaft, sondern diene lediglich dazu, die Sonderinteressen der Mehrheit zu stärken, ohne sachlich durch irgendein Interesse der Gesellschaft geboten zu sein[38].

In RGZ 119, 248 tritt neben die gleichlautende Überlegung noch ein neuer Gedanke, wenn es heißt, die Ausgabe von Schutzaktien liege auf der Linie der Satzungsvorschriften der Gesellschaft, welche „ganz offensichtlich unter weitgehender Zurückdrängung von Sonderinteressen der Aktionäre auf möglichste Sicherung des U n t e r n e h m e n s a l s s o l c h e n und auf Erhaltung seiner Bodenständigkeit und Eigenart gerichtet sind"[39]. Damit war, wenngleich unter Rekurs auf die Satzung, eindeutig gesagt, worauf es ankam: die Belange des Unternehmens sollten im Streit der Parteien nunmehr den Ausschlag geben. Sachlich blieb das Gericht auch in den folgenden Urteilen dabei, allerdings nicht ohne unter dem Einfluß des Nationalsozialismus in dem Begriff der Treuepflicht der Aktionäre gegenüber der Gesellschaft eine neue dogmatische Begründung zu suchen[40].

Es lohnt sich, die Gedankengänge des Reichsgerichts auf ihre Stichhaltigkeit genauer zu prüfen. Offenkundig bemühte es sich zunächst, die Probleme unter dem methodisch geläufigen Gesichtspunkt des Interessenkonflikts zwischen den beteiligten Gruppen zu klären, sah aber dann, daß es damit allein nicht auskam, sondern einen übergeordneten Gesichtspunkt brauchte, der naturgemäß den letzten, ausschlaggebenden Entscheidungsmaßstab bilden mußte. Diese Funktion erfüllte der Begriff des Gesellschaftsinteresses, den es Schritt für Schritt konkretisierte. Manchmal scheint es nicht mehr darunter zu verstehen als eine angemessene Mitberücksichtigung der Gegeninteressen von Minderheitsaktionären, insofern das Mehrheitsprinzip den Wert ihrer Anteile gefährdet. Mehrfach beruft sich das Gericht auch auf das damals noch wenig geklärte Prinzip der Gleichbehandlung der Aktionäre[41]. Aber damit bezieht es formale Positionen, die

---

37 Vgl. dann ferner RGZ 108, 41; 108, 322 (327 f.).

38 S. 17 f.; vgl. auch RGZ 113, 188 (195 f.).

39 S. 256, vgl. ferner RGZ 122, 159 (165), 132, 149 (160 ff.).

40 RGZ 146, 71 (76); 385 (395 ff.). Dazu besonders *Filbinger* aaO, *Fechner* aaO; vgl. auch RGZ 158, 254, wo eine Treupflicht der Aktionäre untereinander abgelehnt wird. Zu dem Problem siehe genauer unten S. 143 ff.

41 So z. B. RGZ 112, 18; 113, 156; 119, 228 u. a. (vgl. *Filbinger* aaO, S. 62 ff. mit Nachweisen), *Wiethölter* S. 108 ff. zählt insges. 33 Entscheidungen.

nur in einem Teil der Fälle zum Ziel führen[42]. Wo sie nicht weiterhalfen, bleiben als inhaltlich bestimmtes Kriterium des Gesellschaftsinteresses nur die Belange des Unternehmens übrig, denn einmal ist die gemeinsame Zugehörigkeit zum Unternehmen das einzige verbindende Element, der maßgebliche Integrationsfaktor zwischen den Aktionärsgruppen bzw. zwischen Verwaltung und Aktionären, und zum anderen lassen sich nur dessen Entfaltungsmöglichkeiten den Einzelinteressen als selbständiges, werterfülltes Regulativ gegenüberstellen, wenn man nicht beim Maßstab der guten Sitten, also des individuellen moralischen Wohlverhaltens verharrt[43]. So war es ein Akt geradezu notwendiger Konsequenz, zu den Belangen des Unternehmens selbst als Leitbegriff durchzustoßen, und wir finden unsere Vermutung, daß die Judikatur diesen Schritt bereits vollzogen habe, in einem dritten, wichtigen Problemkreis bestätigt[44].

---

[42] Das hat besonders *Fechner* aaO. herausgearbeitet und daraus dogmatisch die Folgerung abgeleitet, es bestehe eine Treupflicht der Aktionäre nicht etwa gegenüber der Gesellschaft oder untereinander, sondern gegenüber dem Unternehmen (S. 70 ff., 103). S. unten S. 143 f.

[43] Eingehend und mit gleichem Ergebnis *Wiethölter* S. 121 ff., 129 f., 138; vgl. auch *Mestmäcker* S. 150 ff.

[44] Der Bundesgerichtshof hatte noch keine Gelegenheit, einen gleichartigen Konflikt zu entscheiden, was an der eingehenden Regelung der einschlägigen Fälle im Aktiengesetz von 1937, namentlich §§ 101 und 197 Abs. 2, liegt. Daß ihm die Gedankengänge des Reichsgerichts aber nicht fern liegen, ist aus BGHZ 21, 354 zu entnehmen, wo er anläßlich der Frage, wie weit die Handlungsfreiheit eines über genehmigtes Kapital verfügenden Vorstandes reicht, Ausgabekurs und Empfängerkreis der jungen Aktien zu manipulieren, darlegt, der Vorstand dürfe nicht einzelnen Aktionären oder Dritten zum Schaden der Gesellschaft Sondervorteile zuwenden und nicht vorsätzlich zum Schaden der Gesellschaft handeln (S. 357). Vgl. dazu *Mestmäcker*, JZ 57, 180 ff. und Verwaltung, Konzerngewalt und Rechte der Aktionäre, S. 150 ff., *Wiethölter* S. 119.

3. Abschnitt

DIE BEDEUTUNG DES UNTERNEHMENS IN DER KAUTELARPRAXIS

Vorbemerkung

Die beiden vorangegangenen Abschnitte galten dem Nachweis, daß das Unternehmen in der Gesetzgebung und Rechtsprechung die Begriffe des Kaufmanns und der Gesellschaft als Leitbegriffe des Handelsrechts weitgehend verdrängt hat. Im folgenden gehen wir ähnlichen Tendenzen in der Kautelarpraxis, das heißt bei der Ausgestaltung von Gesellschaftsverträgen nach, in einem Bereich also, wo sich die sozialen und wirtschaftlichen Realitäten eher noch früher und genauer abzeichnen als in den anderen. Die Vermutung spricht dafür, daß es namentlich die dort entstandenen neuen Rechtsformen sind, an denen sich die Bedürfnisse und Trends der Rechtsentwicklung ablesen lassen, und deshalb greifen wir drei Unternehmensformen heraus, die sich in den letzten Jahrzehnten in der Praxis durchsetzen konnten, obwohl sie den ursprünglichen Rahmen des Gesellschaftsrechts sprengen und daher um ihre rechtliche Anerkennung kämpfen mußten oder noch müssen: die Einmanngesellschaft, die GmbH und Co, KG und das Stiftungsunternehmen. Wir beschäftigen uns mit ihnen nicht unter dogmatischen oder systematischen Aspekten, sondern stellen die Frage, welches die Motive der beteiligten Personen für die Wahl dieser Rechtsformen sind, um auf diese Weise weitere Anhaltspunkte für die tatsächliche Bedeutung des Unternehmens im modernen Rechtsleben zu gewinnen.

Wer solche Forschungen anstellt, betritt den Boden der empirischen Rechtssoziologie und sieht sich daher mit der Tatsache konfrontiert, daß das Material noch fast nirgends genügend aufbereitet ist, um im Sinn streng soziologischer Methode stichhaltige Aussagen zu gestatten[1]. Schon in der Statistik klaffen empfindliche Lücken. Über den Anteil der Einmanngesellschaften sind wir nur bei den Gesellschaften mit beschränkter Haftung einigermaßen zuverlässig orientiert[2], während entsprechende

---

[1] Einen verdienstvollen Anfang macht *J. Limbach* geb. Ryneck in ihrer Arbeit: Theorie und Wirklichkeit der GmbH.

[2] Eine Erhebung des Bundesjustizministeriums bei den Registergerichten hat ergeben, daß 23,2 % der Gesellschaften mbH Einmanngesellschaften sind und bei wiederum 45 % dieser Gesellschaften eine juristische Person der Gesellschafter ist. Eine Statistik aus dem Jahr 1938 hatte mit 28 % einen noch höheren Anteil der Einmanngesellschaften ergeben. Die Zahlen sind mitgeteilt bei *Geßler*, GmbH-Rdsch. 1966, S. 104 und im Arbeitsbericht der Akademie für Deutsches Recht zur Reform des GmbH-Rechts, 1938, S. 14. Vgl. auch *Limbach* geb. Ryneck aaO., S. 44, 47, wo

Nachforschungen bei den Aktiengesellschaften bis zum Aktiengesetz von 1965 auf unüberwindliche Schranken gestoßen waren[3]. Für die GmbH und Co, KG fehlt nach der Auskunft von *Hesselmann*[4] jede amtliche Statistik, und auch bei den Stiftungsunternehmen kennen wir zwar die wichtigsten Einzelfälle, nicht aber ihre Gesamtzahl[5]. Vor allem aber fehlt fast durchweg die wissenschaftliche Analyse einer hinreichend großen Anzahl von Fällen, die uns über die Art, das Gewicht und die Häufigkeit der Motive Aufschluß geben könnte, die zur Wahl der drei Unternehmensformen führen. Bei den Einmanngesellschaften sind wir hier auf den sehr illustrativen Überblick von *Kuhn*[6] über die Beweggründe von Strohmanngründungen angewiesen, der aber, wie er selbst klagt, wegen der „ungewöhnlichen Publizitätsscheu der deutschen Wirtschaft" keine Vollständigkeit beanspruchen kann. Bei den GmbH und Co, KG wissen wir dank der sorgfältigen Einzeluntersuchungen von *Zielinski*[7] und *Hesselmann*[8] zwar etwas besser Bescheid, aber auch hier fehlt es an rechtssoziologischen Erhebungen in der notwendigen Breite. Für die Stiftungsunternehmen schließlich haben die intensiven rechtspolitischen Arbeiten der letzten Jahre wohl die wichtigsten Faktoren ans Licht gebracht, aber wiederum, ohne daß sie fachgerecht soziologisch aufbereitet wären[9]. Es muß ausdrücklich gesagt sein, daß die folgenden Ausführungen unter diesem Mangel leiden und daher nur mit dem Vorbehalt besserer Erkenntnis in der Zukunft gemacht werden können.

auf die Erscheinung der von ihr sogenannten „faktischen Einmanngesellschaften" aufmerksam gemacht wird, bei denen der zweite Gesellschafter mit einem ganz geringen, wirtschaftlich nicht ins Gewicht fallenden Anteil beteiligt ist.

[3] Nach dem Aktiengesetz von 1937 mußte die Zahl der Aktionäre nirgends verlautbart werden, während die Mitteilungspflichten nach §§ 20 und 21 AktG 1965 jetzt bessere, wenn auch nicht vollständige Klarheit zu erbringen versprechen. Einen recht guten, aber nicht vollständigen Überblick vermittelt die von der Commerzbank herausgegebene Broschüre: Wer gehört zu wem, Mutter- und Tochtergesellschaften von A—Z.

[4] Handbuch der GmbH und Co, S. 2 Anm. 4. *Hesselmann* selbst schätzt aufgrund einer Erhebung der Industrie- und Handelskammer Osnabrück in den Jahren 1960—1964, daß fast 50 % der neu eingetragenen Gesellschaften mbH zu dem Zweck gegründet wurden, Komplementär einer GmbH und Co KG zu werden. Er konnte feststellen, daß die Zahl von Jahr zu Jahr wächst und auch große und bedeutende Unternehmen darunter sind (vgl. auch S. 5).

[5] Vgl. *Ballerstedt*, Gutachten zum 44. Dt. Juristentag S. 7.

[6] Strohmanngründung bei Kapitalgesellschaften S. 21—32.

[7] Grundtypenvermischung und Handelsgesellschaftsrecht S. 1—56.

[8] aaO., S. 27—73.

[9] Vgl. neben dem soeben genannten Gutachten von *Ballerstedt* und dem Referat von *Mestmäcker* zum 44. Deutschen Juristentag, vor allem *Goerdeler*, Die Stiftung als Rechtsform für Unternehmen, ZHR 113, 145 und die Arbeiten von *Strickrodt*, namentlich Art. Stiftungsunternehmungen im HdSW Bd. 10; Probleme zur rechtlichen Struktur von Stiftungsunternehmen S. 9 ff.; Stiftungsrecht II S. 46 ff.; einen vorzüglichen Überblick über Satzungen der wichtigsten Stiftungsunternehmen im In- und Ausland gibt *Neuhoff*, Die Bereitstellung von Unternehmenskapital für Stiftungen S. 219 ff.

1. Die Einmanngesellschaft

Als die hauptsächlichen Beweggründe für das Entstehen von Einmanngesellschaften, sei es durch nachträgliche Vereinigung aller Anteile in einer Hand, sei es durch eine von vornherein auf die Vereinigung abzielende Strohmanngründung, werden in der Literatur regelmäßig Umgehungsgeschäfte und der Wunsch nach Haftungsbeschränkung genannt[10]. Geht man den tatsächlichen Sachverhalten nach, so ergibt sich ein differenzierteres Bild. *Kuhn*[11] unterscheidet für die Strohmanngründung insgesamt zwölf Falltypen, die in ihrer Motivationslage mehr oder weniger voneinander abweichen. Zunächst beschreibt er „Motive außerrechtlichen Ursprungs" und nennt dabei drei Fälle[12]: a) Ein Großhändler, der zugleich ein Einzelhandelsgeschäft betreiben will, sieht sich genötigt, dafür die Rechtsform der GmbH mit einer Fachfirma oder dem Namen eines Strohmanns zu wählen, weil er sonst befürchten müßte, daß sich die übrigen Einzelhändler unter dem Druck ihres Verbandes von seinem Großhandel abwenden. b) Bei manchen Artikeln kann der Absatz gesteigert werden, wenn sie unter verschiedener Marke und Herkunftsbezeichnung auf den Markt gebracht werden, so daß der Eindruck entsteht, es handele sich um Produkte unterschiedlicher Herkunft. Auch einem solchen Zweck kann eine aus dem Herstellungsunternehmen ausgegliederte Einmanngesellschaft mit einem gegenüber diesem neutralen Namen dienstbar gemacht werden. c) Ferner kann es sich als zweckmäßig erweisen, einen zu schwerfällig gewordenen Verwaltungsapparat durch Ausgründung einzelner Teile des Unternehmens in einer selbständigen juristischen Person zu dezentralisieren und dadurch wieder zu straffen.

Unter den in Betracht kommenden Motiven rechtlichen Ursprungs nennt *Kuhn* zuerst die Absicht des Eigentümers, den Bestand des Unternehmens und seinen reibungslosen Übergang von Generation zu Generation zu gewährleisten[13]. Jeder Kaufmann muß, um den Zugriff seiner Privatgläubiger auf das Unternehmensvermögen abzuwehren, nach geltendem Recht die Zuflucht bei der Einmanngesellschaft suchen, und im Erbfall kann er nur so die Teilung des Unternehmens unter seine Erben oder doch seine empfindliche Schwächung durch Pflichtteilsansprüche verhindern. Nicht selten begegnet die Einmanngesellschaft ferner als Organisationsform für Unternehmen der öffentlichen Hand, für die das Privatrecht eine größere Beweglichkeit und Anpassungsfähigkeit und eine bessere Mediatisierung des Einflusses parteipolitischer Interessen gestattet als die Unternehmensformen des öffentlichen Rechts[14]. Sodann nennt *Kuhn*[15] das Motiv der Namensleihe, mit dem man entweder dem berechtigten Bedürfnis Rechnung zu tragen sucht, einen häßlichen, abstoßenden Namen in der Firmenbezeich-

[10] Vgl. *Schönle*, Die Einmann- und Strohmanngesellschaft, S. 25 ff.; *Kuhn*, S. 32.

[11] S. 21 ff.; vgl. auch *Limbach* geb. Ryneck S. 94 ff.

[12] S. 21 ff.

[13] S. 23 f.

[14] *Kuhn*, S. 24.

[15] S. 25.

nung zu vermeiden oder die (unzulässige) Absicht verfolgt, sich einem fremden, berühmten Namen anzuhängen. Weiter können rechtliche Verbote vielfältiger Art (Wettbewerbsverbote, sonstige vertragliche Bindungen, Vorschriften des öffentlichen Rechts) als Hindernisse für die Gründung von Einzelfirmen auftreten, die man mit Hilfe einer anonymen Einmanngesellschaft zu umgehen versucht[16]. Eine wichtige Rolle spielt das Motiv der Haftungsbeschränkung[17]. Bekannt sind vor allem die Fälle, in denen ein Unternehmen davor zurückscheut, ein erfolgversprechendes, aber noch nicht erprobtes und daher mit ungewissem Risiko belastetes Patent ohne jede Haftungsbeschränkung in seine Produktion zu übernehmen und zu diesem Zweck eine Einmann-GmbH ausgründet. Aber das Bedürfnis zur Haftungsbeschränkung entspringt auch zahlreichen anderen Umständen, zum Beispiel dem berechtigten Wunsch, das Privatvermögen des Einzelkaufmanns, das nicht zuletzt zur Sicherung des Familienunterhalts dient, vom Risiko gefährlicher im Unternehmen gebrauchter Maschinen oder Materialien oder einer kompliziert gewordenen, nicht mehr in allen Einzelheiten steuerbaren Unternehmensorganisation zu entlasten[18]. In der Aufzählung von *Kuhn* folgt als nächstes Motiv die Ungleichheit der Besteuerung zwischen den körperschaftssteuerpflichtigen Kapitalgesellschaften und dem einkommensteuerpflichtigen Einzelkaufmann, und schließlich beendet er seinen Katalog mit dem Hinweis, daß bei der Errichtung freiwilliger betrieblicher Unterstützungskassen der Steuerfiscus die Verselbständigung solcher Einrichtungen, die regelmäßig in der Form der Einmann-GmbH erfolge, durch Steuervorteile sogar bewußt unterstütze[19]. Geht man diese Zusammenstellung der Motive zur Errichtung von Einmanngesellschaften durch, so läßt sich zwar nicht behaupten, daß sie stets nur dem Schutz und der Stärkung des Unternehmens im Gegensatz zu den Interessen des Inhabers dienen. Hinter den Tatbeständen zur Umgehung gesetzlicher oder vertraglicher Verbote stehen regelmäßig dessen private Belange. Andere Motive wie das der Namensleihe oder des steuerlichen Vorteils wirken sowohl zugunsten des Unternehmens wie seines Eigentümers. Aber im großen und ganzen steht der Wunsch doch im Vordergrund, die Entfaltung des Unternehmens vor störenden Einflüssen zu schützen, seine „lebendige Energie"[20] zu sichern. So manifestiert sich in der Ausgliederung zum Zweck der Ver-

[16] *Kuhn*, S. 25—28 mit zahlreichen Einzelbeispielen.

[17] *Kuhn*, S. 29.

[18] Vgl. zu diesem Komplex auch *Schilling*, JZ 53, 164, der ausführt, die Gründe, dem Unternehmer die „Rechtswohltat" der beschränkten Haftung zu gewähren, hätten sich in den 60 Jahren seit Erlaß des GmbH-Gesetzes noch vermehrt; ferner *Limbach* geb. Ryneck aaO., S. 101 ff., die mit Recht darauf aufmerksam macht, daß auch die Konzentration der großen Unternehmen den Wunsch nach Haftungsbeschränkung in der mittelständischen Wirtschaft lebendig werden lasse.

[19] S. 30.

[20] *Würdinger*, Grundfragen zur Reform der Einzelunternehmung und der Personalgesellschaften, S. 1119.

waltungsdezentralisation das Bestreben, ihm die bestmögliche innere Ordnung zu verleihen. Seine Verselbständigung zur juristischen Person gewährleistet Bestand und Kontinuität, ohne die es nicht gedeihen könnte. Die Unternehmen der öffentlichen Hand werden aus dem Verwaltungsapparat ausgegliedert, um sie im Interesse ihrer Funktionstüchtigkeit dem Einfluß sachferner oder -fremder politischer Funktionäre zu entziehen. Endlich geht nicht zuletzt der Wunsch nach Haftungsbeschränkung auf die spezifischen Gefahren zurück, die jedes Unternehmen in der modernen Wirtschaft eingehen muß, um sich behaupten zu können. So ist im Ergebnis auch der Trend zur Einmanngesellschaft überwiegend eine Folge der Tatsache, daß das Unternehmen in ihrem Gewand besser floriert als in der Rechtsform des einzelkaufmännischen Handelsgeschäfts.

2. *Die GmbH & Co., KG*

Für die GmbH und Co, KG hat schon das Reichsgericht in der grundlegenden Entscheidung, in der es diese Mischform anerkannte, festgestellt, offensichtlich führten neben steuerrechtlichen Motiven „wichtige, rein wirtschaftliche Interessen" zu ihrer Wahl und Ausgestaltung[21]. Im Anschluß an dieses Urteil untersuchte *Zielinski*[22] eine größere Anzahl von Fällen genauer. Neben den steuerrechtlichen Beweggründen, die in der Tat als die Hauptursache erscheinen, stellt er sieben weitere fest, die durchweg betriebswirtschaftlicher Natur sind, namentlich: personelle Schwierigkeiten im Fall der Erbfolge oder bei der Suche nach einer qualifizierten Führerpersönlichkeit, das Streben nach Erschließung neuer Absatzgebiete, die bessere Ausnützung der vorhandenen Absatzorganisation, Konzentrationsbestrebungen, Schaffung, Erhaltung oder Erhöhung des Kredits oder die Sanierung notleidender Unternehmen. In jüngster Zeit haben die Untersuchungen *Hesselmanns*[23] weiteres Material zutage gefördert. *Hesselmann* kommt zum Ergebnis, daß heute nicht mehr die steuerrechtlichen Vorteile den Hauptimpuls zur Wahl dieser Unternehmensform geben, sondern „das Suchen nach einer Lösung der wirtschaftlichen Probleme unserer Zeit"[24]. Er nennt insgesamt acht Ziele, die mit ihrer Hilfe erreicht werden sollen, sich jedoch mehr oder weniger auf die drei Hauptprobleme der Nachfolge, der Kapitalbeschaffung und der Haftungsbeschränkung zurückführen lassen[25]. Die Frage der Nachfolgeregelung zeigt analoge Aspekte wie bei den Einmanngesellschaften: Der einzige persönlich haftende und geschäftsführende Gesellschafter einer Kommanditgesellschaft will sich von der aktiven Tätigkeit im Unternehmen zurückziehen oder für den Todesfall Vorsorge treffen. Seine Frau und Kinder sind zur Weiterführung des Unternehmens außerstande, so daß ein außenstehender Dritter mit seiner Leitung betraut werden muß, dem man nicht die Stellung des Komplementärs einräumen

[21] RGZ 105, 101 (103).
[22] aaO., S. 45 ff.
[23] S. 27 ff.
[24] S. 73.
[25] S. 55

will und der auch seinerseits nicht bereit ist, die unbeschränkte Haftung zu übernehmen. Wenn sich die Wahl der Rechtsform einer GmbH in diesen Fällen verbietet, was sich aus mehreren Gründen leicht ereignen kann, so bleibt — wie *Hesselmann* darlegt — oft keine andere Wahl als die Gründung einer GmbH und Co[26]. Gegenüber der Kommanditgesellschaft bietet sie den Vorzug, allen im Unternehmen Tätigen ein Höchstmaß an Sicherheit, Krisenfestigkeit und Kontinuität zu gewähren[27]. Wo schon eine GmbH besteht, führt andererseits vor allem die Schwierigkeit der Kapitalbeschaffung zur Umwandlung in eine GmbH und Co, KG[28]: Das GmbH-Recht gestattet keinerlei Entnahmen aus dem Stammkapital und keine feste Vereinigung der Einlagen. Deshalb sind die Gesellschafter oft nicht bereit, einen erhöhten Kapitalbedarf aus ihren privaten Mitteln zu bestreiten. Auch die Kapitalzufuhr von seiten Dritter kann an unüberwindlichen Gründen scheitern. Dagegen gelingt es, die Gesellschafter zur Übernahme einer neuen Kommanditeinlage zu gewinnen, die ihren persönlichen Bedürfnissen besser Rechnung trägt. Da aber niemand die Stellung des prsönlich haftenden Gesellschafters übernehmen kann oder will, bleibt nur die Gründung einer GmbH und Co, KG.

Für den Wunsch nach Haftungsbeschränkung kommen dieselben Gründe in Betracht wie bei der Einmanngesellschaft[29]. Daneben nennt *Hesselmann* zum Teil in Übereinstimmung mit *Zielinski* weitere Motive: Die Form der GmbH und Co, KG ermöglicht eine angemessene Verteilung der Interessen, wenn ein Fachmann mit geringem Kapital die Leitung eines Unternehmens erhalten soll, ohne Gefahr zu laufen, vom mächtigen Kapitalgeber abhängig zu werden[30]. Sie erweist sich als zweckmäßig für den Zusammenschluß mehrerer rechtlich selbständiger Unternehmen zu Interessengemeinschaften, Syndikaten u. ä.[31] oder zur Sanierung notleidender Unternehmen[32]. Endlich bietet sie sich an, wenn beim Tod des Inhabers eines Einzelunternehmens oder Komplementärs einer Personalgesellschaft nur eine Aktiengesellschaft oder GmbH sich findet, die bereit und imstande ist, die Leitung des Unternehmens in die Hand zu nehmen[33].

Fassen wir alle Fälle in einem Überblick zusammen, so zeigt sich wiederum, daß die Absichten der Kautelarpraxis, welche die Rechtsform der GmbH und Co, KG ersonnen hat, in eine klare Richtung weisen. Auch hier spielen die zweckmäßige Gestaltung des Unternehmens und ein angemessener Schutz seiner Selbständigkeit und Entfaltungsmöglichkeit eine ausschlaggebende Rolle, sei es mit eindeutigem Vorrang vor den beteiligten Privatinteressen, sei es in Konkurrenz und sorgfältiger Abwägung mit diesen. Hinsichtlich der Nachfolgeregelung und der Haftungsbegrenzung ist inso-

---

[26] S. 56.
[27] S. 57.
[28] *Hesselmann,* S. 57 f.
[29] *Hesselmann,* S. 58 ff.
[30] S. 60.
[31] S. 61.
[32] S. 64; *Zielinski,* S. 54 ff.
[33] S. 63 f., *Zielinski,* S. 46 f.

weit den zur Einmanngesellschaft getroffenen Feststellungen nichts hinzuzufügen. Aber auch die Notwendigkeit zur Kapitalbeschaffung, zur Zusammenarbeit in Interessengemeinschaften und Syndikaten und vollends zur Bestellung eines seiner Aufgabe gewachsenen Unternehmensleiters erwachsen aus den Bedürfnissen, welche die Existenz und Entfaltung eines Unternehmens in der modernen Wirtschaft hervorruft.

3. Stiftungsunternehmen

Die Motive zur Gründung von Stifungsunternehmen sind regelmäßig komplexer Natur und entspringen persönlichen Erlebnissen oder Überzeugungen der Stifter[34], so daß wir sie nur mit einer gewissen Vereinfachung auf die Ebene unserer Frage projezieren können, inwiefern sich in ihnen ein Trend vom Kaufmanns- und Gesellschaftsrecht zum Unternehmensrecht manifestiert. Als ein Musterbeispiel für die Vielfalt der vom Stifter verfolgten Ziele können wir bereits die älteste der hierher gehörenden Stiftungssatzungen, das Statut der Carl-Zeiss-Stiftung von 1896 anführen, die nicht weniger als sechs gleichberechtigte Stiftungszwecke aufzählt[35]: 1. Die „Pflege feintechnischer Industrie, welche durch die Optische Werkstätte und das Glaswerk unter Mitwirkung des Stifters in Jena eingebürgert worden sind, durch Fortführung dieser Gewerbeanstalten unter unpersönlichem Besitztitel"; 2. die „dauernde Fürsorge für die wirtschaftliche Sicherung der genannten Unternehmungen sowie für Erhaltung und Weiterbildung der in ihnen gewonnenen industriellen Arbeitsorganisation — als der Nahrungsquelle eines zahlreichen Personenkreises und als eines nützlichen Gliedes im Dienst wissenschaftlicher und praktischer Interessen"; 3. die „Erfüllung größerer sozialer Pflichten, als persönliche Inhaber dauernd gewährleisten würden, gegenüber der Gesamtheit der in ihnen tätigen Mitarbeiter"; 4. die Förderung allgemeiner Interessen der feintechnischen Industrie; 5. die Betätigung in gemeinnützigen Einrichtungen und Maßnahmen zugunsten der arbeitenden Bevölkerung Jenas und 6. die Förderung naturwissenschaftlicher und mathematischer Studien in Forschung und Lehre. Die Aufzählung läßt die Überzeugung des Stifters Ernst Abbé erkennen, daß die in die Stiftung eingebrachten Unternehmen das gemeinsame Werk aller Mitarbeiter seien und einen Auftrag im öffentlichen Gemeinwesen zu erfüllen hätten, weshalb sie nicht, wie das Gesellschaftsrecht will, als „Eigentum" ihrer Inhaber verstanden und juristisch verfaßt werden dürften[36]. Die Figur der Stiftung bildete für Abbé das Mittel, um unter bewußter Abkehr von den üblichen Unternehmensformen sein damals revolutionäres Bild des Unternehmens rechtlich auszudrücken und zu fixieren. Dieses Bild spiegelt sich in den von ihm formulierten Stiftungszwecken, deren Schwergewicht jenseits des Herrschaftsbereichs von Kapitaleigentü-

---

[34] Vgl. *Strickrodt*, Stiftungsrecht II S. 48; *Ballerstedt*, Gutachten S. 23 f.

[35] § 1 des Statuts der Carl-Zeiss-Stiftung, abgedruckt bei David, die Carl-Zeiss-Stiftung S. 32.

[36] Vgl. David aaO., S. 8, *Strickrodt* aaO., S. 49.

mern die Arbeitsorganisation aller Mitarbeiter im Dienst allgemeiner sozialer Aufgaben bildet und welche damit die entscheidenden Züge der modernen soziologischen Deutung des Unternehmens vorwegnehmen, die wir im zweiten Teil dieser Arbeit zur Grundlage unserer juristischen Überlegungen machen.

Gleichartige oder ähnliche Überzeugungen lassen sich an den Statuten der anderen bekannten Stiftungsunternehmen ablesen. Wir beschränken uns auf wenige Beispiele aus neuerer Zeit: Die Kurt-Seppeler-Stiftung dient nach ihrer Satzung einerseits als Grundlage für die weitere Entfaltung des vom Stifter geschaffenen Unternehmens, andererseits der Forschung auf dem Produktionsgebiet des Unternehmens mit dessen eigenen Mitteln und Fachkräften[37]. In der Kurt-Giesler-Stiftung werden Fortführung des Unternehmens und Unterstützung von Verwandten des Stifters sowie Verbesserung der sozialen Einrichtungen des Unternehmens als Stiftungszwecke genannt[38]. Die Johann-Caspar-Engels-Stiftung verfolgt das Ziel, Arbeitsplätze für die Mitarbeiter zu sichern und Gewinnanteile an sie auszuschütten[39]. Die Knack'sche Stiftung verteilt gleichfalls einen Teil der Unternehmensgewinne an die im Unternehmen beschäftigten Arbeitnehmer und vergibt den anderen Teil als Studienbeihilfen an Studenten[40]. Bei der Fred-Joachim-Schoeps-Stiftung figurieren die Fortführung des Unternehmens in seiner gegenwärtigen Organisationsform sowie Dotationen für Kindergärten, Jugendpflege, Altersheime und Studentenförderung als Stiftungszwecke[41]. Ferner sind eine ganze Anzahl von gemeinnützigen Wohnungsbauunternehmen in der Rechtsform der Stiftung zu erwähnen[42].

Die Beispiele zeigen, daß wir im Hinblick auf die sachliche Tragweite zwei freilich überall kombinierte Gruppen von Stiftungszwecken unterscheiden können, einerseits solche, die auf die Sicherung des Unternehmens selbst abzielen, zum anderen darüber hinaus weisende, wirtschaftliche, sozialpolitische oder kulturelle Zwecke[43]. Bei der Sicherung des Unternehmens geht es regelmäßig um dieselben Probleme, welche uns schon als Motive zur Gründung von Einmann- und Schachtelgesellschaften begegneten: die Gefahren der Erbteilung oder des Nachrückens ungeeigneter Erben in die Unternehmensleitung sollen vermieden, schädliche Kapitalentnahmen verhindert, die bewährte Organisation des Unternehmens vor allzu raschem Umbau bewahrt werden[44]. Hinzu kommen steuerliche Vergünstigungen[45]

[37] Nach *Strickrodt*, Stiftungsrecht II, S. 49 f.

[38] *Neuhoff*, Die Bereitstellung von Unternehmenskapital für Stiftungen, S. 232.

[39] *Neuhoff*, S. 242.

[40] *Neuhoff*, S. 248.

[41] *Neuhoff*, S. 249.

[42] *Neuhoff*, S. 233 ff.

[43] So auch *Strickrodt* aaO., S. 55 ff. und NJW 1962, 1480 (1484); *Ballerstedt*, Gutachten S. 23 ff.; *Steuck*, Die Stiftung als Rechtsform für wirtschaftliche Unternehmen S. 86.

[44] *Strickrodt*, Stiftungsrecht, S. 57; *Ballerstedt*, S. 33; *Neuhoff*, S. 35 ff.; *Steuck*, S. 90 ff.; *Plagemann* AG 1962, S. 199.

[45] Dazu bes. *Steuck*, S. 91.

und die Vorteile der Selbstfinanzierung[46]. Auch die Ausschüttung von Unternehmensgewinn an die Arbeitnehmer und die Förderung sozialer Einrichtungen des Unternehmens zu deren Gunsten dienen nicht zuletzt dessen eigenem Gedeihen, wenngleich hier oft auch allgemeinere sozialpolitische Motive mitschwingen. Die Wahl der Stiftung als Unternehmensform bietet sich in den genannten Fällen aus doppeltem Grund an; einmal gestattet sie praktische Aufgaben zu meistern, die in den Formen des Gesellschaftsrechts schwer zu bewältigen sind, und zum andern ist sie das Mittel, eine prinzipiell andere Sicht des Verhältnisses von Gesellschaft und Unternehmen rechtlich zu manifestieren, als unser Handelsrecht kennt. In beiden Fällen ist sie ein Beweis für unsere These, daß das Unternehmen die Gesellschaft als Leitbegriff des Handelsrechts abgelöst hat. Dasselbe gilt aber auch für die Widmung des Unternehmensgewinns an gemeinnützige Zwecke außerhalb des Unternehmens. Denn eine der Grundlehren des Gesellschaftsrechts lautet, daß die Gewinnchance und das Verlustrisiko der Kapitaleigentümer als Motor für den Gedeih des Unternehmens und als Garant für die Richtigkeit der Führungsentscheidungen unentbehrlich seien[47]. Ein eigentümerloses Unternehmen, das floriert, widerlegt diese Lehre und damit zugleich den behaupteten Vorrang des Gesellschaftsrechts vor dem Unternehmensrecht. Die Reformdiskussion der letzten Jahre hat diese Zusammenhänge zum allgemeinen Bewußtsein gebracht. Es kann heute als anerkannt gelten, daß sich die Figur der Stiftung für Unternehmen ausgezeichnet eignet, sofern man die Mängel und Lücken beseitigt, die das positive Recht noch aufweist. Sie käme dann auch für „normale" Unternehmen in Frage, die nicht einen besonderen ideellen Zweck verfolgen, wie ihn die herrschende Genehmigungspraxis fordert. Die rechtspolitische Auseinandersetzung kreist um die Frage, ob nicht der Verzicht darauf mit der Struktur des geltenden Handels- und Wirtschaftsrechts unvereinbar und daher unzulässig sei. Sie ist hier nicht zu erörtern. Daß sich trotz der Bedenken, die auf dem Juristentag 1962 die Oberhand hatten[48], in jüngster Zeit eine wachsende Anzahl von Stimmen erneut mit Nachdruck für die Zulassung von Stiftungsunternehmen und den Ausbau des Stiftungsrechts zu ihren Gunsten ausgesprochen hat[49], muß aber als neuer Beleg für die Einsicht gelten, daß der Rahmen des Gesellschaftsrechts zu eng geworden ist.

---

[46] *Ballerstedt,* S. 37; *Steuck,* S. 82. [47] Dazu siehe unten S. 150.

[48] Vgl. namentlich *Ballerstedt,* Gutachten S. 37; *Mestmäcker,* Referat S. G 19 und die Ergebnisse der Abstimmung Anlage 3 nach S. G 98.

[49] *Strickrodt,* Stiftungsrecht II, S. 46; VIII, S. 32 ff., 51 ff.; *Kersten,* Stiftung und Handelsgesellschaft, S. 123 ff.; *Neuhoff,* S. 14 ff.; *Steuck,* S. 63 ff. (68); mit gewissen Einschränkungen, *Goerdeler - Ulmer,* AG 1963, S. 328 (332); *Soergel - Schultze v. Lasaulx,* Allg. Teil Bem. 47 f. vor § 80 BGB. Auch in der Studienkommission des Deutschen Juristentags zur Reform des Stiftungsrechts hatten die Befürworter der Unternehmensstiftung die Überzahl; vgl. Bericht S. 43.

4. Abschnitt

ZUR ENTWICKLUNG DES RECHTS DER ÖFFENTLICH-RECHTLICHEN UNTERNEHMEN

1. Der gegenwärtige Stand des Rechts und der Lehre von den öffentlichen Unternehmen

Wer sich mit der Rechtsnatur des Unternehmens beschäftigt, kann heute nicht mehr daran vorbeigehen, daß sich neben und zum Teil in Konkurrenz mit den privaten Unternehmen in großem Umfang auch die öffentliche Hand in Bund, Ländern und Gemeinden am wirtschaftlichen Produktionsprozeß beteiligt. Sie bedient sich dazu entweder der Unternehmensformen des Privatrechts oder bildet eigene Rechtsformen aus. Die traditionelle Unternehmenslehre krankt nicht zuletzt daran, diesen ganzen großen Bereich nur unzureichend in ihrem Gesichtskreis aufgenommen zu haben.

Bei dem Versuch, hier wenigstens für unser Thema Abhilfe zu schaffen, stoßen wir allerdings sogleich erneut auf Schwierigkeiten. Die im öffentlichen Unternehmensrecht auftretenden Rechtsformen sind außerordentlich vielgestaltig. Die Rechtsquellen, auf denen sie beruhen, liegen — verteilt auf das Bundes- und Landesrecht — sehr zerstreut und sind mitunter überhaupt nicht formell veröffentlicht. So erfordert schon die Sichtung des in Betracht kommenden Materials ungewöhnliche Mühe. Es systematisch zu ordnen, ist weiterhin dadurch erschwert, daß die Vorschriften oft nur den Aufbau und die Funktion eines einzigen Unternehmens regeln und sich deshalb ohne Anlehnung an allgemeinere Grundsätze an dessen speziellen Eigenarten und Bedürfnissen orientieren. Mit Recht hat man davon gesprochen, hier sei viel Wildwuchs zu finden. Auch wo die neuere Rechtsentwicklung in den nach 1945 ergangenen Landesgesetzen zu einer gewissen Rechtseinheit gelangt ist, wie etwa im Sparkassen- und Eigenbetriebswesen, muß mit vielerlei Abweichungen im einzelnen gerechnet werden. Nicht selten sind die Vorschriften dagegen aus einer jahrhundertealten Tradition hervorgegangen und tragen auch in ihrer heute geltenden Fassung die Züge früherer Stufen der Rechtsentwicklung, weshalb die Vermutung dafür spricht, daß sich Rechtsform und Realität nicht mehr vollständig entsprechen[1]. Zu alledem kommt der Mangel an wissenschaftlicher Durch-

[1] Am sichtbarsten tritt dieser Tatbestand bei den Unternehmen der öffentlich-rechtlichen Sachversicherung zutage, von denen die Gebäudebrandversicherungsanstalten als die älteste Gruppe bis ins 17. Jahrhundert zurückgehen (nach *Helmer*, Entstehung und Entwicklung der öffentlich-rechtlichen Brandversicherungsanstalten in Deutschland). Einen Überblick über den gegenwärtigen Stand dieses Rechts-

leuchtung. Es gibt keine neuere juristische Monographie, welche das Thema umfassend behandelt, sondern nur mehr oder weniger spezielle Einzeluntersuchungen[2]. Auch fehlt eine allgemein gebräuchliche Terminologie, mit deren Hilfe die Verständigung erleichtert würde, und vollends ist eine vergleichende Rechtsformenlehre noch kaum auch nur in Angriff genommen[3].

Die Begriffe „öffentlich-rechtliches Unternehmen" und „Unternehmen der öffentlichen Hand" sind zwar im juristischen Sprachgebrauch üblich geworden, aber ihre Tragweite blieb bis heute im einzelnen durchaus umstritten und ihr Verhältnis zu den Begriffen der mittelbaren Staatsverwaltung, der Anstalt und der Körperschaft ist nicht geklärt. Bezeichnend dafür ist etwa die Darstellung im Lehrbuch des Verwaltungsrechts von *Forsthoff*, die in sich an Widersprüchen leidet. Einmal[4] nimmt *Forsthoff* einen ausschließenden Gegensatz zwischen öffentlichen Anstalten und gewerblichen Unternehmen der öffentlichen Hand und subsumiert unter den Unternehmensbegriff nur die als juristische Person des Privatrechts verselbständigten Leistungsträger. An einer anderen Stelle[5] stellt er Anstaltsverwaltung und gewerbliche Betätigung der öffentlichen Hand gegenüber und führt aus, auch Unternehmungen der Daseinsvorsorge — die nicht gewerblichen Charakter tragen — könnten Gegenstand der Anstaltsverwaltung ein. Schließlich[6] schreibt er wieder anders, der Rechtsbegriff der Unternehmung sei nicht von „rechtsformalen Kriterien, sondern ausschließlich von der Sache selbst her entstanden", definiert ihn als die sub specie des Rechts verstandene und gewürdigte arbeitsteilige, besondere, dauernde und wirtschaftliche Leistungseinheit und gibt damit zu erkennen, daß auch alle Anstalten unter ihn fallen, welche diese Merkmale erfüllen[7]. Nicht endgül-

---

gebiets vermitteln *R. Schmidt-Müller-Stüler*, Das Recht der öffentlich-rechtlichen Sachversicherung, wo die einschlägigen Gesetze und Satzungen gesammelt sind.

[2] Noch immer wichtig ist daher die Arbeit von *Sigloch*, Die Unternehmungen der öffentlichen Hand (1929); neueren Datums sind die beiden betriebswirtschaftlichen Arbeiten von *Schnettler:* Öffentliche Betriebe, und: Betriebe, öffentliche Haushalte und Staat; Eine Zusammenstellung, die mehr einen Überblick über die Tatsachen erstrebt als eine kritische Sichtung, gibt *E. R. Huber*, Wirtschaftsverwaltungsrecht, Band 1, 2. Aufl., S. 104 ff.

[3] Vgl. dazu Reimer *Schmidt*, Gedanken und Erfahrungen zur Lehre von den Unternehmensformen in der Individualversicherung, S. 94. Ein Vergleich der Rechtsformen von Bundesbahn, Bundespost und Eigenbetrieben findet sich bei *Bischoff*, Neue rechtstechnische Gestaltungsmöglichkeiten im Bereich der unmittelbaren Staatsverwaltung, AöR Bd. 81, S. 54 ff.

[4] 9. Aufl., S. 465.

[5] S. 467.

[6] S. 480.

[7] Vgl. zu dem Problem ferner *Twiehaus*, Die öffentlich-rechtlichen Kreditinstitute, S. 149 ff.; *H. J. Wolff*, Verwaltungsrecht Bd. 2, § 98; *Haas*, Die juristische Person des öffentlichen Rechts als Wettbewerbsunternehmen, Diss. Hamburg 1959; *Hettlage*,

tig geklärt sind ferner der Begriff der juristischen Person des öffentlichen Rechts[8] und die Frage, welche Bedeutung den in der Gesetzessprache häufig gebrauchten Wendungen zukommt, ein Unternehmen solle gemeinnützigen Zwecken dienen oder arbeite mit gemeinwirtschaftlicher, nicht erwerbswirtschaftlicher Zielsetzung[9]. Endlich wäre es notwendig, genauer zu prüfen, ob mit der namentlich bei den öffentlich-rechtlichen Kredit- und Versicherungsunternehmen üblichen Differenzierung zwischen Wettbewerbs- und Monopolunternehmen ein prinzipiell wichtiger Unterschied angesprochen wird, der in der juristischen Unternehmenslehre beachtet werden muß[10].

Es ist nicht unsere Aufgabe, die vielfältigen Probleme aufzurollen, die sich hier eröffnen, so notwendig es auch wäre. Wir beschränken uns auf die bisher verfolgten Fragen und suchen herauszuarbeiten, inwiefern sich eine Tendenz zur materiellen und formellen Verselbständigung des Unternehmens, wie wir sie auf anderen Rechtsgebieten beobachtet haben, auch im Recht der öffentlichen Unternehmen manifestiert. Um nicht in eine ermüdende Kasuistik zu verfallen, greifen wir wieder nur Beispiele heraus, die wir als repäsentativ und signifikant ansehen können: Die Entwicklung des Rechts der Regie- und Eigenbetriebe sowie der öffentlich-rechtlichen Kreditinstitute[11]. Nicht hierher gehören die Eigengesellschaften der öffentlichen Hand und die sogenannten gemischt-wirtschaftlichen Unternehmen, denn ihre Rechtsformen sind die des Privatrechts, weshalb sie unter unsere früheren Überlegungen fallen.

Verfassungsfragen öffentlicher Unternehmen, in Festschrift für Schmidt-Rimpler, S. 283, der ausführt, die öffentliche Anstalt eigne sich nach ihrem hoheitlich-verwaltungsmäßigen Zuschnitt nicht für eine unternehmerische Betätigung; wo immer sie durch Sondergesetz darauf zugeschnitten wurde, sei ihr eine Ordnung gegeben worden, die kaum mehr als verwaltungstypisch bezeichnet werden könne, sondern eine mehr oder weniger große Abwandlung freiwirtschaftlicher Unternehmensformen darstelle.

[8] Vgl. *Haas,* S. 1 ff. (Zusammenfassung S. 43—50).

[9] Vgl. *Wolff,* § 98 II e; *Twiehaus,* S. 87 ff., 132 ff.; auch *Raisch,* Geschichtliche Voraussetzungen, dogmatische Grundlagen und Sinnwandlung des Handelsrechts, S. 186 f., 200 ff.

[10] Vgl. *Twiehaus,* S. 123 ff., 145 ff.; *Haas,* S. 55 ff. und passim, *Raisch,* S. 200 ff.

[11] Bei den öffentlich-rechtlichen Versicherungsunternehmen ist, wie bereits angedeutet, die Rechtslage so vielfältig und verwirrend, daß sich kaum ein zuverlässiges und einheitliches Bild gewinnen läßt, zumal die Vorarbeiten dazu sehr spärlich sind. Die gesetzliche Regelung der Rechtsverhältnisse von Bundesbahn und Bundespost (vgl. Bundesbahngesetz vom 13. 12. 1951, BGBl. I S. 955 und Postverwaltungsgesetz vom 24. 7. 1953, BGBl. I S. 676) weist gewisse Parallelen zum Recht der Eigenbetriebe auf, konserviert darüber hinaus aber noch weitgehend die Züge hoheitlicher Verwaltung, so daß sie nicht repräsentativ ist. Immerhin hat sich

2. Regiebetriebe

Unter dem Begriff des Regiebetriebes sind in der heute gebräuchlichen Terminologie alle Verwaltungseinheiten zu verstehen, die eine wirtschaftende Tätigkeit wahrnehmen, ohne indessen rechtlich oder auch nur verwaltungstechnisch aus dem allgemeinen Behördenapparat ausgegliedert zu sein[12]. In seiner reinen Gestalt trägt der Regiebetrieb also vollständig das Gesicht einer Behörde: er wird von Beamten geführt, die uneingeschränkt den allgemein beamtenrechtlichen Dienst- und Weisungsvorschriften unterstehen und nicht selten zugleich hoheitliche Funktionen ausüben. Die für die Wirtschaftsführung maßgebenden Entscheidungen fallen in den politisch verantwortlichen Gremien der Trägerkörperschaft. Vermögensrechtlich und rechnerisch werden die Regiebetriebe vom allgemeinen Verwaltungsvermögen nicht unterschieden, sondern unterstehen in vollem Umfang den engen Fesseln des kameralistischen öffentlichen Haushaltsrechts. Die Eingliederung in den Verwaltungsapparat kann sogar soweit gehen, daß eine Kontrolle darüber unmöglich ist, ob der Betrieb mit seinen Mitteln wirtschaftlich arbeitet[13].

Es versteht sich, daß ein so konzipierter Wirtschaftskörper auch keine eigene Rechtsfähigkeit genießt. Seine Belange werden sowohl im Privatrecht wie im öffentlichen Recht als solche der Trägerkörperschaft aufgefaßt und die durch seine Tätigkeit entstehenden Rechte und Pflichten in vollem Umfang dieser zugerechnet.

Die enge Verflechtung mit dem Verwaltungsapparat und dem öffentlichen Haushaltsrecht macht den Regiebetrieb außerordentlich schwerfällig. Ihm fehlen organisatorisch und finanziell die Unabhängigkeit und Beweg-

---

gerade bei diesem größten Unternehmen des Bundes in letzter Zeit der Ruf nach Reform und unternehmensgerechter Führung in den letzten Jahren verstärkt und in der Praxis auch weitgehend durchgesetzt, und es sind gesetzliche Neuregelungen zu erwarten, die dem Rechnung tragen. Aufschlußreich für uns ist die pointierte Kritik *Hettlages* am geltenden Recht, der schreibt: „Es mutet deshalb auch rechtssystematisch rückständig und ein wenig mißtrauisch an, daß die Deutsche Bundesbahn nach § 1 des Bundesbahngesetzes von 1951 „das Bundeseisenbahnvermögen als nicht rechtsfähiges Sondervermögen mit eigener Wirtschafts- und Rechnungsführung ... verwaltet", obwohl die Bundesbahn selbstverständlich in allen wesentlichen Teilen ihrer Verfassung und Betriebsorganisation ein eigenständiges Wirtschaftsunternehmen ist und nur als solches zweckgerecht geführt werden kann ... Noch enger und wirtschaftsfremder bestimmt § 1 des Postverwaltungsgesetzes von 1953, daß „die Verwaltung des Post- und Fernmeldewesens Bundesverwaltung ist" ... Unzweifelhaft paßt diese hoheitlich-behördliche Anstaltsverfassung wenig zu dem Zweck und Geist dieser echten Wirtschaftsunternehmen des Bundes" (Festschrift für Schmidt-Rimpler S. 284).

[12] So etwa *Forsthoff*, Verwaltungsrecht, 9. Aufl., S. 480 f.; *Wolff*, Verwaltungsrecht, Bd. 2 § 98 II c; *Schnettler*, Öffentliche Betriebe, S. 66.

[13] *Schnettler*, S. 67.

lichkeit, welche ein Unternehmen besitzen muß, um im Wirtschaftsleben zu florieren. Mit guten Gründen zählen ihn daher manche Autoren gar nicht zu den Unternehmen[14], und im rechtspolitischen Urteil gilt er als ungeeignet dafür[15]. In der Praxis ist er immer seltener geworden und heute nur noch zur Erfüllung kleiner Aufgaben gebräuchlich, die eine Ausgliederung aus der allgemeinen Hoheitsverwaltung organisatorisch nicht lohnen[16]. Die neueren Eigenbetriebsgesetze untersagen ihn zum Teil sogar und schreiben statt dessen den Eigenbetrieb als die gesetzliche Rechtsform vor[17]. Aber auch schon vor der Ausbildung des Eigenbetriebsrechts, die in den dreißiger Jahren erfolgte, hatte das Bedürfnis nach größerer Bewegungsfreiheit zu einer Lockerung der Fesseln des allgemeinen Verwaltungsrechts gezwungen. Hinsichtlich der inneren Ordnung bot die dem Trägergemeinwesen zustehende Organisationsgewalt hierzu eine gewisse Handhabe, die je nach den Umständen genützt werden konnte. Einen entscheidenden Schritt vollzog aber namentlich die Reichshaushaltsordnung von 1923, die im viel erörterten § 15 die Möglichkeit schuf, Regiebetriebe von der Bindung an das Haushaltsrecht zu befreien, sofern sie „kaufmännisch eingerichtet sind und die Art ihres Betriebes ein Wirtschaften nach Einnahme- und Ausgabesätzen nicht zuläßt[18]. Die Vorschrift gestattete, ohne die Betriebe rechtlich zu verselbständigen, ein kaufmännisches Rechnungswesen mit doppelter Buchführung einzuführen und in der Preis- und Investitionspolitik sich von der Starrheit des öffentlichen Finanzrechts zu befreien, womit sie die Voraussetzung für eine echte unternehmerische Wirtschaftsführung und -kontrolle im modernen Sinn schuf[19]. Zugleich lockerte sie aber auch die Bindung an das Muttergemeinwesen und beweist insofern, daß der Gesetzgeber der Eigengesetzlichkeit unternehmerischer Betätigung Rechnung tragen mußte, auch wo er im Prinzip an der Eingliederung des Betriebs in den straff hierarchisch gegliederten Verwaltungsapparat festhalten wollte. In der folgenden Zeit stellte sich heraus, daß § 15 RHO noch nicht weit genug ging, die Rentabilität wirtschaftlicher Produktionsprozesse einigermaßen zu sichern. Auch die mit seinem Privileg ausgestatteten Regiebetriebe konnten nur geringe Bedeutung erlangen. Ihre Zahl

---

[14] Vgl. *Wolff*, Verwaltungsrecht § 98 II c 2 und 3.

[15] Vgl. *Hettlage* aaO., S. 282; *Hüttl*, Der Städtetag 1955, S. 494.

[16] Zu denken ist etwa an Schlachthöfe und Müllabfuhr.

[17] Vgl. § 1 EBG von Hessen; § 1 EigVO von Nordrhein-Westfalen; § 1 EigVO des Saarlandes; in Baden-Württemberg und Rheinland-Pfalz ist die Einrichtung von Regiebetrieben den Gemeinden mit mehr als 10 000 Einwohnern untersagt (§ 1 EBG Ba-Wü.; § 1 EigVO Rhld-Pf.).

[18] Vgl. dazu *Vialon*, Haushaltsrecht, 2. Aufl. 1959, Anmerkungen zu § 15; *Fuchs*, Die wirtschaftliche Betätigung des Bundes in der Form des § 15 und 48 RHO, DVBl. 1966, S. 843, *Schnettler* aaO., S. 71 ff.

[19] Hinsichtlich der Betriebe des Bundes ist dieses Maß von Verselbständigung auch in Art. 110 Abs. 4 GG verankert.

ist gering[20]. Selbst bei den größten von ihnen, dem Bundesschleppbetrieb, der Bundesdruckerei und der Branntweinmonopolverwaltung, dürfte das spezifisch unternehmerische Element des Wirtschaftens gegenüber ihrer hoheitlichen Aufgabe nur eine untergeordnete Rolle spielen. Wo immer wirtschaftliche Leistungen von einiger Tragweite erfüllt werden müssen, wählen der Bund und die Länder heute nicht mehr diese Rechtsform, sondern errichten Anstalten des öffentlichen Rechts oder privatrechtliche Unternehmen in Gestalt einer Aktiengesellschaft oder GmbH.

3. *Eigenbetriebe*

Daß der Gesetzgeber die Mängel des Regiebetriebs selbst sah und anerkannte, beweist die Eigenbetriebsverordnung vom 21. November 1938[21], welche im Anschluß an die Deutsche Gemeindeordnung[22] den Eigenbetrieb als neue gesetzliche Rechtsform für die nicht in privatrechtlicher Form organisierten Gemeindeunternehmen einführte[23] mit dem Ziel, diesen im Rahmen der Gemeinden „eine Sonderstellung" einzuräumen, „die ihrer besonderen Aufgabe Rechnung trägt" und ihre Haushaltsführung, Vermögensverwaltung und Rechnungslegung „eine besondere Ordnung erfahren" zu lassen[24]. Getreu dieser Konzeption verleiht sie dem Eigenbetrieb eine Mittelstellung zwischen Verwaltungsbehörde und rechtsfähiger Anstalt. Im Inneren teilen sich der Bürgermeister der Trägergemeinde und ein eigenes Organ des Eigenbetriebs, die Werkleitung, in die Geschäftsführung[25]. Die wirtschaftlichen Grundentscheidungen, unter ihnen z. B. die Festsetzung von Abgaben und Tarifen, die Übernahme neuer Aufgaben, sofern keine gesetzliche Verpflichtung dazu besteht, der Erwerb, die Veräußerung und die Belastung von Grundstücken, die Aufnahme von Krediten, die Feststellung des Wirtschaftsplanes, des Jahresabschlusses und der Gewinnverteilung, der Abschluß von Verträgen, die nicht zur laufenden Verwaltung gehören sowie die wichtigen Personalentscheidungen fallen in die Kompetenz des Bürgermeisters[26]. Im übrigen leitet die Werkleitung des Betriebs „selbständig", wie das Gesetz ausdrücklich hervorhebt[27], doch wird sie vom Bürgermeister eingesetzt und ist diesem „für die wirtschaftliche Führung des Eigenbetriebs verantwortlich"[28]. Neben diesen beiden Organen sieht die Ver-

[20] In der von der Gesellschaft für öffentliche Wirtschaft e. V. 1957 herausgegebenen Übersicht werden nur 47 Bundesunternehmen aufgezählt, die nach § 15 RHo privilegiert sind oder sonst in ähnlicher Weise aus dem Verwaltungsapparat ausgegliedert wurden, zu denen allein 28 Nebenbetriebe der Bundesautobahnen gehören.

[21] RGBl. I, S. 1650.

[22] Vgl. § 67 DGO.

[23] § 1 EigbetrVO.

[24] So die amtliche Begründung der Eigenbetriebsverordnung, abgedruckt bei *Nicklisch*, Das Recht der kommunalen Wirtschaftsbetriebe, S. 116.

[25] §§ 2, 4 EigbetrVO.

[26] Vgl. die Kasuistik in § 4 des Ges.

[27] § 2 Abs. 1.

[28] § 2 Abs. 1 Satz 2.

ordnung fakultativ vor, daß Beiräte mit beratender Funktion bestellt werden[29]. Im Rechtsverkehr genießt der Eigenbetrieb keine Selbständigkeit, vielmehr tritt die Gemeinde als die Trägerin der ihn betreffenden Rechte und Verbindlichkeiten auf[30] und haftet für seine Schulden mit ihrem ganzen Vermögen. Dagegen ist seine Absonderung vom Gemeindevermögen finanz- und hauswirtschaftlich ziemlich weitgetrieben. Er ist „als Sondervermögen der Gemeinde gesondert zu verwalten und nachzuweisen“[31], die Gemeinde darf das dem Betrieb zur Verfügung gestellte Eigenkapital nur ausnahmsweise zurückfordern[32] und hat sämtliche Leistungen des Betriebs an sie regulär zu verrechnen und zu vergüten[33]. Planung und Wirtschaftsführung sind vollständig vom Gemeindehaushaltsrecht gelöst[34]. Die Buchführung erfolgt nach den Regeln der kaufmännischen doppelten Buchführung oder einer entsprechenden Verwaltungsbuchführung[35], und auf den Jahresabschluß sind wichtige Vorschriften des Aktiengesetzes anzuwenden[36]. Als generelle Direktive für die Wirtschaftsführung gilt, daß der Eigenbetrieb nicht nur seine Selbstkosten decken, sondern darüber hinaus das in ihm arbeitende Kapital angemessen verzinsen und einen Ertrag für den Haushalt der Gemeinde abwerfen soll[37].

In einer Anzahl von Ländern gilt die Eigenbetriebsverordnung noch heute, während die übrigen sie durch neue Eigenbetriebsgesetze abgelöst haben, die indessen auf dem von ihr eingeschlagenen Weg fortschreiten[38]. An die Stelle des Bürgermeisters sind, entsprechend der Demokratisierung der Gemeindeverfassungen nach dem Krieg, regelmäßig die Gemeindeparlamente getreten, denen die grundlegenden Entscheidungen vorbehalten blieben. Häufig tritt zwischen sie und die Werksleitung ein drittes, Werksausschuß oder Betriebskommission genanntes Organ, dem bei unterschiedlicher Besetzung und Kompetenz in den einzelnen Ländern nicht nur Beratungsfunktionen, sondern auch Entscheidungen mittlerer Tragweite obliegen. Die Werksleitung genießt innerhalb ihrer Zuständigkeit die gleiche Selbständigkeit wie nach der Eigenbetriebsverordnung und ist in diesem Rahmen für die wirtschaftliche Führung des Eigenbetriebs verantwortlich. Sie vertritt die Gemeinde in den Angelegenheiten des auch jetzt nirgends mit eigener Rechtsfähigkeit ausgestatteten Eigenbetriebs, zeichnet aber nunmehr unter dessen eigenem Namen[39]. Für die Wirtschaftsführung gelten, in großen

[29] § 5. [30] §§ 1, 3. [31] § 7.

[32] § 8 Abs. 6. [33] § 8 Abs. 2—5. [34] §§ 12—15.

[35] § 16. [36] §§ 18, 19.

[37] Vgl. § 72 DGO, § 8 Abs. 5 EigbetrVO.

[38] Vgl. EigbetrVO Nordrh.-Westf. vom 22. 12 1953, GBl., S. 435; EigbetrVO Saar vom 11. 11. 1954, ABl., S. 1415; EigbetrG Hessen vom 9. 3. 1957 (GVBl., S. 19); EigbetrG Berlin vom 11. 12. 1959 (GVBl., S. 1229); EigbetrG. Bad.-Württ. vom 19. 7. 1962 (GVBl. S. 67); EigbetrVO Rhld.-Pf. v. 23. 4. 1965 (GVBl. S. 81). Die Gesetzestexte sind zusammengestellt bei *Nicklisch* aaO.

[39] Vgl. § 5 Abs. 3 EBG Ba-Wü; § 3 Abs. 5 EBG Hessen; § 3 Abs. 2 EigVO NRW usw.

Zügen gesehen, dieselben Regeln wie nach der Eigenbetriebsverordnung von 1938[40].

Das Eigenbetriebsrecht ist ein charakteristischer und nach verbreiteter Meinung[41] im wesentlichen gelungener Versuch, den Gemeindeunternehmen eine ihren Aufgaben angemessene Mittelstellung zwischen öffentlicher Verwaltung und freier wirtschaftlicher Betätigung einzuräumen[42]. Immerhin scheint sich in den Städten seit einiger Zeit eine Strömung bemerkbar zu machen, zu den Kapitalgesellschaften überzuwechseln, die vermöge ihrer Rechtsfähigkeit als noch beweglicher gelten[43]. Auch in der Literatur wird die Ansicht vertreten, in seiner gegenwärtigen Gestalt entspreche der Eigenbetrieb nicht mehr ganz den modernen Bedürfnissen, vielmehr müsse seine Selbständigkeit noch vergrößert werden[44], und schon im Jahr 1955 veröffentlichte *Zeiß* den Entwurf zu einem „Gesetz über öffentliche Unternehmen", in dem er eine Rechtsform entwickelte, die aus dem Eigenbetriebsrecht hervorgeht, aber mit voller Rechtsfähigkeit ausgestattet ist[45]. Für uns ist die Tendenz von Interesse, die sich in solchen Reformbestrebungen äußert. Schon das geltende Recht versteht den Eigenbetrieb als eine in sich geschlossene, auf ihre spezielle Aufgabe ausgerichtete und ihrer eigenen Integration fähige Organisation, die sich naturgemäß von der Hoheitsverwaltung absondert. Die Gesetzesautoren gehorchten nur dem Zwang dieser Einsicht, wenn sie ihn ihrerseits von den Fesseln des kameralistischen Haushaltsrechts befreiten, ihm eine bewegliche Rechnungs- und Finanzierungsweise gestatteten, sein Vermögen von dem der Gemeinde trennten und die Werksleitung dazu verpflichteten, den Betrieb wirtschaftlich zu führen. Insofern genießt der Unternehmenscharakter offenkundig den Vorrang vor dem Behördencharakter, und der Trend in dieser Richtung scheint noch nicht zu Ende zu sein. Wir können also mit einigem Recht behaupten, ma-

[40] Dazu *Zeiß*, Das Eigenbetriebsrecht der gemeindlichen Betriebe, Einleitung.

[41] Vgl. *Forsthoff*, Verwaltungsrecht, 9. Aufl., S. 482; *Zeiß* aaO., *Stern - Püttner*, Die Gemeindewirtschaft, Recht und Realität, S. 36, *Hettlage*, Festschrift für Schmidt-Rimpler, S. 283, 297 f.

[42] Zu dieser Mittelstellung vgl. neuerdings vor allem *Stern - Püttner*, S. 87 ff. (insbes. S. 93, 94).

[43] *Zeiß* in Der Städtetag 1965, S. 565 f.; vgl. auch *Hettlage*, S. 284 f.; *Wolff*, Verwaltungsrecht Bd. II, 2. Aufl., S. 308.

[44] Vgl. *Zeiß*, DÖW 1955 Heft 6, S. 3, ders.: Zur Rechtsform öffentlicher Unternehmen, Archiv für öffentliche Unternehmen Bd. 1, 1954, S. 200 ff.; *Hettlage*, S. 298; *Forsthoff*, S. 482.

[45] Abgedruckt in DÖW 1955 Heft 6, S. 18 ff. Ein weiterer Entwurf findet sich bei *Wicher*, Die geeignete Unternehmensform für wirtschaftliche Unternehmen der Gemeinden und Gemeindeverbände, S. 137 ff. Zur Auseinandersetzung mit dem Entwurf von *Zeiß*, vgl. *Kunze*, DÖW 1955 Heft 6, S. 11, der sich für eine modifizierte Aktiengesellschaft als Grundform für die öffentlichen Unternehmen einsetzt; ders.: DÖW 1957 Heft 3, S. 9; C. E. Fischer, DÖW 1958 Heft 3, S. 2 und dagegen wieder *Zeiß*, DÖW 1958 Heft 4, S. 2.

teriell sei das Unternehmen auch hier Zentrum und Schwerpunkt der gesetzlichen Vorschriften. Allerdings ist zugleich ein maßgeblicher Einfluß der politisch verantwortlichen Gemeindeinstanzen gesichert, dessen legitimer Sinn dahin geht, die Eigenbetriebe den Gemeindeaufgaben dienstbar zu machen. Aber die Gemeindevertretungen können diesen Einfluß nicht beliebig manipulieren, sondern nur, soweit es die unternehmerische Aufgabe gestattet. Er ist also an der entscheidenden Stelle zugunsten des Unternehmens mediatisiert. Vor allem aber wird die hoheitliche Kontrolle nicht auf dem Weg über das Eigentum an dem Unternehmenskapital und über die Eigentümerherrschaft institutionalisiert, sondern mittels organisatorischer Normen. Insofern haben wir es mit einer Rechtsform zu tun, die sich strukturell von denen des Gesellschaftsrechts vollkommen unterscheidet.

Gleichwohl funktioniert sie, ja, erweist sich in der Praxis sogar als austauschbar mit jenen. Nichts könnte überzeugender belegen, daß beide Rechtsformen zwei gleichwertige Weisen darstellen, ein Unternehmen zu organisieren, von denen nur eine auf der Verbindung von Kapitaleigentum und Unternehmensführung beruht, und daß es daher nicht richtig sein kann, das Unternehmen im Sinn der handelsrechtlichen Dogmatik mit seinem Inhaber oder mit einer Gesellschaft der Kapitaleigentümer zu identifizieren. So gelangen wir zum selben Ergebnis wie bisher: Das Hauptziel des Gesellschafts- wie des Eigenbetriebsrechts liegt darin, eine funktionsfähige Ordnung für Unternehmen zu schaffen. Im Privatrecht gehört dazu zwar auch die Regelung der Eigentümerinteressen, aber sie ist dogmatisch von untergeordneter Bedeutung, denn die Rechtsform ist eine Eigenschaft des Unternehmens, ein accidens im Sinn der scholastischen Terminologie und nicht sein bestimmendes Merkmal.

4. Öffentlich-rechtliche Kreditinstitute

Auch die öffentlich-rechtlichen Kreditinstitute, zu denen neben den Sparkassen namentlich die sieben großen Kreditunternehmen des Bundes[46] zu rechnen sind, wurden haushaltsrechtlich ganz aus der Verwaltung ausgegliedert und führen ihr Finanz- und Rechnungswesen nach betriebswirtschaftli-

---

[46] Es handelt sich um die Deutsche Landesrentenbank (vgl. Gesetz v. 7. 12. 1939 RGBl. I S. 2405, heute i. d. F. des Grundstücksverkehrsgesetzes v. 28. 7. 1961, BGBl. I S. 1091), die Deutsche Siedlungsbank (VO vom 26. 9. 1930 RGBl. I S. 457 mit Änderungsgesetz vom 18. 9. 1933, RGBl. I S. 647), die Deutsche Genossenschaftskasse (Gesetz i. d. F. vom 4. 4. 1957 RGBl. I S. 372), die Landwirtschaftliche Rentenbank (Gesetz i. d. F. vom 15. 7. 1963 BGBl. I S. 465), die Deutsche Pfandbriefanstalt (errichtet als Preußische Pfandbriefanstalt durch Gesetz vom 20. 5. 1922 GBl. S. 117), vgl. Überleitungsgesetz vom 16. 12. 1954 (BGBl. I S. 439), die Kreditanstalt für Wiederaufbau (Gesetz i. d. F. vom 18. 10. 1961 BGBl. I S. 1877), und die Lastenausgleichsbank (Gesetz vom 28. 10. 1954 BGBl. I S. 293). Nicht hierher gehört die Deutsche Bundesbank, da sie als Währungs- und Notenbank eine Sonderstellung genießt.

chen Grundsätzen[47]. Im Gegensatz zu den Eigenbetrieben sind sie nicht einmal verpflichtet, eigene Finanzpläne aufzustellen[48]. Auch die Kontrolle seitens der Kommunalprüfungsämter und Rechnungshöfe ist zugunsten einer privaten Bilanzprüfung eingeschränkt[49]. Die Unternehmen bestimmen im Rahmen der ihnen gesetzlich zugewiesenen Aufgaben, die regelmäßig auf bestimmte wirtschafts- oder sozialpolitische Ziele der Regierung zurückgehen und die der Leitfaden der Unternehmenspolitik bleiben müssen, ihre Wirtschaftsweise selbst. Die Entwicklung hat dahin geführt, daß sie, besonders die Sparkassen, sich mehr und mehr dem Geschäftsgebaren privater Bankunternehmen angeglichen haben, bei der Kundschaft mit diesen in heftigen Wettbewerb treten und darauf ausgehen, Gewinn zu erzielen[50]. Schon nach den gesetzlichen Regeln haben sie auf die Erhaltung und angemessene Verzinsung ihres Kapitals Bedacht zu nehmen und sollen sie zusätzliches Eigenkapital in Form von Sicherheitsrücklagen durch die eigene Banktätigkeit selbst erwirtschaften[51]. Die innere Organisation beruht auf den Gründungsgesetzen bzw. den Sparkassengesetzen der Länder[52] und außerdem auf Satzungen, die von den zuständigen Organen des Unternehmens aufgestellt werden und staatlicher Genehmigung bedürfen[53]. Geschäftsführungs- und Vertretungsorgan ist überall ein zwei- oder mehrköpfiger Vorstand, der entweder von der Trägerkörperschaft oder — immer häufiger — vom übergeordneten Organ des Unternehmes selbst, dem Verwaltungsrat, berufen wird[54]. Dessen Kompetenzen haben im einzelnen unterschiedliche Reichweite, sichern ihm jedoch eine dominierende Stellung[55]. Die Auswahl seiner Mitglieder steht entweder im Ermessen der Trägerkörperschaft, wobei für die nähere Ausübung des Ermessens häufig Richtlinien erlassen werden, die den Spielraum erheblich einengen, oder ihre Zahl und die Stellen, die ein Recht zur Entsendung haben, sind bereits im Organisationsgesetz festgelegt[56]. In beiden Fällen hat es der Staat in der Hand, sich oder der Trägerkörperschaft einen maßgeblichen Einfluß zu sichern. Dagegen bleiben die Eingriffsmöglichkeiten der formellen Staatsaufsicht beschränkt, und in die laufende Geschäftspolitik wird sie nur ausnahmsweise eingreifen können[57].

---

[47] Vgl. dazu und zum folgenden die ungemein sorgfältige Arbeit von *Twiehaus*, Die öffentlich-rechtlichen Kreditinstitute, ferner *Huber*, Wirtschaftsverwaltungsrecht Bd. I, 2. Aufl. S. 139 ff.; *Haas*, Die juristische Person des öffentlichen Rechts als Wettbewerbsunternehmen, S. 71 ff.

[48] *Twiehaus*, S. 76 f.

[49] *Twiehaus*, S. 68—76.

[50] *Twiehaus*, S. 44, 87 ff., 130 ff. u. a.

[51] *Twiehaus*, S. 44 ff.

[52] Sie sind gesammelt bei *Esch-Oberbillig*, Sparkassenrecht in der Bundesrepublik.

[53] *Twiehaus*, S. 40.

[54] *Twiehaus*, S. 55 ff.

[55] *Twiehaus*, S. 58, 63 ff.

[56] *Twiehaus*, S. 59 f.

[57] *Twiehaus*, S. 68 ff. Wie Twiehaus darlegt, ist die Frage sehr unterschiedlich und lückenhaft geregelt, so daß die Reichweite des Aufsichtsrechts im einzelnen noch ungeklärt ist.

Für unsere Fragestellung ist von besonderem Interesse, daß die Kreditinstitute durchweg formell zur juristischen Person mit voller eigener Rechtsfähigkeit erhoben sind. Sie treten im Rechtsverkehr ohne weiteres selbständig auf, schließen in eigener Zuständigkeit Verträge oder erlassen Verwaltungsakte, soweit ihre Beleihung mit Hoheitsbefugnissen reicht, klagen im eigenen Namen und werden unter diesem verklagt. Regelmäßig werden sie als öffentliche Anstalten bezeichnet, einige sind dagegen im Gesetz als Körperschaften des öffentlichen Rechts definiert[58]. Angesichts der juristischen Verselbständigung beansprucht die Regelung der Haftungsverhältnisse besondere Aufmerksamkeit. Bei den Sparkassen haben, ungeachtet der juristischen Personifizierung, die Gewährträger für die Verbindlichkeiten in vollem Umfang nach Art einer Ausfallbürgschaft aufzukommen, was seine Erklärungen darin findet, daß der Gesetzgeber darauf verzichtet hat, sie mit einem festen Eigenkapital auszustatten[59]. Zugunsten der Kreditunternehmen des Bundes, die mit einem im Gesetz festgelegten Dotationskapital arbeiten, existiert keine entsprechende Gewährleistungspflicht, ja einige Gesetze sehen sogar den Konkurs des Unternehmens ausdrücklich vor. Indessen wird die Frage, ob nicht unter übergeordneten Gesichtspunkten trotzdem eine Gewährleistung stattzufinden habe, in der Literatur lebhaft erörtert, wenngleich noch ohne greifbares Ergebnis[60].

Im Ergebnis ruht demnach auch bei den öffentlich-rechtlichen Kreditinstituten der Akzent auf dem Unternehmen, und da sie als juristische Personen verfaßt sind und mit den privaten Banken im Wettbewerb stehen, kommt dieser Charakterzug in doppelter Hinsicht noch sinnfälliger zum Vorschein als bei den Eigenbetrieben. Wir können auch die übliche Definition der Anstalt, in deren Form die meisten von ihnen auftreten, zur Demonstration dieses Sachverhalts heranziehen: als Bestand von persönlichen und sächlichen Mitteln, die dem Unternehmenszweck dauernd zu dienen bestimmt sind[61], bezeichnet der Anstaltsbegriff im Gegensatz zur Körperschaft und Gesellschaft gerade jene Produktionsorganisation, die wir als das wesentliche Merkmal des Unternehmens betrachten[62]. Wir sind also berechtigt zu sagen, hier hat, anders als das Handelsgesetzbuch, bereits das geltende Recht die Rechtsfähigkeit dem Unternehmen selbst verliehen. Im übrigen finden wir die bei der Betrachtung der Eigenbetriebe gewonnenen Einsichten bestätigt: Es handelt sich auch bei den Kreditinstituten um Unternehmensformen, die nicht auf der Verbindung von Eigentum und Unternehmensführung basieren, und die daher die dogmatische Konzeption des Gesellschaftsrechts als Fundament der Unternehmenslehre relativieren.

---

58 Siehe die Aufzählung bei *Twiehaus*, S. 26 ff. und seine Darstellung S. 110 ff.

59 Vgl. die Nachweise bei *Twiehaus*, S. 46 f.

60 *Twiehaus*, S. 47 ff. mit weiteren Nachweisen,

61 Otto *Mayer*, Deutsches Verwaltungsrecht Bd. 2, S. 268.

62 Vgl. dazu genauer unten, S. 168 f.

5. Abschnitt

ZUSAMMENFASSUNG UND SCHLUSSFOLGERUNGEN

1. Zusammenfassung

Mit der Durchmusterung des Rechts der öffentlichen Kreditinstitute haben wir den ersten Kreis unserer Untersuchungen durchschritten. Die kritische Analyse des geltenden Rechts, die wir an Hand von wichtigen Beispielen aus der Gesetzgebung, der Judikatur, der Kautelarjurisprudenz und dem Recht der öffentlich-rechtlichen Unternehmen exemplarisch durchzuführen versuchten, hat eine Fülle von Anhaltspunkten für die Bedeutung und Funktion des Unternehmensbegriffs und sein Verhältnis zu den Begriffen des Kaufmanns und der Gesellschaft erbracht. Nun gilt es, das Fazit zu ziehen. Fassen wir zunächst die wichtigsten Ergebnisse noch einmal zusammen:

In der Gesetzgebung haben wir im Handelsgesetzbuch und seinen Nebengesetzen formell noch mit den Kaufleuten und Gesellschaften als den Zentralbegriffen und den einzigen Rechtssubjekten zu tun. In den meisten anderen Gesetzen, namentlich im privaten und öffentlichen Wirtschaftsrecht, in den europäischen Verträgen und, mit geringerer Signifikanz, im Arbeits- und Steuerrecht, fungieren demgegenüber jedoch die Unternehmen als die Adressaten der gesetzlichen Vorschriften und als selbständige Träger von Rechten und Pflichten und sind insoweit an die Stelle der Kaufleute und Gesellschaften getreten. Inzwischen ist dieser Sprachgebrauch auch in den engeren Bereich des Gesellschaftsrechts vorgedrungen, denn das Aktiengesetz von 1965 hält sich nur, wo es den traditionellen Normenbestand übernimmt, an den Sprachgebrauch des Handelsgesetzbuchs, während es überall dort, wo neue Gedanken formuliert werden mußten, vor allem aber im gesamten Konzernrecht, das Unternehmen als selbständigen Rechtsträger behandelt. Die den Unternehmen zuerteilte Rechtsfähigkeit beschränkt sich in den genannten Gesetzen nicht auf einzelne Rechte oder Pflichten, namentlich nicht auf das Privatrecht oder das öffentliche Recht, sondern erfaßt alle in Betracht kommenden Rechtsstellungen.

Es zeigte sich, daß dieser auffällige Wandel des Sprachgebrauchs den materiellen Gehalt der Gesetze spiegelt. Die Mehrzahl der Vorschriften bezieht sich auch nach ihrem Sinn auf das Unternehmen als Produktionsorganisation, die wirtschaftlich wertvolle Leistungen hervorbringt, und auf die der Gesetzgeber einwirken will, um das ökonomische Geschehen zu steuern. Die Rechtsverhältnisse unter den Kapitalanteilsträgern sind für ihn insoweit irrelevant, und wo er sie regelt, bewegt er sich auf einem Teilgebiet, das keine beherrschende Stellung einnimmt. Genau genommen bezieht sich selbst das Gesellschaftsrecht auf das Unternehmen, wenngleich Wortlaut und System dem zu widersprechen scheinen, denn sein oberster Zweck ist, Rechtsnormen zu schaffen, welche die Funktionsfähigkeit des Unternehmens garantieren, und unter diesem Gesichtspunkt gleicht es die Interessengegensätze der Gesellschafter aus. Auch umfaßt es, namentlich im Aktiengesetz, wichtige Stücke der Unternehmensverfassung, die über die Ordnung gesellschaftsrechtlicher Beziehungen unter den Kapitaleigentümern hinausreichen. So ist die neue Terminologie nicht, wie die herrschende Lehre immer noch behauptet, als eine Verlegenheit der Gesetzesautoren um einen passenden Oberbegriff zu erklären, der Kaufleute und Gesellschaften zusammenfaßt, und erst recht handelt es sich nicht um eine sprachliche Nachlässigkeit. Sie ist vielmehr die innerlich wohl begründete Konsequenz aus der Eigenart der Materie, welche die Gesetze formen.

Der Blick auf die Rechtsprechung bestätigte die aus der Gesetzesinterpretation gewonnenen Ergebnisse. In den drei Urteilsketten, die wir verfolgten, hat sich seit dem Beginn des Jahrhunderts der Gedanke durchgesetzt, daß es materiell nicht auf den Schutz der Kaufleute und Gesellschaften, sondern der Unternehmen ankomme, wenngleich sich die Gerichte noch nicht immer ausdrücklich dazu bekennen: Die Erweiterung des Namensschutzes, wie sie die Judikatur seit dem Inkrafttreten des BGB vorgenommen hat, läßt sich, wie wir sahen, in ihrer heutigen Gestalt nur sinnvoll erklären, wenn das Unternehmen als der Träger des Namens fungiert, der den gleichen Schutz verdient wie die natürlichen Personen. Das Recht am Gewerbebetrieb dient erklärtermaßen dem Schutz und der Entfaltung des Unternehmens. Endlich orientiert sich auch die Rechtsprechung zum Ausgleich divergierender Gesellschafterinteressen oder Gesellschafter- und Verwaltungsinteressen bei der Aktiengesellschaft entscheidend an den Belangen des Unternehmens, nachdem sich die von ihr primär herangezogenen, im Individualrecht beheimateten Maßstäbe der Gleichbehandlung der Gesellschafter und der guten Sitten als zu formell herausgestellt haben, um klare Maximen für die Entscheidung zu liefern.

Der Wunsch, dem Unternehmen einen wirksamen Schutz zu verschaffen, spielt ferner bei der Wahl atypischer Gesellschaftsformen in der Wirtschaftspraxis eine wichtige, wenn auch nicht die allein ausschlaggebende Rolle. Die Beliebtheit der Einmanngesellschaft ist weitgehend auf die organisatorische Selbständigkeit zurückzuführen, durch welche sich diese Rechtsform vor dem Einzelunternehmen auszeichnet, wenngleich sie in anderen Fällen auch den privaten Interessen des Inhabers dient oder Vorteile verspricht, die dem Unternehmen und dem Alleingesellschafter gleichermaßen zufallen. Ähnliche Motive sind für das Vordringen der GmbH und Co, KG verantwortlich, deren Hauptvorteile neben der Haftungsbeschränkung darin liegen, daß sie die Kontinuität des Unternehmens besser gewährleistet als die einfachen Gesellschaftsformen und die Finanzierung erleichtert. Bei den Stiftungsunternehmen spielt endlich außer dem Wunsch der Stifter, die Erträgnisse für gemeinnützige Zwecke zu widmen, vor allem das Ziel eine Rolle, ein Unternehmen zu schaffen, das nur seinen eigenen Bedürfnissen gehorcht, ohne auf die Interessen der Vermögensträger Rücksicht nehmen zu müssen. Schließlich ergab der Überblick über die Unternehmen des öffentlichen Rechts, daß sich im Spannungsfeld zwischen hoheitlicher Verwaltung und wirtschaftlicher Autonomie die Gewichte stark zugunsten der Unternehmen verschoben haben. Im Rechnungswesen konnte sich deren Bedürfnis nach finanzieller Beweglichkeit überall gegen die Bindungen des öffentlichen Haushaltsrechts durchsetzen, und in der Mehrzahl der Fälle wird das Unternehmensvermögen ganz aus dem allgemeinen Verwaltungsvermögen herausgelöst. Daraus erwächst ein Zwang zu unternehmens- und marktkonformem Verhalten, der sich auch in der Organisation und im Geschäftsgebaren niederschlägt. Die Unternehmensführung ist formell aus der Behördenhierarchie ausgegliedert, wenngleich sich die öffentlichen Träger durch weitreichende Kontrollrechte einen maßgeblichen Einfluß sichern. Rechtlich ist nur ein Teil der Unternehmen verselbständigt, während die übrigen eine Art Teilrechtsfähigkeit genießen, doch wird diese Abstufung als reformbedürftig empfunden. Vor allem aber weist die Organisation der öffentlich-rechtlichen Unternehmen prinzipiell andere Strukturen auf als die handelsrechtlichen Gesellschaftsformen, denn sie beruht auf anderen Zusammenhängen als dem im Privatrecht festgehaltenen Konnex zwischen Kapitaleigentum, Unternehmensführung und Risiko. Die Relativität des Gesellschaftsrechts gegenüber dem Unternehmensrecht tritt bei ihnen am sinnfälligsten in Erscheinung.

Auf allen Gebieten macht sich, bei mannigfachen Nuancen im einzelnen, im Ergebnis also ein mächtiger Trend bemerkbar, das Unternehmen sachlich und förmlich als den Zentralbegriff des Rechts der Wirtschaftsordnung zu konstituieren und die Begriffe des Kaufmanns und der Gesellschaft von dieser Stelle abzulösen. Wir beobachten hier einen Prozeß, dessen Tragweite kaum zu überschätzen ist. Anzeichen dafür, daß er in abschätzbarer Zukunft ein Ende finden könnte oder gewisse Bereiche aussparen werde, sind nicht zu entdecken. Im Gegenteil hat er ja im Gesellschaftsrecht, wo das Beharrungsvermögen die stärksten Kräfte entfaltet, erst in jüngster Zeit neuen Boden erobert. Auch spricht alles dafür, daß er weiter Fuß fassen wird, wenn das Recht der GmbH reformiert oder ein Einzelunternehmen mit beschränkter Haftung geschaffen wird, wie es geplant ist[63]. Daraus folgt, daß wir den gegenwärtigen Stand als ein Durchgangsstadium auf dem Weg vom Kaufmanns- bzw. Gesellschaftsrecht zum Unternehmensrecht verstehen müssen, der zwar mancherlei Ungereimtheiten und Verwerfungen aufweist, wie in der Übergangszeit nicht anders zu erwarten ist, dessen künftige Umrisse sich aber bereits abzuzeichnen beginnen.

---

[63] Der Referentenentwurf eines Gesetzes über Gesellschaften mit beschränkter Haftung bedient sich nunmehr der gleichen Terminologie wie das Aktiengesetz, vgl. z. B. § 8, §§ 234 ff.

2. *Die Aufgabe der wissenschaftlichen Dogmatik*

Es ist seit alters die Aufgabe der juristischen Theorie, die Entwicklung des positiven Rechts zu verfolgen, verständlich zu machen und die gedanklichen Voraussetzungen dafür zu schaffen, daß sich neue Gestaltungsformen in eine sinnvolle systematische Ordnung fügen. Sind wir bereit, dem darin liegenden Appell zu gehorchen, so nötigt uns das gefundene Ergebnis dazu, die herrschende Lehre zugunsten einer neuen zu revidieren, in welcher dem Unternehmen der Platz als Zentralbegriff eingeräumt wird. Allerdings wird es nicht gelingen, schon jetzt de lege lata ein in sich geschlossenes und überzeugendes System des Unternehmensrechts zu entwickeln, denn unser Recht hat die dazu notwendige Stabilität und innere Konsistenz noch nicht wieder erreicht. Andererseits genügt es auch nicht, tatenlos der Dinge zu harren, die da kommen, oder sich, wie die Studienkommission des Deutschen Juristentags, mit dem bloßen Postulat eines Unternehmensrechts zu begnügen, das organisch aus dem Gesellschaftsrecht hervorgeht und dieses in sich aufnimmt. So falsch es wäre, spekulativ eine Unternehmensdogmatik für die Zukunft zu entwerfen, die im gegenwärtigen Recht keinen ausreichenden Rückhalt findet, so sind wir doch in der Lage, dogmatische Formen vorzubereiten, in welche die Entwicklung einmünden kann. Zum einen gilt es, zu den gedanklichen Grundlagen vorzustoßen, auf denen das System des Handelsgesetzbuches und der herrschenden Lehre ruht, um durch deren Kritik ein solides Fundament für die dogmatische Neuformulierung zu schaffen. Dies ist das Ziel des nächsten Kapitels, in dem wir die Entwicklung der Gesellschafts- und Unternehmenslehre im letzten Jahrhundert kritisch verfolgen. Sodann sind gedankliche Modelle zu entwerfen, die dem gegenwärtigen Zustand des Rechts dogmatisch gerecht zu werden vermögen und so einerseits de lege lata die Auslegungsrichtpunkte fixieren, andererseits de lege ferenda Vorbilder für das systematische Gerüst künftiger Gesetze entwerfen. Ein solches Modell stellen wir im zweiten Teil zur Diskussion.

2. Kapitel

DIE GRUNDLAGEN DER HERRSCHENDEN LEHRE VON KAUFMANN, GESELLSCHAFT UND UNTERNEHMEN IN DER DOGMATIK DES 19. JAHRHUNDERTS UND IHRE KRITIK

6. Abschnitt

DIE JURISTISCHE UNTERNEHMENSLEHRE IM 19. JAHRHUNDERT[1]

1. *Kaufleute und Handelsgesellschaften im Preußischen Allgemeinen Landrecht und im Code de Commerce*

In Deutschland hat sich, im Gegensatz vor allem zu Frankreich, erst zu Beginn des 19. Jahrhunderts eine selbständige Wissenschaft des Handelsrechts von der allgemeinen Zivilistik abgespalten[2]. Ihre Hauptquellen bildeten das Preußische Allgemeine Landrecht und der Code de Commerce von 1807. Jenes enthielt eine größere Anzahl von Sondervorschriften für Kaufleute, die sich namentlich mit der Prokura und Handlungsvollmacht, mit der Rechtsstellung der Handlungsgehilfen und der kaufmännischen Buchführung beschäftigten[3]. Den sachlichen Bereich des Unternehmens erwähnt es als „Handlung" oder „Fabrik", die im Eigentum eines Kaufmanns oder Unternehmers stehen und in dessen Vertretung auch von einem Dritten geleitet werden können[4]. Vorschriften, die sich speziell auf die

---

[1] Vgl. zum folgenden *Geiger,* Die Entwicklung der rechtlichen Erfassung des Handelsgeschäfts im 19. Jahrh., Diss. München 1963.

[2] 1798 war der Grundriß des Handelsrechts von *Martens* erschienen, der die erste zusammenfassende Darstellung dieses Rechtsgebiets in Deutschland darstellte und im akademischen Unterricht lange Zeit eine wichtige Stellung behaupten konnte. Auf ihm fußen die — 1858 nach dem Original-Manuskript herausgegebenen — Vorlesungen von *A. Heise* (gehalten zuletzt in den Jahren 1814—1817), der von den Herausgebern als „der eigentliche Schöpfer der Handelsrechtswissenschaft in Deutschland bezeichnet wird. Vgl. auch *Deuder,* Grundsätze des engeren Handlungsrechts 1824.

[3] Vgl. 2. Teil, 8. Titel, §§ 475—613.

[4] aaO., §§ 483, 491, 497.

„Handlung" beziehen, finden sich im Allgemeinen Landrecht nicht, insonderheit kennt es keine den § 22 ff. HGB entsprechenden Regeln. Die Firma ist nur für „Societätshandlungen", d. h. Gesellschaften vorgesehen[5]. Das Gesetz unterscheidet auch nicht zwischen verschiedenen Arten von Handelsgesellschaften. Überhaupt gibt es für sie nur wenige Spezialvorschriften und verweist im übrigen auf das allgemeine Recht der societas[6]. Der Code de Commerce beschränkt sich bei den Einzelkaufleuten fast ganz darauf, den subjektiven Geltungsbereich des Gesetzes festzulegen und kennt daher insoweit keinerlei Unternehmensrecht[7]. Dagegen hat er mit der modernen Unterscheidung von drei Gesellschaftstypen, der société en nom collectif, der société en commandite und der société anonyme richtungsweisend gewirkt[8]. Der Begriff des Unternehmens (entreprise) taucht in einer einzelnen Wendung zwar auf, gewinnt aber keinerlei spezifische, rechtlich qualifizierte Bedeutung[9]. Die Firma ist ausschließlich Gesellschaftsbezeichnung (raison sociale)[10]. Über die Rechtsnatur der Gesellschaften sagt das Gesetz selbst nichts aus, jedoch war die französische Lehre der Folgezeit überwiegend der Meinung, sie seien sämtlich als juristische Person anzusprechen[11].

In Deutschland führte der vom Code de Commerce ausgelöste Impuls dazu, daß man sich die Unterschiede der einzelnen Gesellschaftsarten nach und nach zu Bewußtsein brachte[12]. Indem man die Handelsgesellschaften von der einfachen societas abhob, gelang es auch, sie von den allzu beengenden Fesseln des römischen Rechts zu befreien und germanistische Formelemente für sie nutzbar zu machen. Gegen Ende der dreißiger Jahre wurde dann auch die Frage nach ihrer Rechtsnatur lebendig, woraus alsbald eine

---

[5] aaO., §§ 617, 620.

[6] 2. Teil §§ 614—683, vgl. vor allem §§ 614, 651 f.

[7] Art. 1—7.

[8] Art. 19.

[9] Vgl. Art. 29 und 30, wo es heißt: „La société anonyme n'existe point sous un nom social: elle n'est désignée par le nom d' aucun des associés. Elle est qualifiée par la désignation de l'objet de son entreprise."

[10] Art. 21, 25.

[11] Vgl. *Frémery*, Etudes de Droit Commercial, 1833, S. 31 f., *Rogron*, Code de Commerce, 12. Aufl., 1864, S. 25, *Pardessus*, Cours de droit commercial, Bd. 3, 6. Aufl., 1857, S. 14 ff.

[12] Vgl. die soeben zitierten Werke von *Martens*, § 20 ff.; und *Heise*, § 20 ff.; ferner *Bender*, Grundsätze des engeren Handlungsrechts, 1824, §§ 145 ff.; *Pöhls*, Darstellung des gemeinen Deutschen und des Hamburgischen Handelsrechts, Erster Band, 1828, §§ 95 ff., ferner die Lehrbücher des deutschen Privatrechts von *Eichhorn*, Einleitung in das deutsche Privatrecht, §§ 386—389; *Maurenbrecher*, Lehrbuch des gesamten heutigen gemeinen deutschen Privatrechts, Bd. 2, §§ 682—693; *Beseler*, System des gemeinen deutschen Privatrechts, §§ 214—233; *Mittermaier*, Grundsätze des gemeinen deutschen Privatrechts, §§ 476—522.

Fülle von Theorien entsproß, die sich noch in den Beratungen zum ADHGB nach 1850 gegenüberstanden[13].

2. *Die Lehre Hassenpflugs*

Vor diesem Hintergrund ist die, soweit ich sehe, erste Stimme zu würdigen, die sich zugunsten einer rechtlichen Verselbständigung des Unternehmens erhob. Im Jahre 1827 veröffentlichte der hessische Obergerichtsrat *Hassenpflug* eine kleine Abhandlung unter dem programmatischen Titel: „Eine unter einer Firma betriebene Handlung ist als das Rechtssubjekt hinsichtlich aller aus Handlungsgeschäften entstehenden Rechte und Pflichten anzusehen"[14].

Er führt darin aus, die Firma habe sich im neueren Geschäftsleben zur Bezeichnung eines Handelshauses so allgemein durchgesetzt, daß sie gegenüber den in ihr tätigen Personen im Verkehr „als das Wichtigste" hervortrete[15]. Sie bleibe dieselbe, auch wenn sich die Personen ändern, die unter diesem Namen Handel betreiben. Dem römischen Recht sei das Institut fremd, weshalb es auch nicht nach dessen Prinzipien zu behandeln sei, sondern nach „den aus der Natur der Sache abstrahierten deutschrechtlichen Grundsätzen"[16]. Das Institut lege „den Übergang zu der Ansicht nahe, daß für alle das Handelsgeschäft berührenden, von einzelnen Theilhabern unter der Firma des Handlungshauses abgeschlossenen Geschäften dieses, welches mit seiner Firma im gemeinen Leben in der Regel mehr bekannt ist, als die einzeln darunter verbundenen Kaufleute, das eigentliche Rechtssubject bilde"[17]. *Hassenpflug* zieht das Preußische Allgemeine Landrecht und den Code de Commerce zum Beleg für seine These heran. Beide Gesetze verlangten, daß der Wechsel der Gesellschafter bei einer unter einer Firma betriebenen Handlung bekannt gemacht werde. Hinter solchen Vorschriften erkennt er die Absicht, daß „die ohne Rücksicht auf die Personen, welche Inhaber der Handlung sind, sich mit dem Handlungshause in Geschäftsverbindungen einlassenden Dritten im Fall der erfor-

---

[13] *Treitschke*, Zeitschr. für deutsches Recht, Bd. 5, 1841, S. 334; *Weiske*, in Pölitz neue Jahrbücher für Geschichte und Politik, Bd. 1, 1842, S. 244 ff.; *Jolly*, Zeitschr. für deutsches Recht, Bd. 11, 1847, S. 321 ff. Andeutungen finden sich schon früher. Vor allem wird die Aktiengesellschaft, sofern sie staatlich genehmigt war, der universitas des römischen Rechts gleichgesetzt, also als juristische Person angesehen, so z. B. von *Heise*, § 27 Nr. 2 (S. 69); unklar dagegen *Eichhorn*, § 387; *Maurenbrecher*, § 398. Eine ausführliche Darstellung der Theorien im Hinblick auf die Aktiengesellschaften geben *Renaud*, Das Recht der Aktiengesellschaften, 2. Aufl., S. 55 ff., 153 ff. und *Fick*, ZHR Bd. V, 1862, S. 1 ff.

[14] Erschienen in der Zeitschrift *Elvers* Themis Bd. 1, 1827, S. 59 ff. Dagegen ist der Titel der Schrift von *Tabor:* „Beitrag zur rechtlichen Erörterung der Verbindlichkeiten, welche aus dem Eintritt in eine bestehende Handlungsfirma entspringen", Frankfurt/Main 1826 irreführend, da sie sich nur mit den Handelsgesellschaften befaßt.

[15] S. 61. [16] S. 59. [17] S. 62.

derlichen Rechtsverfolgung, davon Kenntnis erlangen können, gegen wen sie ihre Rechtsansprüche zu richten haben"[18]. Dieser Absicht dadurch gerecht zu werden, daß er die Ansprüche als gegen die Handlung selbst gerichtet begreift, ist das Ziel seiner Theorie. Er kann sich für sie auf ein Urteil des Oberappellationsgerichts in Kassel berufen. Im übrigen findet seine These nur in einem Aufsatz von *Hoepfner* Gefolgschaft, der sich vor allem auf die Gepflogenheiten des Geschäftsverkehrs beruft und einen — allerdings schwachen — Versuch unternimmt, sie mit der Lehre von der universitas zu begründen[19].

Für uns sind vor allem die Gegenargumente aufschlußreich, mit welchen die These bekämpft wurde. Der Verfasser einer wenig später erschienenen anonymen Erwiderung wies zunächst darauf hin, daß *Hassenpflugs* „gänzlich neue Vorstellungen" in der neueren Gesetzgebung keinen Rückhalt fänden, denn sowohl das Preußische Allgemeine Landrecht wie der Code de Commerce setzten bei den Regeln über die Bekanntmachung des Gesellschafterwechsels gerade voraus, daß es für die Gläubiger zur Geltendmachung ihrer Rechte auf die Personen der Gesellschafter ankomme[20]. Sodann führt er aus, die Firma sei ein bloßer Name und könne deshalb nicht selbst zum Subjekt von Rechten und Verbindlichkeiten werden, noch sei sie imstande, für die Personen, welche sich ihrer bedienen, ganz neue Rechtsverhältnisse zu schaffen[21]. Auch entstehe eine juristische Person nach allgemeiner Lehre nur durch staatliche Anerkennung. Weiter wäre mit der Erhebung des Handelsgeschäfts zur juristischen Person eine Haftungsbeschränkung verbunden, was für die Handelsgesellschaften nicht zutreffe[22]. Auf die Praxis schließlich könne sich *Hassenpflug* nicht berufen, denn die Handelswelt setze bei der Gewährung von Krediten keineswegs nur auf die Firma, vielmehr richte sich der erfahrene Kaufmann in erster Linie nach der Solvenz der Teilhaber[23]. Mit ähnlichen Argumenten wandte sich auch Eduard *Gans* gegen *Hassenpflugs* Theorie[24]. Er stützt seine Einwände vor allem darauf, juristische Personen könnten nur durch Gesetz geschaffen werden, und die Personifikation habe notwendig eine Haftungsbeschränkung zur Folge.

3. Die Entwicklung bis zum Allgemeinen Deutschen Handelsgesetzbuch

War mit solchen Argumenten die Personifikation des Unternehmens zwar zunächst abgetan, so stritt man sich doch weiterhin darüber, ob sie den Handelsgesellschaften zuzubilligen sei. Noch in der Nürnberger Konferenz zur Beratung eines Allgemeinen Deutschen Handelsgesetzbuches 1857 bis 1861 standen drei Meinungen einander gegenüber, von denen die erste alle Handelsgesellschaften als juristische Personen aufgefaßt wissen

---

[18] S. 63.

[19] In: Allgemeine Juristische Zeitung, 3. Jahrgang, 1830, S. 334 ff.

[20] *Elvers Themis* Bd. 1, S. 498 ff. (500).

[21] S. 507.

[22] S. 512 ff.

[23] S. 522 ff.

[24] *Gans,* Über die Handlungsfirmen, S. 50, 55 f.

wollte, die zweite umgekehrt für alle an der Rechtsfigur der societas festhielt und die dritte zwar den Aktiengesellschaften juristische Selbständigkeit zusprach, nicht jedoch den anderen Gesellschaftsformen[25]. Da man sich nicht einigen konnte, blieb der Kommission zuletzt nichts anderes übrig, als die Frage offen zu lassen und sich auf wenige Einzelbestimmungen zu beschränken[26]. Bei der OHG und der KG gelangte man zu den Formulierungen, die uns noch heute geläufig sind, wonach beide „unter ihrer Firma Rechte erwerben und Verbindlichkeiten eingehen, Eigentum und andere dingliche Rechte an Grundstücken erwerben, vor Gericht klagen und verklagt werden" können[27]. Bei der AG lautet der entscheidende Passus hingegen, sie habe „als solche selbständig ihre Rechte und Pflichten" und könne „Eigentum und andere dingliche Rechte an Grundstücken erwerben" sowie „vor Gericht klagen und verklagt werden"[28]. Bald nach der Veröffentlichung des Entwurfs zeigte sich, daß diese Sätze tatsächlich doch nicht neutral waren. Gewiß nicht allein unter dem Einfluß des Gesetzeswortlauts, aber doch auch von ihm bestärkt, gewann daher binnen kurzem die Ansicht das Übergewicht, daß die Aktiengesellschaften juristische Personen seien, nicht jedoch die Personalgesellschaften[29]. Damit war schon zum ADHGB die Position bezogen, welche sich im wesentlichen unangefochten bis heute behaupten konnte. Vorschriften, welche sich unmittelbar auf das Handelsgeschäft oder -vermögen bezogen, kannte das Gesetz nicht[30]. Die Firma blieb wie bisher der Name des Kaufmanns, dem jedes die Handlung als solche individualisierende Moment abgesprochen wurde[31].

---

[25] Vgl. *Lutz*, Protokolle der Kommission zur Beratung eines Allgemeinen Deutschen Handelsgesetzbuchs Bd. 1, S. 153 ff., 274 ff.; Bd. 3, S. 1001 f., 1040.

[26] *Lutz*, S. 274.

[27] Art. 111, 164 ADHGB, vgl. § 124 HGB.

[28] Art. 213 ADHGB, § 210 HGB.

[29] In der Rspr. des ROHG wird die offene Handelsgesellschaft von vornherein als Gesellschaft angesprochen, vgl. Bd. 2, S. 39; Bd. 5, S. 205; Bd. 9, S. 17 f. usw.; dem schloß sich das Reichsgericht an in RGZ 3, 57; 5, 55; 5, 71; 18, 139. Die Aktiengesellschaft als juristische Person anzuerkennen, zögerte das ROHG, obgleich es offensichtlich dieser Ansicht zuneigte, weil es sich über die Ergebnisse der Nürnberger Kommission nicht hinwegsetzen wollte (vgl. ROHG Bd. 22, 239 ff.). Dagegen hatte das Berliner Obertribunal die juristische Persönlichkeit der Aktiengesellschaft in zahlreichen Entscheidungen offen anerkannt, vgl. Bd. 58, 16; 59, 330; 61, 202 f.; 82, 335 (zitiert nach *Renaud*, Das Recht der Aktiengesellschaften, S. 151); aus der Literatur vgl. *Auerbach*, Das Gesellschaftswesen in juristischer und volkswirtschaftlicher Hinsicht, 1861, S. 88 ff.; 272 ff.; *Hahn*, Kommentar zum ADHGB, Bem. zu Art. 111 und 213. In der Lehre blieb die Frage noch lange umstritten, vgl. die ausführlichen Literaturhinweise bei *Renaud*, S. 151 und bei *Petersen-Pechmann*, Gesetz betr. die Commanditgesellschaften auf Aktien und die Aktiengesellschaften, S. 322 ff. Einen guten Überblick gibt auch *Wieland*, Handelsrecht Bd. 1, S. 396 ff.

[30] Vgl. Art. 22.

[31] Vgl. *Gelpcke*, Die Handelsgesellschaft als juristische (moralische) Person, in Gelpckes Zeitschrift für Handelsrecht, Heft 2, 1852, S. 3 ff.

4. *Die Theorien von Gelpcke und E. I. Bekker*

In der Rechtswissenschaft hatte sich vor allem *Gelpcke* mit den Problemen befaßt und auf die Übung der Kaufleute verwiesen, ihr Handelsvermögen vom Privatvermögen zu trennen[32]. Beim Einzelkaufmann schreckte er jedoch davor zurück, juristische Folgerungen aus dieser Beobachtung zu ziehen und führte aus, für eine Unabhängigkeit der Handlung im rechtlichen Sinn fänden „sich in einem solchen Verhältnis noch nicht die hinreichenden Elemente und Merkmale"[33]. Die ganze Handelseinrichtung ruhe auf der Verfügung und Willkür des Eigentümers, und es fehle an einem rechtlichen Akt, dem Handelsvermögen eine von der des Eigentümers gelöste Selbständigkeit und Persönlichkeit beizulegen. Erst bei den Handelsgesellschaften gewinne „jener Keim, wie er in einer Sonderung des Handelsvermögens von dem übrigen Vermögen und den sonstigen rechtlichen Verhältnissen eines Kaufmanns sich schon findet, einen tragbaren rechtlichen Boden"[34]. Hier sei die Sonderung nicht mehr eine bloß faktische, sondern „etwas durch die rechtliche Natur des Verhältnisses Gebotenes"[35].

Indessen war man mit einer solchen zwiespältigen Lehre nicht überall zufrieden. Vor allem *E. I. Bekker* unternahm es, unter dem Einfluß von *Brinz'* Theorie von der Personifikation des Zweckvermögens die Rechtsverhältnisse des Handelsgeschäfts weiter zu klären[36]. Seine Untersuchung, ursprünglich dem Zweck gewidmet, aus der Lehre des römischen Rechts vom peculium brauchbare Sätze für das Aktienrecht zu gewinnen, hatten ihn zu der Einsicht geführt, daß alle kaufmännischen und industriellen Unternehmen einschließlich der Einzelfirmen vermögensrechtlich gleich behandelt werden müßten. Das charakteristische Merkmal aller Handelsvermögen sieht er darin, daß sie „nicht sowohl durch die Person, an der sie haften, als durch den Zweck, dem sie dienen, zusammengehalten werden"[37]. Im geltenden Recht sei die mit Hilfe der Zweckbindung begründete Einheit wenigstens in „zerstreuten Andeutungen und Winken" anerkannt[38]. Angesichts des mächtigen Aufschwungs der Wirtschaft gelte es aber, sie de lege ferenda stärker herauszuarbeiten, denn die moderne Zeit verlange einen objektiven, auf dem Wert des Unternehmens beruhenden Kredit, während der subjektive Kredit allenfalls „zum Betrieb des Kramgeschäftes nicht über die Grenzen der kleinen Stadt hinaus" passe[39].

[32] aaO. S. 20. [33] S. 21. [34] aaO.

[35] S. 21. Zur Kritik an *Gelpckes* Ausführungen vgl. *Goldschmidt,* Krit. Zeitschr. für die gesamte Rechtswissenschaft Bd. IV, 1857, S. 164, 186 ff., 338 f. sowie die gleich behandelte Arbeit von E. I. *Bekker,* S. 540 ff. Einen wenig überzeugenden Versuch, der Trennung von Privat- und Handelsvermögen durch eine Verdoppelung der Rechtssubjekte in der Person des Inhabers, verkörpert einmal durch seinen bürgerlichen Namen, im andern Fall durch die Firma, zur Seite zu stellen, unternahm *Kuntze,* ZHR 6, 197 ff.

[36] *Bekker,* Zweckvermögen, insbesondere Peculium, Handelsvermögen und Aktiengesellschaften, ZHR 4, 1861, S. 499—567. Vgl. dazu auch *Lesse,* Dt. Gerichtszeitung 1863, S. 192 ff.

[37] S. 499. [38] S. 540. [39] S. 553 f.

Auf der Grundlage solcher Überlegungen konzipiert *Bekker* eine Theorie vom Handelsvermögen als abhängigem Zweckvermögen[40]. Ähnlich wie *Brinz* rückt er anstelle des Menschen die einem speziellen Zweck gewidmete Vermögensmasse ins Zentrum seiner Lehre. Die Firma ist der Name des Handelsvermögens, seine innere Einheit wird vor allem durch die „Zwecksatzung" begründet[41], die Bücher geben seinen jeweiligen Bestand wieder. Menschen treten in doppelter Funktion auf: einerseits als „Herren", andererseits als „Verwalter" des Zweckvermögens[42]. Beide können identisch sein. Herren sind entweder ein oder mehrere Eigentümer oder die Inhaber von verbrieften Mitgliedschaftsrechten, wie bei der Aktiengesellschaft. Eigentum und Forderungen werden für das Handelsvermögen erworben, d. h. sie stehen zwar den Herren zu, aber so, daß sie, von deren übrigen Vermögensgegenständen scharf gesondert, regelmäßig im Verband des Handelsvermögens verbleiben. Für die Schulden des Handelsvermögens haften die Herren mit ihrem Privatvermögen bald nur subsidiär, bald gar nicht. Auf diesem Unterschied beruht die Unterscheidung zwischen mehreren Arten von Handelsgesellschaften, während sich diese im übrigen in allen wesentlichen Eigenschaften gleichen[43].

In einer späteren Arbeit[44] analysiert *Bekker* die Beziehungen zwischen den Herren und dem Handelsvermögen noch genauer: je nach dem Inhalt der Zwecksatzung gehören die Rechte und Pflichten, die der den Zweck setzende Herr begründet, entweder unmittelbar zu dessen Vermögen, oder sie gehören zwar dazu, genießen aber eine Sonderstellung, oder sie werden ganz aus ihm gelöst[45]. Bei den Personalgesellschaften gilt die zweite Variante, und auch beim Einzelkaufmann würde die Identität der Zwecke konsequenterweise zu einer solchen Auffassung führen. Wenn sich die Praxis einstweilen noch hiergegen sträube, so liege das vermutlich daran, daß die Trennung unbequem sei und zu Zweifeln Anlaß gebe[46]. Bei der Aktiengesellschaft hingegen sei das Vermögen vollständig von dem der Herren getrennt, es diene allein dem festgelegten Gesellschaftszweck. Es bilde ein „selbständiges Zweckvermögen"[47]. Die Gesellschaft der Aktionäre und die Verwaltung bilden den Apparat, mittels dessen die gesetzten Zwecke verwirklicht werden[48]. Zwecksetzung und Apparat sind für *Bekker* aber die Merkmale der juristischen Person[49]. Deshalb anerkennt er nunmehr im Gegensatz zu früher ausdrücklich die juristische Persönlichkeit der Aktiengesellschaft. Von den meisten wird sie als Korporation bezeichnet, aber sie ist „mit den Stiftungen zumindestens ebenso nahe verwandt" und kann daher auch als eine „besondere Spezies zwischen diesen und jenen Platz finden"[50].

---

[40] S. 555 f.

[41] Über die Zwecksatzung vgl. vor allem die spätere Arbeit von *Bekker*, Zur Lehre vom Rechtssubjekt, Dogmatische Jahrbücher Bd. 12, 1873, S. 60 ff.

[42] S. 555.

[43] S. 556.

[44] Dogmat. Jahrb. 12, S. 1 ff.

[45] S. 69 ff.

[46] S. 72.

[47] S. 88 ff., 97 f.

[48] S. 102.

[49] S. 105.

[50] So in Pandekten Bd. 1, S. 262.

Es ist hier nicht der Ort, die Wirksamkeit von *Bekkers* Zweckvermögenstheorie als Lehre von der juristischen Person zu verfolgen[51]. Die Handelsrechtswissenschaft seiner Zeit griff vor allem ihre Voraussetzungen an. Namentlich Ferdinand *Regelsberger*[52] wandte ein, das geltende Recht biete zu wenig Anhaltspunkte, das Handelsvermögen als ein in sich geschlossenes Zweckvermögen mit rechtlicher Selbständigkeit zu begreifen. Auch de lege ferenda sei die Figur als beherrschendes Prinzip nicht akzeptabel, denn die Erfahrung spreche dagegen, daß im Verkehr ein Handelsgeschäft in jeder Hinsicht als ein „einheitliches Ganzes von bestimmtem Inhalt und Umfang behandelt" werde. Wenn ein Kaufmann sein Handelsgeschäft aufhebe und seinen Laden oder sein Büro schließe, so sei das Geschäft verschwunden, obgleich die Warenvorräte, Forderungen und Verbindlichkeiten aus dem Geschäftsbetrieb noch vorhanden seien. Auch geben die Bücher keinen ganz zuverlässigen Aufschluß über die wirkliche Bilanz des Unternehmens, denn diese setze eine einwandfreie Buchführung voraus, was nur beurteilt werden könne, wenn die Personen bekannt sind, die das Geschäft leiten[53].

5. Die Lehre Endemanns und ihre Kritik

Indessen war *Bekker* mit seiner Beurteilung der Rechtswirklichkeit auch nicht allein. Zur Seite steht ihm namentlich Wilhelm *Endemann*, dessen Beobachtungen noch heute so frisch wirken, daß es sich lohnt, sie im Wortlaut zu zitieren:[54]

> „Der gewerbsmäßige oder kaufmännische Betrieb setzt eine Anstalt voraus, welche diesen Betrieb bezweckt und ermöglicht. Das ist das Geschäft ...
>
> Das Geschäft ist der Komplex der nicht bloß für den Handel bestimmten (toten) Produktivmittel, sondern der in Bewegung befindlichen, tätigen Kapitale und Arbeitskräfte. Das Wesen des Geschäfts erschöpft sich daher nicht in dem Begriff eines Konglomerats von Vermögensstücken. Das Geschäft hat zunächst den Zweck, seinem Inhaber als Quelle des Gewinns oder Einkommens zu dienen. Zugleich aber dient es der Produktion und allen ihren Zwecken im Ganzen. Es ist ein Glied und Organismus des Verkehrslebens und insofern mehr als bloßes Produkt der Willkür und bloßes Objekt dinglicher oder persönlicher Berechtigung. Nach der Auffassung des Handels hat das Geschäft sein eigenes Leben. Der Inhaber oder Prinzipal ist häufig, und mitunter nicht einmal das, nur der Kopf oder die Seele des Geschäfts. Das Geschäft hat seinen eigenen Charakter und Gang, der keineswegs immer von dem Belieben des Inhabers diktiert wird. Dem Geschäft, nicht der Person des Prinzipals, widmen die

[51] Vgl. die zusammenfassende Kritik von H. J. *Wolff* in Organschaft und juristische Person Bd. 1, S. 52 ff.

[52] ZHR Bd. 14, S. 13 ff.

[53] S. 15 f., vgl. auch *Simon*, ZHR 24, S. 115 ff.

[54] *Endemann*, Das Deutsche Handelsrecht; hier wird die 2. Aufl., 1868, zitiert.

Gehilfen, ja der Prinzipal selbst, ihre Kräfte. Das Geschäft macht den Kaufmann, nicht umgekehrt. Das Geschäft als solches, nicht der Kaufmann ist es, was in den bei weitem meisten Fällen die Neigung Dritter bestimmt, in Verkehr zu treten. Das Geschäft ist der eigentliche Träger des Kredits"[55].

Endemann sieht, daß seine Auffassung dem Individualismus des römischen Rechts fremd bleiben mußte. Ihre Wurzel erblickt er in der christlich-kanonischen Idee, daß es Arbeit gibt, die sich einem Zweck unterordnet, ohne unfrei zu machen, ähnlich wie auch das Ethos des Beamten die Unterordnung seiner Person unter den Dienst in der menschlichen Gesellschaft fordert[56]. Den Beweis ihrer Geltung im positiven Recht kann auch er nicht lückenfrei führen, obwohl er an mehreren Stellen mit ihrer Hilfe das ADHGB sinnvoll erklärt[57]. Auf die Schwierigkeit, seine Lehre mit einer Theorie der juristischen Person zu untermauern, läßt er sich nicht ein, sondern wehrt sich ein wenig verächtlich dagegen: das Geschäft ist für ihn ein „Verkehrssubjekt", „gleichviel, ob die juristische Doktrin dafür einen Namen weiß"[58]. An anderer Stelle nennt er es „ein selbständiges Verkehrswesen"[59]. Dagegen sind die Begriffe des Rechtssubjekts und der juristischen Person anscheinend mit Absicht vermieden.

Gefolgschaft fand *Endemann* in Oskar *Wächter*[60], Agapetus *Mommsen*[61] und Otto v. *Völderndorff*[62], während sich die anderen Autoren auf den Boden der üblichen Lehren stellten. Zu ihrem Sprecher macht sich Paul *Laband* in einer Rezension über Endemanns Buch[63]. „Vom wirtschaftlichen und kultur-historischen Standpunkte aus", so schrieb er[64], „mag der Zweck oder der Beruf wichtiger sein als die Person, mag es gerechtfertigt sein, das Individuum als bloßen Träger oder Diener der Familie, der Bodenkultur, des Handelsverkehrs, der Wissenschaft usw. aufzufassen, für die rechtliche Auffassung ist die „Persönlichkeit"[65] die oberste Einheit aller Lebensbeziehungen, sie ist unteilbar für das Individium wie die Souveränität für den Staat, und es heißt nicht juristisch konstruieren, sondern national-ökonomi-

---

[55] S. 76 f. [56] S. 77. [57] Vgl. die Ausführungen, S. 85 ff., 130, 161 ff.

[58] S. 85. [59] S. 84.

[60] Das Handelsrecht nach dem Allgemeinen Deutschen Handelsgesetzbuch, 1. Teil, S. 36 Anm. 1.

[61] Buschs Archiv Bd. 32, 1875, S. 201 ff., (209 ff.).

[62] In *Endemanns* Handbuch des Handels-, See- und Wechselrechts, Bd. I, S. 181; noch zögernd in *Anschütz-Völderndorff*, Kommentar zum ADHGB, S. 135, wo eine nicht ganz klar durchgeführte Theorie der begrenzten Rechtsfähigkeit des Handelsgeschäfts vertreten wird. Vgl. ferner die Diskussionsbeiträge von *Makower*, *Pann* und *Küchendahl* zum 15. Dt. Juristentag 1880, Verhdlgn. Bd. 2, S. 134 f., 144, 150. Unklar *Anonymus*, ZHR 26, 9; Obertribunal Berlin, Urteil vom 1. 11. 1866, Buschs Archiv Bd. 12, S. 232.

[63] ZHR Bd. 8, 1865, S. 643 ff.; vgl. auch ders. ZHR 31, 1885, S. 1.

[64] S. 647.

[65] Bezeichnenderweise noch von *Laband* in Anführungszeichen gesetzt.

schen Begriffen zuliebe juristisch dekonstruieren, wenn man einzelne Beziehungen des Individuums aus dieser Einheit löst und ein besonderes Verkehrswesen aus ihnen macht". Die von *Endemann* behauptete Rechtssubjektivität des Geschäftes sei „ein Attentat gegen die Integrität des Persönlichkeitsbegriffs"[66]. Mit seiner Lehre sei überdies für die Dogmatik des Handelsrechts nichts gewonnen. Letzteren Einwand machte sich ausführlicher *Regelsberger* in seiner bereits erwähnten Abhandlung zu eigen[67]. Wer das Handelsgeschäft als selbständiges Rechtssubjekt zur juristischen Person erhebt, anerkennt nach seiner Meinung notwendig eine Reihe von Regeln für das geltende Recht. Er muß akzeptieren, daß die Firma als solche ins Grundbuch eingetragen wird, daß die Gesellschaftsgläubiger sich nur an den jeweiligen Firmeninhaber halten können, daß sich dessen Haftung auf das Geschäftsvermögen beschränkt und schließlich, daß jedermann durch die Gründung eines Handelsgeschäfts einen erheblichen Teil seines Vermögens dem Zugriff der Privatgläubiger entziehen kann. Da diese Sätze im geltenden Recht keine Stütze fänden, erweise sich *Endemanns* Lehre als falsch[68]. Auch Otto v. *Gierke* sieht in der „personenrechtlichen Verbundenheit der Subjekte das die rechtliche Daseinsform jeder „Handelsgesellschaft bedingende und bestimmende Grundelement", aus dem auch die „dem gesellschaftlichen Zusammenhang entsprechende Vermögensgemeinschaft ihre charakteristischen Züge" empfängt[69]. Die objektive Einheit des Handelsgesellschaftsvermögens ist ihm nur „Niederschlag und Abbild der subjektiven Einheit der Handelsgesellschaft"[70]. Auf der anderen Seite betont *Gierke* aber, daß die Theorie in dem berechtigten Kampf gegen Auffassungen, welche das Geschäft zum Rechtssubjekt erheben, neuerdings zu Unrecht in das entgegengesetzte Extrem verfalle[71]. Auch arbeitet er das anstaltliche Moment heraus, das den Aktiengesellschaften innewohnt[72].

6. Zusammenfassung: Die historischen Ursprünge der herrschenden Lehre

Der historische Exkurs verfolgte die doppelte Absicht, den geschichtlichen Standort des dogmatischen Systems darzulegen, auf dem das Handelsgesetzbuch und die heute noch herrschende Lehre beruhen und zugleich Argumente für die Neubesinnung zu sammeln, zu der uns die gegenwärtige

---

[66] S. 647. Ähnlich auch *Stobbe*, Handbuch des Deutschen Privatrechts, Bd. 1, 2. Aufl., S. 388.

[67] ZHR 14 (1870), S. 1 ff. (12 f.).

[68] Ähnlich auch *Behrend*, Lehrbuch des Handelsrechts, Bd. 1, S. 204 Anm. 6, ferner *Canstein*, Buschs Archiv Bd. 21, S. 226 ff.; *Lastig*, *Endemanns* Handbuch des Deutschen Handels-, See- und Wechselrechts Bd. 1, S. 334.

[69] *Gierke*, Genossenschaftstheorie, S. 456. Vgl. auch Genossenschaftsrecht Bd. 1, S. 981 ff., Bd. 2, S. 973 f.

[70] S. 456.

[71] S. 456 Anm. 1. Vgl. auch: Die soziale Aufgabe des Privatrechts, S. 40.

[72] Genossenschaftsrecht Bd. 1, S. 991 ff. (insbes., S. 1012—1014).

Lage des positiven Rechts nötigt. Vergegenwärtigen wir uns die Fronten, an denen gekämpft wurde, so läßt sich kaum leugnen, daß sich die Vertreter der siegreich gebliebenen Meinung von vornherein in der stärkeren Position befanden. Da die Wissenschaft vom Handelsrecht zu Beginn der Auseinandersetzungen in Deutschland noch ganz in den Kinderschuhen steckte und sich aus der Flasche des römischen und französischen Rechts nährte, war es nahezu unvermeidlich, die Denkfiguren zu übernehmen, welche sie dort vorfand, d. h. die Lehren von der societas und universitas und die darauf fußende Unterscheidung der drei Gesellschaftsarten im Code de Commerce. Es entsprach dem natürlichen Entwicklungsgefälle, daß die Wissenschaft zunächst alle Kräfte darauf konzentrierte, die Tragweite dieser Figuren zu klären und die Realität mit ihrer Hilfe zu bewältigen, ohne sich prinzipiell anderen Lösungsvorschlägen zuzuwenden. Man wollte nicht die gesicherte Tradition preisgeben, um noch unbestimmten „aus der Natur der Sache abstrahierten deutsch-rechtlichen Grundsätzen" zu folgen, wie *Hassenpflug* forderte. So schwenkte die herrschende Lehre alsbald auf ein vorgezeichnetes Schema ein, ohne daß die Frage ausdiskutiert wurde, ob es der sozialen Realität gerecht bzw. besser gerecht werde als die Gegenmeinung.

In diesem Schema war für die Verselbständigung oder gar Personifikation des Unternehmens kein Platz. Aus den geltenden Gesetzen konnten dafür keine überzeugenden Gründe ins Feld geführt werden, zumal sie unverkennbar, das Allgemeine Landrecht auch ausdrücklich, von der Vorstellung beherrscht waren, die „Handlung" stehe im Eigentum des Unternehmers. Das Institut der Firma, welches die Trennung des Unternehmensbereichs vom Privatvermögen des Kaufmanns am ehesten sinnfällig machte, war dogmatisch über Anfänge noch nicht hinausgelangt, so daß noch nicht einmal endgültig feststand, ob sich ein Einzelkaufmann überhaupt einer Firma bedienen dürfe. Die Figur der universitas, die allein die juristische Selbständigkeit gewährte, kam für die Handelsgesellschaften zunächst nicht in Betracht. Für sie galt das Dogma der Haftungsbeschränkung, und die herrschende Lehre leitete daraus den Rechtssatz ab, sie könne nur mit staatlicher Genehmigung gegründet werden, eine für die Mehrzahl der Unternehmen ganz undiskutable Voraussetzung. Noch während der Vorberatungen zum ADHGB war ja, wie wir sahen, zweifelhaft, ob auch nur der Aktiengesellschaft die Eigenschaft einer juristischen Person zuzubilligen sei, und erst der Übergang vom Konzessionssystem zum System der gesetzlichen Normativbedingungen in der Novelle von 1870 ebnete endgültig den Weg, sie als selbständigen Rechtsträger anzuerkennen. Ob nicht auch bei der Figur der universitas das Gewicht zu stark auf der personenrechtlichen Verbindung der Mitglieder liege und die sachliche Komponente des Unternehmens zu wenig berücksichtigt werde, brauchte bei dieser Lage nicht weiter erörtert zu werden.

Gleichwohl fällt auf, daß sich weder *Hassenpflug* noch *Bekker* und *Endemann* für ihre Lehre auf die für unser Auge naheliegenden Figuren der rechtsfähigen Stiftung und Anstalt[73] berufen, die von den Zeitgenossen auch als universitates bonorum bezeichnet wurden[74]. Die Lücke ist wiederum aus historischen Gründen zu erklären[75]. Die Stiftung diente seit alters dazu, die aus frommer Gesinnung für einen kultischen oder caritativen Zweck gespendeten Vermögenswerte ihrer Bestimmung nutzbar zu machen. Im Zeitalter der Aufklärung und Säkularisation hatte sie einen schweren Niedergang erfahren, denn man konnte die religiöse Motivation der Stifter nicht mehr nachvollziehen und stand daher auch einem Rechtsinstitut fremd gegenüber, in dem sich dessen Wille, geknüpft an eine tote Vermögensmasse, gegenüber den wechselnden Umständen durchsetzen sollte[76]. Auch hatte man Einwände gegen ihre Anerkennung als juristische Person, die einmal auf die Skepsis des Polizeistaats gegenüber allen Zentren der Selbstverwaltung zurückzuführen waren und zum anderen der als Frucht der Aufklärung weitverbreiteten Überzeugung entsprachen, daß nur einer Vereinigung natürlicher Personen die Qualität einer persona moralis zukommen könne[77]. Vor allem aber hatte der Staat um die Wende des 18. Jahrhunderts den größten Teil der Stiftungsvermögen konfisziert[78]. Erst allmählich erholte sich das Stiftungsrecht von diesen Schlägen und gelangte zu einer neuen, in sich geschlossenen Lehre. Es war nötig, ihren Unterschied gegenüber der Körperschaft neu zu durchdenken und die Gründe zu formulieren, weshalb sie trotz dieses Unterschieds juristische Person sein könne[79]. Vor allem aber beharrte man zunächst darauf, daß Stiftungen nur zu kultischen und mildtätigen Zwecken errichtet werden dürften, und es kostete einen langen Kampf, bis geklärt war, daß sie wenigstens auch für allgemein kulturelle Aufgaben, wie etwa die Unterhaltung einer Kunstsammlung, zur Verfügung standen[80]. Aus all diesen Gründen konnte die Stiftung als Vorbild für eine Verselbständigung des Unternehmens nicht in Betracht kommen, und es hätte *Hassenpflug* und seinen Nachfolgern vermutlich eher geschadet als genützt, sich auf sie zu berufen. Daß die Figur der Anstalt nicht mit dem Unternehmen in Verbindung gebracht werden konnte, findet seine Erklärung in dem Umstand, daß ein Anstaltsbegriff mit spezifischem rechtlichen Inhalt erst in der zweiten Hälfte des 19. Jahrhunderts heranreifte[81]. Vorher war er nur in einem ganz untechnischen

---

[73] Bei *Bekker* klingt dieser Gedanke ganz spät an, siehe oben, S. 75.

[74] *Puchta* Pandekten, 2. Aufl., S. 36 ff., *Stobbe*, Handbuch des Deutschen Privatrechts, 2. Aufl., Bd. 1, S. 384.

[75] Die folgenden Ausführungen beruhen auf Hans *Liermann*, Handbuch des Stiftungsrechts, Bd. 1, Geschichte des Stiftungsrechts.

[76] Vgl. *Liermann*, S. 169 ff.

[77] Nachweise bei *Liermann*, S. 233 ff.

[78] *Liermann*, S. 199 ff.

[79] *Liermann*, S. 233 ff.

[80] Die Frage wurde im berühmten Städelschen Erbfall aktuell und im Zusammenhang mit ihm ausgetragen. Vgl. *Liermann*, S. 250 ff.

[81] Siehe unten S. 168.

Sinn üblich und wurde bald rein verbal gebraucht[82], bald zur Bezeichnung gewisser öffentlicher oder kirchlicher Einrichtungen wie Armen- und Krankenanstalten[83], die man juristisch als nicht besonders definierte Unterarten der Stiftung verstand[84].

Das Allgemeine Deutsche Handelsgesetzbuch fixierte den in der ersten Häfte des Jahrhunderts geschaffenen Zustand, so daß die Gegenvorschläge von nun an keine ernsthafte Chance mehr hatten. *Bekkers* und *Endemanns* Lehre scheiterten vor allem am mangelnden Rückhalt im geltenden Recht. Sie konnten die Einwände, die namentlich *Regelsberger* erhob, mit Argumenten de lege lata nicht entkräften. Mit einem gewissen Recht können wir daher behaupten, das im Handelsgesetzbuch verkörperte dogmatische System gehe auf ein negatives Moment zurück, nämlich auf den Mangel an anderen ausgebildeten Rechtsfiguren, die man als geeignet ansehen konnte. Wir haben es nicht mit der Frucht eines intensiv ausgefochtenen Kampfes um die richtige Erfassung der Rechtswirklichkeit und die beste Gestaltung des ihr dienenden Rechts zu tun, sondern mit einem Zeugnis der Unselbständigkeit des Handelsrechts gegenüber dem römischen Recht im 19. Jahrhundert.

Indessen wäre es falsch, die Entwicklung nur als ein Produkt des historischen Zufalls anzusehen: Sie entsprach dem Geist des Jahrhunderts, das unter dem Einfluß des Idealismus und der Romantik sich nicht ohne Grund im Individualismus des römischen Rechts wiedererkannte. Schon *Hassenpflug* deutete diesen Hintergrund der Auseinandersetzung an, wenn er schrieb, das Institut der Firma als der Bezeichnung eines Handelshauses sei dem römischen Recht fremd und dürfe daher nicht nach dessen Prinzipien behandelt werden. *Endemann* bringt ihn mit seiner Berufung auf die christlich-kanonische Idee des Dienstes als eines Gegensatzes zur römischrechtlichen Lehre voll zum Bewußtsein. Vor allem aber ist *Labands* prinzipielle Ablehnung der Lehre von *Endemann* daraus zu erklären. Die Verselbständigung des Unternehmens war nicht akzeptabel, weil sie dem Ideal der freien Persönlichkeit widersprach, dem die Zeit huldigte und dem sich auch die Rechtswissenschaft verpflichtet fühlte. Daher erklärt *Laband* die Personifikation des Unternehmens nicht etwa für denkunmöglich, sondern hält sie für die Absichten eines Nationalökonomen oder Kulturhistorikers für brauchbar. Nur der Jurist, der mit dem zeitgenössischen Recht umgeht, darf sich nicht zu ihr bekennen, denn sie stellt ein „Attentat auf die Integrität des Persönlichkeitsbegriffs“ dar. Selbst Otto v. *Gierke*, dessen Lebens-

---

[82] So, wenn z. B. das PrALR den Staat verpflichtete, „Anstalten zu treffen, wodurch der Nahrungslosigkeit seiner Bürger vorgebeugt und der übertriebenen Verschwendung gesteuert werde“ (PrALR § 6 II, 19; vgl. auch z. B. § 10 II, 17, § 1 II, 12 u. a.).

[83] z. B. PrALR § 42 II, 19.

[84] *Puchta*, Pandekten, 2. Aufl., S. 38, *Savigny*, System des heutigen römischen Rechts, Bd. 2, S. 243 ff.

werk in weiter Distanz von solchem Individualismus den sozialen Gestaltungskräften des Rechts gewidmet war, sah in der personenrechtlichen Verbundenheit der Gesellschafter das kennzeichnende Element der Unternehmen. So ist es das Menschenbild des 19. Jahrhunderts, das wir als die zweite Quelle unserer Dogmatik des Handels- und Gesellschaftsrechts erkennen. Sie ist die juristische Konkretisierung des hohen Leitbilds von der freien, schöpferischen Unternehmerpersönlichkeit.

7. Abschnitt

DIE HISTORISCHE RELATIVITÄT DER HERRSCHENDEN LEHRE

1. Die historische Bedingtheit der juristischen Hauptargumente

Die historische Analyse hat uns der Kräfte und Argumente ansichtig werden lassen, die zur Ausbildung der dogmatischen Vorstellungen geführt haben, auf denen das Handelsgesetzbuch und die heute noch herrschende Lehre beruhen, und sie hat uns auf der anderen Seite die Gedanken wieder nahe gebracht, mit denen die Vertreter der unterlegenen Gegenmeinung ihre Position zu begründen und verteidigen suchten. Im folgenden gilt es, die Argumente aus dem Blickwinkel unserer Zeit von neuem zu prüfen, denn dabei wird sich zeigen, inwiefern sich die Akzente inzwischen verschoben haben und welches Gewicht die Gründe noch heute besitzen, in denen die herrschende Lehre wurzelt.

Eine Anzahl von Streitpunkten in der historischen Auseinandersetzung besitzt für die Gegenwart offensichtlich keine Relevanz mehr. Zweifellos haben sich seit dem Inkrafttreten des BGB Privatrecht und Rechtswissenschaft so weit vom römischen Recht entfernt, daß wir keine Veranlassung sehen, dessen überliefertem Figurenschatz zuliebe auf eine moderne, die Realität des Unternehmens in unserer sozialen Umwelt widerspiegelnde Lehre zu verzichten. Wir brauchen die Rechtsinstitute der societas und universitas nicht mehr als Vorbild für unser dogmatisches Bauwerk zu betrachten, wenngleich wir sie natürlich auch nicht leichtfertig preisgeben werden. Überholt ist ferner die Lehre, wonach die Rechtsfähigkeit an juristische Personen nur vom Staat verliehen werden kann. Wo die Konzession nach geltendem Recht noch erforderlich ist, wie etwa beim wirtschaftlichen Verein und bei den Stiftungen, handelt es sich um Ausnahmefälle, die systematisch nur eine untergeordnete Rolle spielen. Überdies wird für die Stiftungen de lege ferenda fast einmütig die Forderung erhoben, die Konzession an gesetzlich fixierte Bedingungen zu knüpfen[1], womit sie dem für die Handelsgesellschaften geltenden Normativsystem weitgehend angeglichen würden. Die zur Gründung öffentlich-rechtlicher Unternehmen häu-

---

[1] Vgl. *Ballerstedt*, Gutachten zum 44. Dt. Juristentag, S. 43 f.; *Mestmäcker*, Referat auf dem 44. Dt. Juristentag, S. G 22; vgl. auch die Mitteilung über das Ergebnis einer Abstimmung über diese Frage ebenda, Anlage 3; *Soergel-Schultze v. Lasaulx*. Vorbemerkung 50 vor § 80 BGB; Studienkommission des Deutschen Juristentags in ihrem Bericht S. 17.

fig erforderliche Genehmigung der Aufsichtsbehörde[2] hat weniger mit der Verleihung der Rechtsfähigkeit als mit der öffentlichen Aufgabe dieser Institute und den ihnen verliehenen Hoheitsbefugnissen zu tun[3]. Drittens ist schließlich mit dem Argument, die juristische Personifikation habe notwendig eine Haftungsbeschränkung zur Folge, heute nichts mehr anzufangen, denn es ist, wie die Forschung unseres Jahrhunderts geklärt hat, schlichtweg falsch[4]. Es trifft im Privatrecht weder für die Kommanditgesellschaft auf Aktien zu, für deren Verbindlichkeiten die Komplementäre unbeschränkt persönlich haften[5], noch für die Genossenschaften, deren Mitglieder der gesetzlichen Nachschußpflicht unterliegen[6]. Bei den Unternehmen des öffentlichen Rechts gilt es nicht namentlich für die Sparkassen[7].

Auf einen weiteren Gesichtspunkt: die unter den Kaufleuten selbst herrschenden Ansichten beriefen sich beide Parteien. Den sachlichen Kern, um den es hier ging, brachte am eindrucksvollsten *Endemann* mit der Behauptung zum Ausdruck, der Kaufmann verstehe sich selbst nur als Diener oder Organ des Geschäfts, das als selbständiges Verkehrswesen sein eigenes Leben führe. Indessen wurde die Frage in Wirklichkeit gar nicht ernsthaft ausgetragen, vielmehr griff jeder Autor nur die für seine Meinung sprechenden Einzelbeobachtungen auf, um seine Position zu verstärken. Mit Hilfe empirischer Sozialforschung wissenschaftliche Lehrmeinungen zu verifizieren, lag der Zeit gänzlich fern, und sie hätte dazu auch nicht über ausreichende Instrumente verfügt. Wenn sie sich auf die im Wirtschaftsleben herrschenden Meinungen und Gebräuche bezog, geschah es um der pragmatischen Selbstkontrolle abstrakt dogmatischer Überlegungen willen. Deshalb kam solchen Behauptungen schon damals im strengen Sinn kein Beweiswert zu. Für uns sind sie heute erst recht nicht mehr bindend. Aber es lohnt sich, der Frage einen Augenblick nachzugehen, was von analogen Überlegungen in der Gegenwart zu erwarten wäre. Natürlich wäre bei einer Meinungsbefragung zu bedenken, daß die Menschen oft ihre Wunschvorstellungen oder Interessen nicht genügend von dem zu unterscheiden vermögen, was für alle gerecht oder zweckmäßig ist. Deshalb könnte die Meinung der Betroffenen auch heute nicht als der maßgebliche Faktor der Rechtsgestaltung anerkannt werden. Ungeachtet solcher Vorbehalte dürften jedoch die Anzeichen dafür sprechen, daß sich die Zahl der Kaufleute vermehrt hat, die ihre Tätigkeit nicht als die Entfaltung der Kraft einer schöpferischen Persönlichkeit verstehen, sondern als Dienst an der Aufgabe, ein Unternehmen zur Entfaltung zu bringen. Viele Selbst-

---

[2] Vgl. z. B. § 1 Abs. 3 SparkassenG Nordrhein-Westf.; § 1 nds. SparkassenG usw.

[3] Vgl. *Forsthoff*, Verwaltungsrecht, S. 446, 468, *Twiehaus*, Die öffentlich-rechtlichen Kreditinstitute, S. 38, der Verleihung der Rechtsfähigkeit und des öffentlichrechtlichen Status als gleichwertige Gründe nebeneinander erwähnt.

[4] *Schreiber*, Die Kommanditgesellschaft auf Aktien, S. 28 ff.; *Müller-Freienfels*, AcP 156, S. 528; *Soergel-Schultze v. Lasaulx*, Vorbem. 1 vor § 21 BGB.

[5] § 278 AktG 1965.

[6] §§ 2, 105 GenG.

[7] Siehe oben, S. 64.

zeugnisse angesehener Wirtschaftsführer lassen sich als Beleg dafür beibringen[8], und nicht zuletzt spricht die im 1. Kapitel beobachtete Tendenz der Kautelarpraxis, die Unternehmen zu verselbständigen, und die darin wirkenden Motive für eine solche Vermutung.

2. *Labands Begründung aus der Integrität des Persönlichkeitsbegriffs*

Lassen sich solche Beobachtungen als Indizien, nicht jedoch als entscheidende Argumente verwerten, so bleibt der Gesichtspunkt, den *Laband* unter dem Stichwort in die Diskussion eingeführt hat, die Verselbständigung des Unternehmens sei ein Attentat auf die Integrität des Persönlichkeitsbegriffs. Das etwas phrasenhafte Pathos, mit dem er dieses Argument vorträgt, darf uns nicht darüber hinwegtäuschen, daß er mit ihm das Problem in einen umfassenden geistigen Zusammenhang hineinstellt, über dessen Bedeutung wir Rechenschaft ablegen müssen. Um festen Boden zu gewinnen, ist es allerdings notwendig, zu präzisieren, was er mit der Verpflichtung der Jurisprudenz auf den Persönlichkeitsbegriff gemeint haben kann.

Sofern der Einwand besagen sollte, daß nur das menschliche Individuum Person sei und daher Rechtssubjekt sein könne, wofür der Wortlaut immerhin spricht, war er offenkundig falsch und nur als bewußte Übertreibung erklärlich. Denn die rechtliche Existenz der juristischen Personen, für welche die Vorstellung von der Integrität der Persönlichkeit allenfalls in einem übertragenen Sinn gelten kann, war auch zu *Labands* Zeit so wenig zweifelhaft wie heute. Mit einem gewissen Recht konnte *Laband* nur die Meinung vertreten, der für das Recht verbindliche Persönlichkeitsbegriff erfordere, daß nur körperschaftlich organisierte Vereinigungen mit eigener Rechtsfähigkeit ausgestattet würden, weil in ihnen die personhafte Verbindung der Mitglieder den entscheidenden Integrationsfaktor bilde. War seine Kritik so gemeint, so stellte er sich in die Reihe der Rechtsdenker, die seit der Aufklärung personifizierte Vermögensmassen für eine juristische Mißgeburt erklärt hatten. Zweifellos kam diese Ansicht auch noch der Philosophie des Liberalismus und Individualismus seiner Zeit nahe. Allein auch sie war für die Rechtsdogmatik schon damals unhaltbar, denn die Figur der Stiftung als eines nicht körperschaftlich organisierten Verbandes war trotz ihres Niedergangs nie in Vergessenheit geraten. Heute kann der Gedanke noch weniger Resonanz finden. Denn schon bald nach *Labands* Angriff setzte sich in der Figur der rechtsfähigen öffentlichen Anstalt von neuem das Bedürfnis nach einer sach- und funktionsbezogenen juristischen Person durch, deren Bedeutung seitdem ununterbrochen wuchs, und die heute zu den wichtigsten Organisationsformen des Verwaltungsrechts gehört[9]. Konnte sich *Laband* daher noch auf eine gewisse wissenschaftliche Tradition für seine Ansicht berufen, so ist sie heute schlechter-

---

[8] Vgl. aus jüngster Zeit etwa die Gebrüder *Pieroth* (Notiz aus „Die Zeit" vom 9. August 1968 S. 21).

[9] Vgl. unten, S. 168.

dings überholt. Freilich ist seine Position damit noch nicht endgültig erschüttert. Er hätte argumentiert, gerade beim Unternehmen sei — im Gegensatz zu den Anstalten des öffentlichen Rechts — die Person des Kaufmanns oder der personenrechtliche Verband der Gesellschafter das juristisch allein Wesentliche, während alle übrigen Bestandteile und Elemente nur untergeordneten Rang besitzen, die allenfalls als Erscheinungen der Dingwelt, das heißt juristisch als Rechtsobjekte zu betrachten seien.

3. *Die Bedeutung der Persönlichkeit für das Unternehmen*

Es bedarf keiner Begründung, daß wir hier auf den Kern der Vorstellungen stoßen, die für die Ausformung des Handelsrechts im 19. Jahrhundert bis hin zum HGB maßgeblich waren. Gewisse Anzeichen sprechen auch dafür, daß sie den Zustand der sozialen Realität einigermaßen richtig wiedergaben. Vor uns ersteht das Bild der bürgerlich-liberalen Wirtschaftsgesellschaft, in welcher der Eigentümer-Unternehmer König seines Unternehmens war. Wir haben es noch mit den mittelgroßen Fabriken und Handelshäusern zu tun, die — obgleich dynamisch und vorwärtsstrebend — doch über einen begrenzten Wirkungskreis nicht hinausgewachsen waren. Sie konstituierten sich gewöhnlich in der Rechtsform des Einzelunternehmens oder der Personalgesellschaft, und das bedeutete, daß sich ihre Leitung ganz in den Händen der Eigentümer konzentrierte, welche die unumschränkte Herrschaft ausüben konnten. Angesichts der Überschaubarkeit der Verhältnisse waren die Eigentümer auch de facto imstande, die Fäden vollständig in der Hand zu behalten. Geschäftsführung mit Hilfe sachkundiger Dritter war im Normalfall nicht nötig. Auch das Verlustrisiko traf regelmäßig in vollem Umfang die Eigentümer. Anders lagen die Dinge nur bei den Aktiengesellschaften, die, so wichtig sie für die großen Unternehmen und das Wirtschaftsgeschehen im ganzen bereits waren, der Zeit noch nicht das Gepräge verliehen. Von unternehmensexternen Mächten wurde die Herrschaft der Eigentümer nicht ernstlich beeinträchtigt, und auch die Arbeiter besaßen noch keinerlei Einfluß, sondern wurden wie Waren behandelt, über die man verfügt. Endlich beschränkte sich der liberale Staat darauf, einen äußeren rechtlichen Rahmen für das Wirtschaftsgeschehen zu setzen, der die private Initiative nur am Rande berührte. So war das Unternehmen in der Tat ein fast unbegrenztes Wirkungsfeld schöpferischen Gestaltungsvermögens der Eigentümer-Unternehmer, und es ließ sich nicht ganz zu Unrecht behaupten, daß es allein in ihrer Person lebt und sich integriert.

Seitdem sind nahezu hundert Jahre verflossen und in dieser Zeit hat das Wirtschaftssystem einen grundlegenden strukturellen Wandel erfahren, der sich auch auf den Charakter der Unternehmen auswirkte. Wir können hier nur die wichtigsten Kennzeichen dieses Umbruchs stichwortartig andeuten und verweisen im übrigen auf die schon in der Einleitung[10] dazu

[10] oben, S. 4, 7 f.

genannte wirtschaftswissenschaftliche Literatur. Die technische Revolution machte eine Vergrößerung der Betriebsstätten und des Produktionskapitals erforderlich, die sich in einer entsprechenden Expansion der Unternehmen auswirken mußte Zum gleichen Effekt trug die weltweite Ausdehnung des Handels im beginnenden Zeitalter der Weltwirtschaft bei. Das wirtschaftliche Schwergewicht verlagerte sich infolgedessen auf die Kapitalgesellschaften, namentlich die Aktiengesellschaft, die sich dadurch auszeichnet, daß sie nicht von den Eigentümern regiert wird, sondern von einer Gruppe von sachverständigen, angestellten Funktionären. Auch die Aktiengesellschaften formierten sich in Konzernen noch zu größeren Einheiten. Stärker als früher nehmen andere soziale Gruppen als die Eigentümer auf die maßgeblichen Entscheidungen der Unternehmensführung Einfluß, unter denen Lieferanten- und Abnehmerorganisationen, Banken, Konkurrenzunternehmen und nicht zuletzt Berufs- und Interessenverbände herausragen. Der für die wirtschaftlichen Dispositionen wichtige Bereich der Arbeitsbedingungen und -entgelte ist der Entscheidung der Unternehmensleiter und vollends der Eigentümer nahezu vollständig entzogen, seitdem die Tarifverträge von den Verbänden ausgehandelt und selbst betriebsinterne Regelungen mit den Betriebsräten vereinbart werden müssen. Zu allem kommt die neue Initiative des Staates, der, längst der Rolle des Nachtwächters für die Gesellschaft entwachsen, seine Aufgabe darin erkennt, das Wirtschaftsgeschehen aktiv zu regulieren.

Die entscheidende Frage muß lauten, ob es angesichts dieser Situation noch gerechtfertigt sei, im Unternehmen nur den Wirkungsbereich schöpferischer Eigentümer-Unternehmer zu sehen und es mit diesen juristisch zu identifizieren. Sie wird auch von den Apologeten der herrschenden Lehre gestellt und, wenn wir uns etwa an die zitierten Sätze von *Krause* erinnern[11], durchaus bejaht. Allein der Wechsel in der Terminologie, den wir überall im geltenden Recht beobachtet haben, spricht eine andere Sprache. Das Vordringen des Unternehmensbegriffs als Leitbegriff zahlloser Gesetze, Urteile und Verträge zeigt an, daß sich die Juristen in der Praxis heute vor Aufgaben gestellt sehen, die mit dem überkommenen begrifflichen und dogmatischen Instrumentarium nicht zu bewältigen sind. Schon diese Beobachtung legt den Schluß nahe, daß die Zeit endgültig vorbei ist, die es erlaubte, am Vorstellungsschatz des 19. Jahrhunderts festzuhalten.

Die Stimmen der Wirtschafts- und Sozialwissenschaften nötigen zu derselben Erkenntnis. Man wird nicht übertreiben mit der Behauptung, außerhalb der Rechtswissenschaft sei es inzwischen zum Allgemeingut geworden, daß das Modell der Eigentümergesellschaft wenigstens in doppelter Hinsicht die Realität nicht mehr trifft. Zum einen verkennt es, daß im modernen Großunternehmen der für die klassische Theorie konstitutive Zusammenhang zwischen Eigentum und Unternehmensführung weitgehend gelöst ist, weil die Mehrzahl der Kapitalbeteiligten keine wesentlichen

---

[11] oben, S. 6.

Herrschaftsbefugnisse ausüben kann[12], und zum andern beachtet es nicht, daß die Leistung des Unternehmens selbst dort, wo diese Verbindung noch besteht, nicht allein auf den Dispositionen der Unternehmensführung beruht, sondern das Ergebnis der zielbewußten Kooperation aller Mitarbeiter ist. Wir werden auf diese Tatbestände im zweiten Teil noch zurückkommen. Aus ihnen folgt, daß mit *Labands* Verteidigung der Handelsrechtsdogmatik mit der Integrität des Persönlichkeitsbegriffs heute nichts mehr anzufangen ist. Die herrschende Lehre hat ihre Voraussetzungen verloren.

4. *Endemanns Konzeption als Vorläufer einer modernen Unternehmenslehre*

Soweit die im 19. Jahrhundert formulierte Gegenposition von der Vorstellung beherrscht ist, daß statt dessen das dem Unternehmen gewidmete Vermögen als das bestimmende Element anzusehen und daher juristisch in den Mittelpunkt zu stellen sei, führt sie freilich gleichfalls nicht weiter, denn dabei kommt die letztlich allein produktive menschliche Aktivität vollends zu kurz. Insofern ist *Bekkers* Theorie vom personifizierten Zweckvermögen mit Recht überwunden. Dagegen erweist sich *Endemann*, der das Unternehmen als einen in sich selbst vollendeten Organismus beschrieb, in dem der Inhaber oder Prinzipal einen Dienst — wir würden heute sagen: eine Funktion — versieht, im Rückblick als ein überaus weitsichtiger Vorläufer einer modernen Unternehmenstheorie. Allein *Endemann* besaß noch nicht die empirischen Kenntnisse und das analytische Werkzeug, über welche wir heute verfügen, und er sah es auch nicht als seine Aufgabe ein, eine umfassende und in sich geschlossene Unternehmenslehre zu liefern. Daher bilden auch seine Ideen kein hinreichend solides Fundament, auf dem wir unbesehen weiterbauen könnten.

5. *Zur Tragweite des organisationssoziologischen Ansatzes*

Wir sind demnach in der Lage, entweder eine juristische Unternehmenskonzeption, die dem gegenwärtigen Rechtszustand gerecht wird, von Grund auf neu zu entwickeln oder nach einer Konzeption Ausschau zu halten, die wir aus einem anderen Bereich der Wissenschaft übernehmen können. Hier bietet sich die Lehre der Organisationssoziologie an, die das Unternehmen als Organisation definiert und es damit unter einen Oberbegriff subsumieren kann, der es gestattet, seine Struktur analytisch zu klären und zu beschreiben. So liefert sie eine vollständige und ausgereifte, vielfach bewähr-

[12] Vgl. dazu u. a. *v. Nell-Breuning*, Eigentum und Verfügungsgewalt in der modernen Gesellschaft, und ders.: Ist Eigentum eine Ordnungsgewalt?; ferner *Pross*, Manager und Aktionäre in Deutschland. *Pross* kommt aufgrund empirischer Erforschung der 110 größten Unternehmen in der Bundesrepublik zu dem Ergebnis, daß „der Typus des Privateigentümers, des gewissermaßen klassischen Großunternehmers, der die Funktion des Besitzers und Leiters in einer Person vereinte" zwar noch nicht völlig verschwunden ist, aber auch nicht mehr dominiert (S. 114).

te Lehre, die wir auf ihre juristische Brauchbarkeit hin überprüfen können, ohne ganz neu anfangen zu müssen. Die Gründe, welche für eine solche Anleihe bei der Sozialwissenschaft sprechen, sind im nächsten Abschnitt genauer zu erörtern. Schon hier ist aber darauf hinzuweisen, daß dieser Ansatz juristisch nicht zwingend ist in dem Sinn, daß er aus der Kritik des geltenden Rechts mit Notwendigkeit folgte. Er ist ein Versuch, die verfahrene Situation aufzurollen, der zur Diskussion gestellt wird. Zwar erlaubt das Modell in dem Maße, in dem es von der Soziologie widerspruchsfrei entwickelt wurde, auch die Verarbeitung zu einer in sich folgerichtigen und insofern unangreifbaren Rechtsdogmatik. Aber es bedarf der rechtswissenschaftlichen Kritik im Hinblick auf seine Voraussetzungen und Implikationen. Letzten Endes wird sich, wie auch sonst bei analytischen Konzeptionen, seine Richtigkeit daran erweisen, ob es sich zur Gestaltung des Rechts als fruchtbar herausstellt.

2. TEIL

DAS UNTERNEHMEN ALS ORGANISATION

1. Kapitel

DER SOZIOLOGISCHE ANSATZ

8. Abschnitt

METHODISCHE RECHTFERTIGUNG DES SOZIOLOGISCHEN ANSATZES

1. Die Grundgedanken der Organisationstheorie

Der Unternehmensbegriff, der uns im zweiten Teil dieser Arbeit als Grundlage für eine dem gegenwärtigen Rechtszustand angemessene juristische Unternehmenslehre dienen soll, entstammt der Organisationstheorie. Bevor wir uns der Darstellung des Begriffs der Organisation und seiner Implikationen zuwenden, ist es erforderlich, Rechenschaft über die Eigenart dieser Disziplin selbst und ihrer Forschungsziele abzulegen, denn nur dann ist es möglich, den methodischen Rahmen zu markieren, der auch für unsere Argumentation bestimmend sein wird. Als eine Unterdisziplin der allgemeinen theoretischen Soziologie hat sich die Organisationstheorie auf der Basis namentlich von *Max Webers* Theorie der Bürokratie[1] etwa seit dem Ende des zweiten Weltkrieges vor allem in den USA etabliert und es seitdem in einem ungewöhnlich steilen Aufstieg zu großer Blüte gebracht[2]. Sie gehört zu den modernen Forschungsbereichen, die das Arsenal sozialwissenschaftlicher Kenntnisse und Methoden außerordentlich bereichert haben und mit großer Dynamik darin weiterfahren. Auch in Deutschland gewinnt sie zusehends an Einfluß[3]. Ihr gedankliches

---

[1] Wirtschaft und Gesellschaft, 4. Aufl., S. 125 ff., 550 ff., 559 ff.

[2] Statt eines — notwendigerweise umfangreichen — Literaturverzeichnisses sei hier nur auf die in deutscher Sprache vorliegenden Einführungen verwiesen: *Presthus*, Individuum und Organisation, (Übers. aus dem Amerikanischen); *Etzioni*, Soziologie der Organisationen (Übers. aus dem Amerikanischen); *Mayntz*, Soziologie der Organisation.

[3] Vgl. außer dem soeben genannten Werk von *Mayntz* namentlich die Arbeiten von *Irle*, Soziale Systeme, eine kritische Analyse der Theorie von formalen und informalen Organisationen, und von *Luhmann*, Funktionen und Folgen formaler Organisation.

sozialen Handlung von *Talcott Parsons*[4], in dessen Nachfolge sie das soziale Zusammenwirken der Menschen als ein unendliches Gewebe von aufeinander bezogenen Handlungen (Interaktionen) begreift[5]. Eine Organisation stellt ein abgrenzbares, spezielles System von Handlungen dar, deren Eigenart darin liegt, auf ein Ziel ausgerichtet zu sein, das mit rationalen Mitteln verwirklicht werden soll[6]. Der für unseren Zusammenhang entscheidende methodische Grundgedanke der Organisationstheorie besagt nun, Instrumentarium beruht zu einem wesentlichen Teil auf der Theorie der daß sich innerhalb einer Organisation eine der Aufgabe gemäße Ordnung aller Handlungen, eine Struktur der Handlungsmuster und -prozesse herausstellt, die angebbaren Gesetzen gehorcht und daher wissenschaftlich erforscht werden kann. Alle Handlungen stehen in einem funktionalen Zusammenhang untereinander und mit den Aufgaben der Organisation, und daher können wir ihre Bedeutung und ihren Stellenwert in der Organisation richtig begreifen, wenn wir ihre Funktion analysieren[7]. Die Normen, die in der Organisation Geltung erlangen, sind nichts anderes als die Verhaltenserwartungen, welche die Organisation an ihre Mitglieder stellen muß, um funktionstüchtig zu bleiben, gewissermaßen Spiegelbilder des Interaktionsprozesses, Projektionen des Handlungssystems in die Zukunft[8]. Auch sie sind daher aus der Funktion der Handlungen abzuleiten und zu erklären, zu denen sie anweisen oder die sie verbieten wollen. Rechtsnormen, mit denen der Staat die Ordnung einer Organisation beeinflußt, dienen dazu, den Interaktionsprozeß in bestimmter Richtung zu gestalten oder zu verändern, ohne indessen seine innere Eigengesetzlichkeit negieren zu können. Nicht anders als die intern ausgebildeten Verhaltenserwartungen sind sie auf ihre Funktionsweise hin zu überprüfen und bilden richtiges Recht in dem Maße, als sie den Lebensprozeß der Organisation funktionsgerecht ordnen.

2. *Gründe für die Übernahme des soziologischen Ansatzes in der juristischen Methodenlehre*

Diese Andeutungen genügen, die Gründe darzulegen, welche für die Übernahme des organisationssoziologischen Ansatzes in die Rechtsdogmatik sprechen. Zunächst läßt sich der Erfahrungssatz anführen, daß es oftmals gelingt, eine erstarrte gedankliche Position dadurch zu überwinden, daß die Dinge von einem ganz neuen, bisher unbeachteten Aspekt her aufgerollt werden. Einen Schritt weiter führt der Anspruch der Soziologie, durch ihre Funktionsanalyse die soziale Wirklichkeit besser in den Griff

---

[4] *Parsons,* The Structure of Social Action; The Social System; Structure and Process in Modern Societies.

[5] Vgl. hierzu und zum folgenden namentlich *Luhmann,* S. 17 ff., 23 ff. Einen anderen Ansatz vertritt *Etzioni,* S. 12, der die Organisation nicht als System von Handlungen versteht, sondern als soziale Gruppe. Dazu *Luhmann,* S. 25 Anm. 6.

[6] *Parsons,* Structure and Process, S. 16 ff.; *Mayntz,* S. 36, 40; *Etzioni,* S. 12.

[7] *Mayntz,* S. 48 f.

[8] Luhmann, S. 19.

zu bekommen als die dogmatische, interpretativ-hermeneutisch verfahrende Rechtswissenschaft, und ihr unbezweifelbarer Erfolg mit dieser Methode.

Es sind aber auch Gründe zu nennen, die in der Rechtswissenschaft selbst wurzeln. Die Bezeichnung des Unternehmens als Organisation ist auch der Handelsrechtsdogmatik nicht völlig fremd. Schon *Isay* definierte das Unternehmen als einen „zweckmäßig organisierten Inbegriff von Personen und wirtschaftlichen Gütern"[9]. *Pisko* führte aus, den Gegenstand einer Übertragung des Unternehmens bilde „die den Erfolg einer Erwerbstätigkeit sichernde oder fördernde Organisation des Betriebes oder gesicherte Absatzgelegenheit"[10]. *Oppikofer* sprach vom Unternehmen als Organisation von Arbeitskräften und Wirtschaftsgütern[11], *Schönfeld* bezeichnete es als „geistige Organisation"[12], *Schultze-v.-Lasaulx* sah den wesentlichen Unterschied zwischen Kaufleuten und Minderkaufleuten darin, daß letztere „einer kaufmännischen Organisation" nicht bedürfen[13]. Das Reichsgericht nannte das Unternehmen einen „wirtschaftlichen Organismus" und meinte damit sachlich das gleiche[14]. Auch in der neueren Literatur wird der Begriff der Organisation herangezogen, wenn etwa *Enneccerus-Nipperdey* das Unternehmen beschreiben als „Summe von Rechten, tatächlichen Verhältnissen und Erfahrungen", die „durch ihre einheitliche Zweckbestimmung zu einer organisatorischen Einheit verbunden sind"[15], oder wenn *Raisch* von einer „auf Dauer angelegten organisierten Wirtschaftseinheit" redet[16]. Der in diesen Unternehmensdifinitionen übernommene Begriff der Organisation entstammt dem allgemeinen Sprachgebrauch und wurde von den genannten Autoren nicht weiter reflektiert oder analysiert, so daß er keinen geklärten und fixierten Inhalt besitzt. Immerhin läßt er aber einen gemeinsamen Vorstellungskern erkennen, der eine sinnhafte Ordnung von Menschen und Wirtschaftsgütern im Dienst eines gemeinsamen Leistungszwecks intendiert und sich insoweit mit dem gedanklichen Ansatz der Organisationstheorie deckt. In jüngster Zeit mehren sich auch im Kreis der Juristen die Stimmen, die sich eingehender mit ihm beschäftigen. *Heinrich Henkel* sieht in der Organisation neben der Gemeinschaft und der Gesellschaft eine der „ontologischen Grundstrukturen" der menschlichen Sozialbeziehungen, in denen seinsgesetzlich vorgeformte Ordnungen herrschen, die

[9] Das Recht am Unternehmen. S. 41.

[10] Ehrenbergs Handbuch Bd. 2, S. 200.

[11] Das Unternehmensrecht, S. 9, vgl. auch S. 20; ähnlich *J. v. Gierke*, ZHR 111, S. 6.

[12] Rechtsperson und Rechtsgut, Reichsgerichtsfestschrift Bd. 2, S. 264; ebenso *Müller-Erzbach*, Handelsrecht, S. 72: „Das Entscheidende des Unternehmens ist in seiner geistigen Organisation enthalten."

[13] Die Zukunft des Kaufmannsbegriffs, S. 42.

[14] RGZ 81, 25.

[15] Allgemeiner Teil, 15. Aufl. Bd. 1, S. 850 f.

[16] Geschichtliche Voraussetzungen, S. 193, 183 f.

durch das historisch wandelbare, der menschlichen Disposition unterliegende Recht nur ergänzt und überbaut werden können[17]. Sie ist „ein Sozialgebilde, das nach einem vorweggefaßten allgemeinen Plan eine Mehrheit oder Vielheit von Personen zum Zwecke einer gemeinsamen Aktion zusammenfaßt“[18], ein Zweckverband, in dem alle Geschehensabläufe, aber auch die innere Einstellung aller Beteiligten an der Verwirklichung des Plans orientiert ist, dem das Gebilde dient, und in dem „die Einstufung des einzelnen in die Hierarchie der Funktionäre der Organisation“ „der qualitativen Abstufung der Funktionen in ihrer Wichtigkeit für das Werk entspricht“[19]. Das Recht besitzt zur Struktur der Organisation eine spezielle Affinität, weil „die Zuteilung von Funktionen an die einzelnen Organe, deren Zueinanderordnung und was alles sonst den Tätigkeitsbereich der Organisation anbelangt“ „der klaren Regelhaftigkeit und Ordnung“ bedarf, die in ihr zwar bereits strukturell angelegt ist, aber vom Recht ausgeformt, ergänzt und gesichert werden muß[20]. Für die Rechtsdogmatik unternimmt es bis jetzt, soweit ich sehe, nur *H. J. Wolff*, diesen Organisationsbegriff auszuwerten, und auch ihm gelingt es noch nicht, eine geschlossene Lehre aus ihm zu entwickeln, vielmehr begnügt er sich mit einer Reihe illustrativer Einteilungen und Klassifikationen[21].

Henkels rechtsphilosophische Besinnung schlägt, indem er die Organisation als eine Grundform sozialer Gebilde begreift, die dem Recht vorgegeben ist, unmittelbar die Brücke zur Organisationssoziologie. Aber auch die unkritische Verwendung des Begriffs in der Unternehmensdogmatik drängt geradezu zur Konsequenz, die dort gefundenen Erkenntnisse für die Rechtswissenschaft fruchtbar zu machen. Aus zwei Gründen verspricht ein solches Verfahren Erfolg: einmal gilt es, den Vorsprung aufzuholen, den die Soziologie durch die funktionale Analyse des Begriffs und der von ihm gemeinten sozialen Phänomene gewonnen hat, denn die Realität, um welche es geht, ist ja für beide Wissenschaften dieselbe. Zweitens aber sprechen alle Anzeichen dafür, daß die Jurisprudenz hier auch aus sachlichen Gründen der Sozialwissenschaft den Vortritt lassen muß, weil sie als nicht normative Wissenschaft den unmittelbareren Zugang zur sozialen Wirklichkeit besitzt.

Methodische Überlegungen in der neueren Rechtswissenschaft weisen in dieselbe Richtung. Von verschiedenen Seiten wird seit einiger Zeit eine funktionale Betrachtungsweise der Rechtsnormen anstelle der geläufigen logisch-interpretatorischen gefordert, die „nach der sozialen Aufgabe der rechtlichen Strukturen, nach ihrem Wirkungssinn, nach ihrer Bedeutung für die von ihnen erfaßten Lebensverhältnisse“ fragt und prüft, „wie die Funk-

---

[17] Einführung in die Rechtsphilosophie, S. 198 ff., (insbesondere, S. 200, 205, 206).

[18] S. 210. [19] S. 210/211. [20] S. 219.

[21] *H. J. Wolff*, Verwaltungsrecht Bd. 2, § 71. Dagegen verwendet *Thieme* (Verwaltungslehre, S. 84 ff.) den Begriff in einem verbalen Sinn (Tätigkeit des Organisierens) und kann daher hier nicht herangezogen werden.

tion die Struktur bestimmt"[22]. Nach dieser Ansicht ist funktionales Denken die „Voraussetzung und Grundlage wissenschaftlicher Dogmatik des geltenden Rechts" und als solche „unentbehrlich für die bitter notwendig gewordene Entfaltung einer echten Zivilrechtstheorie"[23]. In einer neueren Arbeit findet sich dasselbe Ziel noch pointierter formuliert: „Das Rechtsdenken der Gegenwart muß sich — jedenfalls soweit es sich um das positive, auf die Praxis bezogene Recht handelt — stärker an der Faktizität der modernen industriellen Gesellschaft orientieren und ihre Gesetzlichkeiten weit mehr in Rechnung stellen als es bislang geschehen ist"[24]. Für das Verfassungsrecht liegt in dem Werk von *Luhmann*: „Grundrechte als Institution" bereits eine ausgearbeitete juristische Theorie der Grundrechte vor, die von der soziologisch-funktionalen Betrachtungsweise ausgeht und eindrucksvoll die Fruchtbarkeit dieser Denkart beweist[25]. Machen wir sie uns für das Unternehmensrecht zu eigen, so gelangen wir wiederum zwangsläufig zum Unternehmensbegriff der Organisationssoziologie.

Schließlich ist auf die methodischen Erwägungen hinzuweisen, die unter dem Stichwort „institutionelles Rechtsdenken" ähnliche Wege empfehlen. Ahnherr der juristischen Institutionstheorie ist neben *Savigny*[26] bekanntlich *Maurice Hauriou*, dessen „Theorie de l'Institution et de la Fondation"[27] heute unverminderte Aktualität besitzt[28]. *Haurious* Lehre läßt die Verwandtschaft mit dem organisationssoziologischen Ansatz deutlich erkennen, wenn er die Institution durch drei Momente definiert: „a. Une institution est une idée d'oevre ou d'entreprise qui se réalise et dure juridiquement dans un milieu social; b. pour la réalisation de cette idée, un pouvoir s'organise qui lui procure des organes; c. d'autre part entre les membres du groupe social intéressé à la réalisation d'idée, il se produit des manifestations de communion dirigées par les organes du pouvoir et réglées par des procédures"[29]. Denn mit der Vorstellung, daß sich in der Institution die Idee eines Werkes oder einer Unternehmung realisiere, ist die Zweck-

---

[22] *Jahr*, Funktionsanalyse von Rechtsfiguren als Grundlage einer Begegnung von Rechtswissenschaft und Wirtschaftswissenschaft, Schriften des Vereins für Socialpolitik, Bd. 33, S. 16.

[23] AaO. In ähnlichem Sinn äußerten sich an derselben Stelle *Coing*, S. 4; *L. Raiser*, S. 52 ff.; *Mestmäcker*, S. 109 ff.; und *Zacher* (nach dem Bericht von *L. Raiser*, S. 232); siehe ferner *Rittner*, Die Funktion des Eigentums im modernen Gesellschaftsrecht, Marburger Gespräch über Eigentum — Gesellschaftsrecht — Mitbestimmung, S. 50 ff.

[24] *Krawietz*, Das positive Recht und seine Funktion, S. 16.

[25] Vgl. ferner *Luhmann*, Funktionale Methode und Systemtheorie; ders., Der Funktionsbegriff in der Verwaltungswissenschaft.

[26] System des heutigen römischen Rechts Bd. 1, S. 9 ff.

[27] Cahiers de la Nouvelle Journée 4, S. 1—45.

[28] Sie wurde erst jüngst von H. und J. *Jecht* ins Deutsche übersetzt: „Die Theorie der Institution und der Gründung" (Hrsg. R. Schnur), Berlin 1965.

[29] Théorie, S. 10; *Jecht*, S. 34.

bezogenheit der Organisation vorweggenommen, die Behauptung, daß sich zur Verwirklichung dieser Idee eine Kraft organisiere, kehrt in der Lehre von den Entscheidungsprozessen und der Organisationsführung wieder und schließlich entspricht der Gedanke, daß in der Gruppe, die an der Verwirklichung der Idee interessiert ist, Äußerungen der Gemeinsamkeit entstehen, dem Schema vom Interaktionsprozeß aller Mitglieder in der Organisation. Als richtungsweisend hat sich auch *Haurious* Unterscheidung zwischen „institutions-personnes", Institutionen, die sich aus Personen zusammensetzen, und „institutions-choses", Sachinstitutionen, erwiesen[30], die allerdings in der juristischen Methodenlehre noch besser beachtet werden sollte[31]. Zu den Personeninstitutionen gehören die sozialen Verbände und Organisationen, Sachinstitutionen sind vor allem die komplexen normativen Strukturen, die wir üblicherweise als Rechtsinstitute bezeichnen.

In der neueren Zivilrechtsdogmatik ist der Ruf nach einem institutionellen Rechtsdenken aus der Reaktion auf ein allzu individualistisches Verständnis des Privatrechts als System subjektiver Rechte[32] und aus dem Bedürfnis, die richterliche Rechtsfortbildung methodisch zu untermauern[33], entstanden und bezieht sich deshalb primär auf die Sachinstitutionen. Immerhin faßt sie auch Personeninstitutionen wie die Ehe[34], die Aktiengesellschaft[35], das Unternehmen[36] ins Auge. Ihr Ziel ist, und darauf kommt es hier an, bei der Auslegung der Rechtsnormen und der Gestaltung des Rechts „auf das sie tragende Institut mit seiner Sinnhaftigkeit und der ihm immanenten konkreten Ordnung" zurückzugehen[37]. Damit verweist auch sie direkt auf die Fragestellung und Arbeitsweise der organisationstheoretischen Forschung.

3. Die Grenzen der soziologischen Betrachtungsweise

Es sind also methodische Bestrebungen der Rechtswissenschaft selbst, die uns auf den Pfad der Organisationstheorie führen. Um so mehr bedarf

---

[30] Théorie, S. 10 f.; *Jecht*, S. 34.

[31] Das gilt vor allem für die eindringendste Auseinandersetzung mit dem Problem in der neueren juristischen Literatur bei *Henkel*, Rechtsphilosophie, S. 260 ff., aber auch für die in der folgenden Anmerkung genannten Autoren.

[32] *Larenz*, Methodenlehre, S. 137, 309 f., 327 f.; *L. Raiser*, Rechtsschutz und Institutionenschutz, in summum ius, summa iniuria, S. 145 ff.

[33] Reimer *Schmidt*, Die Obliegenheiten, S. 26; *Esser*, Grundsatz und Norm, S. 79, 189 f., 244 ff., 321 ff.; *Meyer-Ladewig*, Zur Problematik des institutionellen Rechtsdenkens im Zivilrecht, S. 256 ff.

[34] *Müller-Freienfels*, Ehe und Recht, S. 58 ff.

[35] *Mestmäcker*, Das Verhältnis der Wirtschaftswissenschaft zur Rechtswissenschaft im Aktienrecht, Schriften des Vereins für Socialpolitik Bd. 33, S. 103.

[36] *Wiethölter*, Wirtschaftsordnung und Rechtsordnung, Festschrift für Franz Böhm, S. 58.

[37] So *Henkel*, S. 270; im gleichen Sinn *L. Raiser* aaO., S. 148; *Larenz*, S. 328.

es eines Hinweises auf die Implikationen eines solchen Verfahrens. Mit ihrer funktionalen Analyse, die systembezogene Handlungen und Normen gleichermaßen auf ihre Bedeutung für das Funktionieren der Organisation befragt und sie daher als zwei aufeinander bezogene Seiten ein und desselben Phänomens verstehen kann, überwindet die Soziologie den für die juristische Denkweise bisher unangreifbaren Gegensatz zwischen Sein und Sollen[38]. Sie analysiert die Struktur der „seienden" Organisation und findet dabei ein Muster, wie sie sein muß, um zu funktionieren, das heißt, wie sie sein soll. Daraus folgt, daß unser Modell, obwohl primär faktischer Natur, zugleich normative Kraft hat. Doch wäre es ein Mißverständnis, aus diesem Sachverhalt den Schluß abzuleiten, daß es die Rechtsgestaltung oder die juristische Dogmatik vollständig determiniere. Denn einmal leidet es als gedankliches Instrument unter der Beschränktheit aller menschlichen Erkenntnis. Zum andern zeichnet es nur die Grundstrukturen, die bei allen Organisationen wiederkehren, aber der mannigfaltigsten Ausgestaltung und Kombinationen in der sozialen Realität fähig sind, die wir, soweit sie durch die Rechtsordnung fixiert sind, als Unternehmensform bezeichnen. Das Recht vermag diese Grundstrukturen zwar nicht zu verändern, weil sich in ihnen die unserer Disposition entzogene menschliche Natur manifestiert, und wenn es ihnen widerspricht, ist es falsches Recht. Aber es formt sie aus und verleiht ihnen eine charakteristische Prägung[39]. Hier ist der Ort, an dem sich rechtsethische Werte Geltung verschaffen oder Akte rechtspolitischer Entscheidung Einfluß gewinnen[40]. Wir werden ihn im folgenden mehrfach berühren. Aber wir machen, das muß zur Vermeidung von Mißverständnissen mit allem Nachdruck gesagt sein, bewußt vor ihm halt. Nicht, als ob wir die Interpretation der für das Unternehmensrecht in Betracht kommenden rechtsethischen Maximen oder die rechtspolitische Diskussion um die künftige Gestalt der Unternehmensverfassung für unwichtig hielten. Im Gegenteil! Nur sind sie an dieser Stelle nicht unsere Aufgabe, vielmehr haben wir elementarere Arbeit zu leisten. Sie bedürfen, um nicht in der Luft zu schweben, des funktional-analytischen Gerippes, das zunächst einmal die Strukturen erfaßt, auf die Rechtsethik und Rechtspolitik einwirken können. Allein darum kreisen die folgenden Gedanken.

---

[38] Vgl. dazu statt aller *Luhmann*, Funktionen und Folgen, S. 19.

[39] Vgl. *L. Raiser*, Wirtschaftsverfassung als Rechtsproblem, S. 194 ff.

[40] Auch die genannten Vertreter des funktionellen und institutionellen Rechtsdenkens betonen, daß ihre Methode dem Einfluß rechtsethischer Werte und Wertentscheidungen Spielraum lasse. Vgl. *Henkel*, S. 270 ff.; *Larenz*, S. 328 f.; *Krawietz*, S. 86 ff.; *Müller-Freienfels*, S. 58 ff.; ferner *Ballerstedt*, Das Verhältnis von Recht und Wirtschaft als Aufgabe der Forschung und der Gestaltung, S. 40 ff.

9. Abschnitt

DER BEGRIFF DER ORGANISATION
(Soziologischer Bericht)

1. Begriffsmerkmale

Die Organisationssoziologie erstreckt ihre Forschungen auf soziale Gebilde verschiedenster Art, zu denen neben den Unternehmen etwa Verwaltungseinheiten, Schulen, Krankenhäuser, Gefängnisse, aber auch private Vereine, politische Parteien oder das Heer gehören[1]. Sie alle faßt sie unter dem Oberbegriff Organisation zusammen und behauptet damit, daß sie gleichartige Strukturen aufweisen, die sich wissenschaftlich erforschen lassen. Für den Begriff der Organisation werden üblicherweise drei Komponenten als wesentlich angesehen[2]. Einmal handelt es sich um soziale Gebilde mit einem abgegrenzten (nicht aber ein für allemal fixierten) Kreis von Mitgliedern, die zusammenarbeiten und auf Grund ihrer Kooperation in wechselseitigen Beziehungen zueinander stehen. Zum zweiten dient die Organisation einem mehr oder weniger genau definierten Ziel, auf welches die Tätigkeit der Mitglieder ausgerichtet ist. Drittens soll dieses Ziel, wenigstens im Prinzip, mit rationalen Mitteln erreicht werden, d. h. auf Grund eines vor der Ausführung festgelegten Plans, der allen Mitgliedern im Rahmen des Ganzen gewisse Einzelaufgaben und Funktionen zuweist, und nach dem ökonomischen Prinzip des geringstmöglichen Aufwandes. Indem man die genannten drei Merkmale zusammenfaßt, kann man die Organisation kurz als ein „soziales Aktionssystem"[3] oder ein „zielgerichtetes soziales System"[4] definieren. Manche Autoren beziehen auch die sachlichen Mittel in die Begriffsbestimmung ein, welche der Organisation zur Verwirklichung ihrer Ziele zur Verfügung stehen und sprechen dann etwa von der Zuordnung dinglicher oder (und) menschlicher Wirkungsträger zu dem Zweck der Organisation[5]. Im gleichen Sinn lautet eine neuere amerikanische Definition von *Bakke*[6]: „A social organization is a continuing system of

---

[1] Vgl. *Mayntz*, S. 8 ff.; *Etzioni*, S. 12.

[2] Vgl. *Mayntz*, S. 51.; *Blau - Scott*, Formal Organizations, S. 4 f., *Ziegler*, im Fischer Lexikon Soziologie, S. 237; etwas anders *Etzioni*, S. 12.

[3] *Luhmann*, EvStaatslexikon, Sp. 1411. [4] *Mayntz*, S. 40.

[5] *F. H. Mueller*, im Staatslexikon, Stichwort Organisation; vgl. auch *Thieme*, Verwaltungslehre, S. 85.

[6] *Bakke*, Concept of the Social Organization, bei *Haire*, Modern Organization Theorie, S. 37.

differentiated and coordinated human activities utilizing, transforming, and welding together a specific set of human, material, capital, ideational, and natural resources into a unique problemsolving whole engaged in satisfying particular human needs in interaction with other systems of human activities and resources in its environment". Die Frage, ob eine solche Erweiterung der Definition sachgemäß und notwendig ist, bleibt für uns von untergeordnetem Rang, zumal auch sie zum Ausdruck bringt, daß das charakteristische Merkmal nicht in der sinnvollen Kombination der Sachgüter, sondern im Handlungssystem liegt, das alle Mitglieder verbindet. Dies ist der entscheidende Unterschied zum traditionellen juristischen Ansatz. Indem die Soziologie das Unternehmen als Organisation, das heißt also als soziales Aktionssystem begreift, schließt sie aus, es auf eine Vermögensmasse zu reduzieren oder mit den Personen einiger weniger Mitglieder bzw. der Unternehmensführer zu identifizieren. Alle Folgerungen, die wir auch für die juristische Unternehmensdogmatik aus dem organisationstheoretischen Ansatz ziehen können, sind nur Implikationen dieses Primärverständnisses, bei dem daher auch die wissenschaftliche Kritik der folgenden Ausführungen einsetzen muß.

Mit der Definition des Begriffs gewinnt die Organisationstheorie eine Abgrenzung gegenüber anderen sozialen Gebilden. Keine Organisationen sind die soziale Gesellschaft im ganzen, die Nation oder der Staat, obwohl auch sie aus einem zusammenhängenden Netz von sozialen Handlungen aufgebaut, d. h. in gewissem Sinn organisiert sind. Der Unterschied zur Organisation liegt darin, daß sie nicht spezifischen Zwecken dienen, sondern umfassende Lebensordnungen bilden, die durch gemeinsame Werte und Werthaltungen, das heißt emotional und nicht rational, integriert werden[7]. An diesem Gegensatz verdeutlicht die Organisationstheorie eine wichtige Einsicht. Die Spezifizität des Zwecks impliziert, daß die Organisation nur im Rahmen des größeren Zusammenhangs der sozialen Gesellschaft existieren kann. Die Organisation ist, wie *Mayntz* formuliert, „immer nur ein Teil, ein Gebilde in einer Gesellschaft"[8]. Sie steht mit der Gesellschaft und mit anderen, in dieser wirkenden Organisation in einer dauernden Wechselwirkung, indem sie von ihnen Anregungen und Mittel aufnimmt und mit ihrer eigenen Leistung auf sie einwirken will. Das Unternehmen z. B. rekrutiert seine Arbeitnehmer aus der Umwelt und sammelt seine sachlichen Mittel in ihr. Es versucht, seine Güter in ihr abzusetzen. Bei der Wahl seiner Produktionsziele und der Wege ihrer Verwirklichung muß es sich nach den in der Gesellschaft aufgetretenen Bedürfnissen und den in ihr geltenden Normen richten. Vor allem der Einfluß der Rechtsordnung ist hier zu

---

[7] *Parsons*, Suggestions, S. 64; *Blau - Scott*, S. 4 f., 59 ff., 194 ff.; *Mayntz*, S. 38. Schon *R. Smend* hatte in der Integration durch die gemeinsame Wertordnung und das gemeinsame Werterleben das entscheidende Kennzeichen des Staates gesehen (Verfassung und Verfassungsrecht passim, ferner im Art. Integration in EvStaatsL Sp. 803 ff.). Vgl. auch *Krüger*, Allgemeine Staatslehre S. 83 ff., 151.

[8] S. 38; vgl. auch S. 45.

nennen, der, soweit sie verbindliche Vorschriften für die Organisation aufstellt, formend und gestaltend bis tief in ihren Lebensprozeß eingreift. Die Intensität dieser Austausch- und Wechelbeziehungen ist so stark, daß die Abgrenzung der Organisation gegenüber der Umwelt flüssig sein kann und für die Theorie Schwierigkeiten bereitet. Üblicherweise begnügt man sich mit einem elastischen Mitgliedschaftsbegriff, in dem sich objektive Elemente wie die Häufigkeit der Interaktionen zur Organisation und subjektive, namentlich das Zugehörigkeitsbewußtsein, zu einem komplexen Maßstab mischen[9]. Unter diesen Umständen kommt es, wie ***Luhmann***[10] neuerdings herausgearbeitet hat, vor allem auf die Definition der Mitgliedschaft an, welche die Organisation in ihrer formalen Ordnung selbst aufstellt.

Organisationen unterscheiden sich ferner von solchen unter dem Staat stehenden Verbänden, die nicht im Rahmen eines gemeinsamen Leistungsprozesses nach einem durchrationalisierten Plan Funktionen an die Mitglieder verteilen, sondern eine emotionell begründete Lebensgemeinschaft unter ihnen bilden[11]. Das Hauptbeispiel für einen Verband dieser Art, der im Sinn der bekannten Tönniesschen Terminologie den Charakter der Gemeinschaft trägt[12], ist die Familie. Sie verfolgt nicht spezifische Zwecke, sondern weist allenfalls eine diffuse und komplexe Zielrichtung auf[13], an welche die Mitglieder gefühlsmäßig gebunden sind, und bedarf daher keiner festgelegten inneren Ordnung. Schließlich sind die Organisationen allen Gruppen gegenüberzustellen, die keine formalisierte Organisation erfordern, weil sie so klein sind, daß ihre Leiter alle Vorgänge übersehen und alle Fäden in der Hand behalten können und in denen die Zusammenarbeit daher auf der Grundlage unmittelbarer persönlicher Kommunikation vonstatten geht[14]. Solche, von den Amerikanern small groups[15] genannten Gebilde, unterscheiden sich in ihrem Wesen dadurch von den Organisationen, daß der Kontakt zwischen den Mitgliedern informeller Natur ist, das heißt gleichfalls Gemeinschaftscharakter trägt, während die Ausprägung spezieller, auf spezifische Funktionen zugeschnittener Rollen zurücktritt. Auch sie sind, wie die Nation und die Familie, emotional und nicht funktional stabili-

---

9 *Mayntz*, S. 46.

10 Funktionen und Folgen formaler Organisation, S. 39 ff.; ders. EvStL Sp. 1414.

11 Vgl. *Mayntz*, S. 37; *Blau - Scott*, S. 6.

12 Zum Begriff der Gemeinschaft und ihrem Verhältnis zur Organisation vgl. vor allem *Pieper*, Grundformen sozialer Spielregeln, S. 41—126; ***Henkel***, Einführung in die Rechtsphilosophie, S. 206 f., auch v. *Wiese*, HdSW Bd. 8, S. 109.

13 *Parsons* spricht von „expressiver" im Gegensatz zu „instrumentaler" Orientierung im sozialen System, The Social System, S. 68 ff.; s. auch *Mayntz*, S. 37, *Blau-Scott*, S. 6.

14 *Mayntz*, S. 38 f.

15 Vgl. *Blau - Scott*, S. 13 f.; *Golembiewski*, Small Groups and Large Organizations, in March, Handbook of Organizations, S. 87—141.

siert[16], und dieser Unterschied verleiht ihrem Gehabe im Inneren und nach außen ein anderes Gesicht als es die Organisationen besitzen. Ihr Lebensprozeß und ihre Selbstbehauptung als soziales System unterliegt anderen Gesetzmäßigkeiten als es bei diesen der Fall ist. Es handelt sich um den oft hervorgehobenen und auch in der Rechtsordnung anerkannten[17] Abstand zwischen den mit wenigen Gehilfen arbeitenden Handwerkern oder Krämern und den großen Unternehmen der Industrie und des Handels. Eine auf informaler Kommunikation und emotionaler Stabilisierung beruhende Zusammenarbeit läßt sich nur in kleinen und undifferenzierten Gruppen erreichen[18]. Doch sind die Übergänge zur Organisation fließend, weshalb die Organisationssoziologie keine scharf abgezirkelte Grenze zwischen beiden Formen sozialer Gebilde zieht, sondern mit Übergängen rechnet und von Graden der Organisiertheit spricht[19].

2. *Der Unterschied zum betriebswirtschaftlichen Organisationsbegriff*

Der soziologische Begriff meint die Organisation als bestehendes soziales Gebilde und bezieht sich nicht auf die Tätigkeit des Organisierens. Namentlich die Betriebswirtschaftslehre verwendet den Begriff üblicherweise im letzteren Sinn[20]. Sie bringt damit ihr Ziel zum Ausdruck, nicht in erster Linie die Struktur des sozialen Gebildes aufzuhellen, sondern Maximen für die richtige Gestaltung von Unternehmen zu erarbeiten, welche der Unternehmer in die Tat umsetzen kann. Für die allgemeine Organisationssoziologie würde in einem solchen Gebrauch des Wortes jedoch eine Verkürzung ihres Blickwinkels liegen. Seit langem ist bekannt, daß neben der normativen, auf das Ziel der Organisation gerichteten formalen Ordnung sich Vorgänge abspielen, die nicht eingeplant, ja rational überhaupt nicht vollständig erfaßbar sind, für den Ablauf des Arbeitsprozesses aber ausschlaggebende Bedeutung haben. Man denke zum Beispiel an spontane Gruppenbildungen unter den Arbeitern eines Unternehmens, die deren Arbeitsintensität sowohl beflügeln wie beeinträchtigen können, oder an die faktischen, durch keinerlei Norm geregelten Schwierigkeiten des Zugangs zum Chef. In Anlehnung an den anglo-amerikanischen Sprachgebrauch spricht man im Hinblick auf Erscheinungen solcher Art von informaler Organisation[21], welche die formale, normativ festgelegte, überlagert, ergänzt, verändert oder gar aushöhlt. Zwischen formaler und informaler Organisation bestehen Wechselwirkungen, die zu erforschen seit langem eines

---

[16] Zu dieser Unterscheidung vgl. *Luhmann*, Funktionen und Folgen, S. 372 ff.

[17] z. B. § 4 HGB; dazu unten, S. 118 ff.

[18] *Luhmann*, S. 374 f.

[19] *Mayntz*, S. 37; *Ziegler*, Fischer-Lexikon, S. 216.

[20] Vgl. z. B. *Kosiol*, Das Unternehmen als wirtschaftliches Aktionszentrum, S. 52 ff.; *Lohmann*, Betriebswirtschaftslehre, S. 249 ff.

[21] Vgl. z. B. *Luhmann*, EvStL Sp. 1411, 1413; *Dahrendorf*, Industrie- und Betriebssoziologie, S. 87 ff. Es handelt sich um eine überall gebräuchliche Terminologie.

der Hauptanliegen der empirischen Industriesoziologie darstellt[22]. Die Theorie nötigen sie zu der Einsicht, daß eine Organisation in ihrer Ganzheit nicht zutreffend erfaßt werden kann, wenn man nur auf das Normengefüge der formalen Organisation blickt, das heißt, daß der für die Betriebswirtschaftslehre charakteristische Ansatz, die richtigen Organisationsgrundsätze für die formale Organisation herauszuarbeiten, einer begrifflichen und wissenschaftlichen Ergänzung bedarf. Indessen darf der Unterschied in der Betrachtungsweise auch nicht überschätzt werden. Beide Theorien beziehen sich auf zwei in einem dialektischen Verhältnis zueinander stehende Aspekte. Denn wer die in einer Organisation herrschenden Gesetzmäßigkeiten kennt, kann zugleich zutreffende Anweisungen für ihre richtige Gestaltung geben, wie es als sekundäres Ziel auch die Organisationsanalyse anstrebt[23]. Umgekehrt ist der Kunstgriff altbekannt, das Modell eines sozialen Gebildes aufzubauen, um Einsicht in seine Struktur zu gewinnen. Schon Platon hat ihn in seiner Staatslehre angewandt[24], und noch heute gehört er zu den geläufigen Methoden aller Sozialwissenschaften. So bestehen auch keine Bedenken, die Erkenntnisse der Betriebswirtschaftslehre mutatis mutandis für die Organisationstheorie auszuwerten und die Ergebnisse beider Wissenschaften für die Jurisprudenz fruchtbar zu machen.

3. Die Mitgliedschaft in der Organisation

Von den Forschungsergebnissen der Organisationstheorie interessiert hier vor allem die Analyse der Beziehungen, in welchen die Mitglieder einer Organisation zueinander stehen. Wie bereits erwähnt, folgt die innere Ordnung einem rationalen Plan, der festlegt, wie die dem Ziel der Organisation dienenden Vorgänge unter die Mitglieder verteilt werden. Er weist jedem seine Stelle zu. Die Aufgabe, welche ein Mitglied auszuführen hat, besteht in einer mehr oder weniger eng begrenzten, für eine gewisse Dauer fixierten und sich insoweit wiederholenden Tätigkeit, die für sich allein keinen Wert darstellt, sondern ihren Sinn nur als Beitrag vom Ganzen her erhält. Diese Funktion des einzelnen wird in der soziologischen Fachterminologie mit dem Begriff der Rolle bezeichnet, der als ein Komplex von sozialen Normen und Verhaltenserwartungen definiert wird[25]. Daher sagt man, jedes Mitglied spiele in der Organisation eine Rolle, oder umgekehrt, die Organisation stelle ein System von aufeinander abgestimmten Rollen dar. Aus dieser Aussage ergibt sich, daß es sich für die Funktions-

---

[22] Vgl. *Mayntz,* S. 37; *Kosiol,* S. 52 ff. Diese Wechselwirkungen sind der Hauptgegenstand der beiden neueren deutschen Beiträge zur Organisationssoziologie von *Irle,* Soziale Systeme, eine kritische Analyse der Theorie von formalen und informalen Organisationen, und von *Luhmann,* Funktionen und Folgen formaler Organisation.

[23] Vgl. *Luhmann,* EvStL Sp. 1414.

[24] *Platon,* Politeia Buch II Kap. 11 ff.

[25] Vgl. *Mayntz,* S. 81 ff., *Luhmann,* Funktionen und Folgen, S. 39 ff., 89 ff. und EvStL. Sp. 1411; zur soziologischen Theorie der Rolle allgemein *Dahrendorf,* Homo Sociologicus, in Pfade aus Utopia, S. 128.

fähigkeit der Organisation nicht auf die Persönlichkeit des Mitglieds im ganzen ankommt, sondern nur auf einzelne Eigenschaften, nämlich seine Eignung und Bereitschaft, die ihm übertragene Rolle zu spielen. Auch erfaßt die Rolle nicht sein ganzes Dasein, sondern nur einen Ausschnitt daraus, ja sie kann zu einer rein äußerlichen Verhaltensform verkümmern, die ihren Träger in seiner menschlichen Existenz kaum berührt[26]. Jeder einzelne kann einer Mehrzahl von Organisationen angehören, sofern sich die Rollen nicht widersprechen, welche er in sich vereinigt. Auch brauchen die Motive für rollenkonformes Verhalten nicht übereinzustimmen, sondern sind bald in der Anerkennung der Organisationsziele zu suchen, bald, wie bei Industriearbeitern, in dem dafür bezahlten Entgelt, bald im reinen Zwang, wofür das Gefängnis ein Beispiel bildet[27].

Das Rollenhandeln geschieht in andauernder Kommunikation[28] mit den Trägern anderer Rollen. Eine Handlung motiviert die andere, alle sind aufeinander abgestimmt und voneinander abhängig, ihr Ergebnis fließt zusammen. So entsteht ein außerordentlich kompliziertes Geflecht von Interdependenzen, in welchem die Veränderung eines Elements immer zugleich auf viele andere zurückwirkt[29]. Nicht selten sind die Zusammenhänge so wenig zu übersehen, daß ein Impuls nicht nur die gewünschten Veränderungen auslöst, sondern eine Kette von unvorhergesehenen und unerwünschten Nebenfolgen, deren Nachteile dann unter Umständen mühsam kompensiert werden müssen[30]. Vor allem wirkt sich aber auch die Eigenart des zur Verfügung stehenden Materials und der in der Organisation angewandten Verfahrensweisen auf den Charakter des Kooperationsprozesses prägend aus[31].

4. Die Systemprobleme

Die Organisation muß, wie jedes soziale System, vier Aufgaben bewältigen, um sich zu behaupten, die mit den Begriffen Zielverwirklichung, Integration, Anpassung und Selbsterhaltung bezeichnet werden können[32].

---

[26] Vgl. dazu vor allem *Pieper,* S. 116 ff.

[27] Zu allem *Mayntz,* S. 125 f.

[28] Auch der Vorgang der gegenseitigen Information und Kommunikation wird in allen Sozialwissenschaften eingehend untersucht, vgl. zur Orientierung *Mayntz,* S. 90 ff.; *Kosiol,* S. 161 ff.; *Blau - Scott,* S. 116 ff.

[29] *Mayntz,* S. 40 ff.

[30] *Mayntz,* S. 142 ff.; *Luhmann* EvStL Sp. 1411.

[31] *Parsons,* Suggestions, S. 69; *Bakke* bei Haire, S. 39 ff.; *Galbraith* beschreibt denselben Sachverhalt unter dem Begriff der Technologie (vgl. Die industrielle Gesellschaft, S. 24 ff., 76 ff.).

[32] Die Gegenüberstellung dieser vier Systemaufgaben geht im wesentlichen auf *Parsons* zurück, der von goal attainment, integration, adaption und pattern-maintenance spricht (vgl. z. B. in Pattern Variables Revisited, American Sociological Review Vol 25, 1960, S. 467 ff.). Parsons fügt das Schema in seine umfassende Theorie der sozialen Handlung ein, die hier ebensowenig wie die daran anknüpfende Kritik im einzelnen dargestellt werden kann. Insofern sind die folgenden Ausführungen unvollständig. Vgl. dazu *Mayntz,* S. 42 ff., 48; *Kosiol,* S. 52—58; und

Von der Zielverwirklichung war schon bisher die Rede. Allgemein kann man sagen, das Ziel einer Organisation gehe dahin, eine für die Gesellschaft nützliche Leistung zu erbringen[33]. Im übrigen ist hier noch nachzutragen, daß das Ziel häufig nur verschwommen oder in komplexen Formulierungen definiert wird und sich dann bei näherem Zusehen als ein „mehrdimensionales Merkmal"[34] entpuppt. Bei der Ausführung muß es dann jeweils präzisiert werden, was bei verschiedenen Akten in unterschiedlicher Richtung geschehen kann. Auch kann eine Organisation mehrere Ziele zugleich verfolgen, wobei es — wenn sich diese widersprechen — zu Zielkonflikten kommt, die nur zu lösen sind, indem eine Rangfolge zwischen ihnen festgelegt wird. Bei den Unternehmen werden die Hauptziele in den Satzungen angegeben, die auch eine gute Anschauung dafür liefern, in welcher Art und Weise die Zielformulierung geschieht. Daneben mögen andere Ziele, etwa die Sicherung von Arbeitsplätzen oder sozialen Einrichtungen oder die Unterstützung kultureller Einrichtungen bestehen. Unter Integration versteht die Soziologie „den Einigungsprozeß von Teilen und Gliedern zu einer sie umfassenden Einheit"[35]. Sie geschieht auf dem Weg einer „Kooperation, wo aus unbestimmter, unzusammenhängender Gleichartigkeit bestimmtere, zusammenhängendere Ungleichartigkeit wird"[36]. Durch die Integration wird das soziale Gebilde „wirkkräftiger, tritt als Gestalt stärker hervor und hebt sich von anderen Sozialgebilden als selbständige Einheit ab"[37]. In der Organisation erfüllt sie eine doppelte Funktion[38]: Einmal pflegt es unvermeidlich zu sein, gewisse Untereinheiten, Teilorganisationen, zu formieren, denen nach dem Prinzip der Dezentralisation der Verwaltung eine gewisse Eigenständigkeit zugebilligt wird, deren Tätigkeit aber harmonisiert und von zentrifugalen Tendenzen freigehalten werden muß. Zum andern gilt es, jedes einzelne Mitglied in den Lebensprozeß der Organisation einzugliedern und ihm das Bewußtsein der Zugehörigkeit zu vermitteln, welche die Unterscheidung zwischen innen und außen trägt. Im Unternehmen wird die Integration vorwiegend mit rational-technischen Mitteln bewirkt: durch die integrierende Kraft des inneren Normengefüges und des arbeitsteiligen Zusammenwirkens selbst und durch die Führungsentscheidungen, welche die Kooperation auf das Unternehmensziel hin lenken. Doch ist daneben eine emotionale Komponente nicht zu verkennen, die sich in den bekannten Bestrebungen äußert, das subjektive Zusammengehörigkeitsgefühl unter den Mitgliedern zu wecken oder zu intensivieren.

---

namentlich *Luhmann*, Funktionen und Folgen, S. 24 Anm. 2, und Grundrechte als Institution, S. 189 ff.

[33] *Parsons*, Suggestions S. 65.

[34] *Mayntz*, S. 59. Zum Ganzen auch *Etzioni*, S. 16 ff.

[35] *Häußling*, Stichwort Integration im Staatslexikon Bd. 4 Sp. 341; vgl. auch *Smend*, Verfassung und Verfassungsrecht, S. 18 ff.

[36] *Häußling*, Sp. 342 (unter Verweisung auf *Spencer* und *Leopold v. Wiese)*.

[37] *Häußling*, Sp. 342.

[38] Zum folgenden *Parsons*, Pattern Variables Revisited, S. 473 ff.; *Mayntz*, S. 47 f.

Die Anpassung[39] der Organisation an veränderte Umstände in der Außenwelt setzt voraus, daß sie elastisch genug ist, diese aufzunehmen, zu verarbeiten und sich selbst dabei zu erneuern[40]. Wenn es sich nur um kleinere Veränderungen handelt, kann die richtige Reaktion innerhalb des der jeweils betroffenen Abteilung eingeräumten Handlungsspielraums liegen, so daß strukturelle Umstellungen unnötig sind. Ergreift der Wechsel aber weitere Teile, so ist unter Umständen eine tiefgreifende Umgestaltung des Kooperationsplans und Normengefüges selbst erforderlich, die das Gesicht der Organisation fast bis zur Unkenntlichkeit verändern kann. Gleichwohl braucht sie ihre Identität dabei nicht zu verlieren, wenn sie nur an gewissen kennzeichnenden Merkmalen festhält. Diese Selbsterhaltung trotz des Wandels der Umwelt und der Anpassung an sie ist ihre vierte Aufgabe, zu deren Bewältigung sie gewisse Dauerregeln und festgefügte Einrichtungen ausformt und die Tendenz zur Bewährung des einmal Gewordenen entwickelt. Auch die Sicherung einer fortdauernden Leistungsfähigkeit ist eine wichtige Garantie für ihre Stabilität. Doch ist diese auf die Dauer so wenig wie die anderen Systemfunktionen von selbst gesichert, vielmehr müssen die Organisationsführer bewußt darauf hinarbeiten, indem sie zum Beispiel Abnützungserscheinungen und zerstörerische innere Spannungen jeweils wieder auszugleichen versuchen. Anpassungsfähigkeit und Stabilität stehen in einer gewissen Wechselwirkung, und wenn zwischen beiden ein ausgewogenes Verhältnis herrscht, kann man mit der Betriebswirtschaftslehre sagen, die Organisation befinde sich im inneren Gleichgewicht[41].

5. *Autoritätsstruktur in der Organisation*

Wie bereits aus dem Vorhergehenden deutlich wurde, läuft und behauptet eine Organisation sich nicht von selbst, reicht die einmal festgelegte Ordnung nicht aus, alle Vorgänge auf das Organisationsziel hin auszurichten. Denn es ist ausgeschlossen, ein so dichtes Netz von Vorschriften zu entwerfen, daß nichts ungeregelt bliebe. Auch verhalten sich die Menschen nicht immer normgerecht und müssen daher kontrolliert werden. Vor allem aber muß sich die Organisation oft an neue Umstände anpassen und dazu auch ihre eigene Struktur ändern. So bedarf sie laufend neuer Impulse, um sich entfalten zu können, das heißt, sie muß Instanzen einrichten, welche mit einer für alle Mitglieder verbindlichen Kraft die zu ihrem Fortkommen notwendigen Entscheidungen fällen. Damit ist ein weiterer fundamentaler Sachverhalt angesprochen, der die Wissenschaft nach zwei Richtungen be-

[39] Dazu *Parsons,* S. 473; *Mayntz,* die von Wechselwirkung mit der Umwelt spricht, S.45 f.; *Kosiol,* S. 56 f.

[40] Man spricht auch von der Fähigkeit des Lernens und der Innovation, *Mayntz,* S. 46.

[41] *Kosiol,* S. 56; *Luhmann,* Funktionen und Folgen, S. 24 ff., sieht in der „relativen Invarianz gegenüber der Umwelt" geradezu ein Definitionsmerkmal des sozialen Systems.

schäftigt. Einmal führte die Feststellung, daß in der Organisation befehlende und gehorchende Rollen zu unterscheiden sind, daß sie also eine Schichtung der Mitglieder aufweist, zu weiteren Fragen. Zum anderen stellte sich die Aufgabe, die Voraussetzungen richtiger Entscheidungen zu erforschen. Beide Themen sind noch heute Gegenstand intensiver Arbeit, von der hier nur die für unseren Zusammenhang wichtigsten Ergebnisse angedeutet werden können.

Der in der Natur der Organisation angelegte und daher bei allen Organisationen in irgendeiner Form wiederkehrende Gegensatz zwischen unten und oben prägt sich in der sozialen Realität in ganz unterschiedlichen Autoritätsstrukturen aus. Nach *Mayntz*[42] lassen sich — mit einer gewissen Unschärfe — drei Typen unterscheiden: In einer hierarchisch verfaßten Organisation werden die Leitentscheidungen von einer kleinen Spitzengruppe unter den Mitgliedern getroffen, von der alle Befehlswege nach unten ausgehen. Die notwendigen Sekundärentscheidungen über die Ausführung der Organisationsaufgaben und die Hilfstätigkeiten verteilen sich in einer Pyramide von Instanzen mit delegierter Befehlsgewalt, und je weiter man nach unten gelangt, desto stärker tritt an die Stelle des Befehls der ausführende Gehorsam. Als Prototyp einer so gearteten Organisation nennt *Mayntz* neben einer Behörde und dem Militär auch den Betrieb. Im Gegensatz dazu entscheiden in der demokratisch strukturiertien Organisation alle Mitglieder gemeinsam über die Ziele und Grundprobleme und wählen die Organisationsführer, deren Befehlsgewalt beschränkt ist, weil sie an die Direktiven der Mitgliederversammlung gebunden sind und ihre Autorität von ihr ableiten. Beim dritten Typ schließlich sind zwei Gruppen von Mitgliedern anzutreffen, von denen eine alle Entscheidungen fällt und auch selbst ausführt, während die Mitglieder der zweiten nur „der Gegenstand oder die Konsumenten dieser Tätigkeiten" sind, „bei deren Durchführung sie mehr oder weniger freiwillig kooperieren, ohne sie jedoch mitbestimmen zu können"[43]. Als Beispiele figurieren Gefängnisse, Schulen, Kirchen, Krankenhäuser und Universitäten. In der Realität gehen nach *Mayntz* die Typen oft ineinander über, so daß Mischformen und komplexere Gebilde entstehen, die keine „reine" Autoritätsstruktur aufweisen. Zu diesen müßten wir auch, ohne daß *Mayntz* darauf eingeht, das Unternehmen in seiner gegenwärtigen Gestalt rechnen[44].

Welcher Aufbau am zweckmäßigsten ist, das heißt die günstigsten Bedingungen für die Selbstbehauptung und den Erfolg der Organisation

---

[42] S. 97 f.

[43] *Mayntz*, S. 98.

[44] Wenn in der gegenwärtigen Reformdiskussion das Unternehmen — organisationssoziologisch nicht weiter reflektiert — als „interessenpluralistischer Herrschaftsverband" gekennzeichnet wird, so kommt bereits in diesem Schlagwort eine Mischung von demokratischer und hierarchischer Struktur zum Ausdruck. Vgl. oben S. 10.

schafft, hängt in hohem Maße von ihren Zielen und ihren äußeren Lebensumständen ab und läßt sich daher nicht ein für allemal angeben. Man darf aber vermuten, daß eine Organisation, die in der Lage sein muß, rasch und in sich geschlossen auf externe Veränderungen zu reagieren, zu einer hierarchischen Struktur neigt, denn ein straff geordneter Befehlsweg garantiert am ehesten die Schlagfertigkeit, mit welcher in diesem Fall die Führungsentscheidungen gefällt, an die Ausführungsorgane übermittelt und von diesen in die Tat umgesetzt werden müssen[45]. Andererseits muß eine Organisation in dem Maße, als sie bei der Erfüllung ihrer Aufgaben auf den eigenen Sachverstand oder gar die schöpferische Initiative aller Mitglieder angewiesen ist, diesen die zur Entfaltung solcher Qualitäten notwendige Freiheit lassen. Die Autoritätsstruktur des Unternehmens ist unter anderem zwischen diesen beiden Komponenten auszubalancieren. Im Rahmen solcher Affinitäten ist es Sache positiver Entscheidung, wie eine Organisation ausgestaltet werden soll. Sie fällt in ihren Grundzügen beim Erlaß gesetzlicher Organisationsvorschriften und muß dann im politischen Meinungskampf ausgetragen werden. Soweit die Gesetze dispositiven Charakter tragen, beruht sie auf dem Gutdünken der Organisationsgründer.

6. Entscheidungen in der Organisation

Die Bedingungen richtigen Entscheidens haben Organisationstheorie wie Industriesoziologie und Betriebswirtschaftslehre in den letzten Jahren wie kaum eine andere Frage beschäftigt und neuerdings in der sogenannten Entscheidungstheorie eine selbständige Forschungsrichtung hervorgebracht, die sich zum Teil mathematischer Kalküle und kybernetischer Modelle bedient[46]. Wir beschränken uns wiederum auf wenige Hinweise.

Man versucht, die in der Organisation auftretenden Entscheidungen in Kategorien einzuteilen, um ihrer Eigenart Herr zu werden, wobei sich allerdings noch keine allgemein anerkannte Klassifikation eingebürgert hat, vielmehr sich die Differenzierungsgesichtspunkte überschneiden. Talcott *Parsons*[47] unterscheidet zum Beispiel zwischen drei Gruppen. Die erste von ihnen, die er policy decisions nennt, bezieht sich auf die Verwirklichung der Organisationsziele und berührt daher das Ganze der Organisation. Zu ihnen gehören die Entscheidungen über die Errichtung und Auflösung einer Organisation, über die Verschmelzung mit einer anderen, über die Veränderung der Produktion oder des Tätigkeitsbereiches, aber auch gewisse Entscheidungen über die laufende Tätigkeit. Sie bergen Risiken und setzen einen „credit for success"[48] des Entscheidungsträgers voraus, weshalb sie die Frage aufwerfen, wer für sie zuständig und verantwortlich ist. Ihre Folgen sind nicht immer klar abzuschätzen, denn sie hängen auch von Faktoren ab,

---

[45] *Mayntz*, S. 98.

[46] Zur Orientierung vgl. *Kosiol*, S. 195 ff. mit zahlreichen Literaturnachweisen; ferner *Mayntz*, S. 138 ff.

[47] Suggestions, S. 75 ff.

[48] S. 76.

die außerhalb der Voraussicht oder Kontrolle des Entscheidungsträgers liegen. Daher ist auch das „Wertesystem"[49] von Bedeutung, unter welchem er entscheidet. Die zweite Gruppe, allocative decisions genannt, bezieht sich auf die Verwendung der verfügbaren Hilfskräfte und -mittel und begründet die Verantwortlichkeit für deren Einsatz. Diese Entscheidungen obliegen regelmäßig eigens dafür ausgebildeten Spezialisten, die einerseits ihre Autorität von der Organisationsspitze ableiten, andererseits vermöge ihres Sachverstandes eine Art nicht delegierter technischer Kompetenz besitzen. Die dritte Gruppe bezeichnet *Parsons* als coordination decisions. Ihr Gegenstand ist die Integration der zentrifugalen Kräfte in der Organisation und die Sorge dafür, daß der Kooperationsprozeß zwischen den einzelnen Mitgliedern und Unterabteilungen nicht durch menschliche Schwächen und Differenzen beeinträchtigt wird.

Die brisante Frage der Entscheidungstheorie lautet, ob und wieweit die Entscheidungen rationalisiert, das heißt von unkontrollierten subjektiven Mutmaßungen befreit und als zwingendes Resultat objektiv erfaßbarer Determinanten gefällt werden können. Dabei sind zunächst zwei Bezugspunkte der Rationalität selbst zu unterscheiden[50]. Maßnahmen, die sich auf die Gründung oder Aufhebung einer Organisation, auf die Entscheidung über ihre Ziele und ähnliche Fragen beziehen, sind an Faktoren zu messen, die außerhalb der Organisation stehen, namentlich an der Chance, mit der Organisation und ihren Leistungen in der sozialen Umwelt Erfolg zu erringen. Der Maßstab der Rationalität ist in diesem Fall also systemextern. Demgegenüber müssen sich alle Entscheidungsprobleme, die bei der Durchführung der Organisationsziele auftauchen, an diesen selbst orientieren, das heißt, ihr Rationalitätsmaßstab liegt in der günstigsten Relation zwischen Zweckerfüllung und Einsatz der Mittel, ist also systemimmanent. Eine vollständige Rationalität der Entscheidungen, bei der sie zu einer einfachen Rechen- oder Denkaufgabe verkümmern, läßt sich in beiden Gruppen nur in Ausnahmefällen erreichen, denn sie würde unter anderem voraussetzen, daß der Entscheidende über alle maßgeblichen Faktoren vollständig informiert ist, ein in der Realität kaum je vorliegender Idealfall. Daher ist beim heutigen Kenntnisstand stets mit subjektiven Einflüssen zu rechnen. Aber der Spielraum, der für sie offen steht, ist bei den systemexternen Entscheidungen regelmäßig größer als bei den systemimmanenten, denn innerhalb der Organisation ist die Zahl der Faktoren geringer, die kombiniert werden müssen, und sie liegen näher beieinander. Das heißt, daß bei jenen der Zufall eine größere Rolle spielt als bei diesen und daß ferner persönliche Eigenschaften und Meinungen, Werthaltungen und Vorurteile der zur Entscheidung berufenen Personen eher zum Durchbruch gelangen. Sie bergen für alle Beteiligten ein größeres Risiko und begründen daher einen höheren Grad von Verantwortlichkeit.

---

[49] Value system.

[50] Siehe dazu und zum folgenden *Mayntz*, S. 139 ff.; *Kosiol*, S. 196 ff.

10. Abschnitt

DAS UNTERNEHMEN ALS ORGANISATION

1. Der organisationssoziologische Begriff des Unternehmens

Mit diesen Ausführungen sind die für unseren Gedankengang wichtigsten Grundzüge der allgemeinen Organisationstheorie dargestellt. Nun muß dem genus proximum die differentia specifica folgen.

Die Organisationssoziologie sieht das entscheidende Merkmal, durch welches sich das Unternehmen von anderen Organisationen unterscheidet, in seiner Zielsetzung. Während etwa eine Partei politische, eine Schule kulturelle oder ein Gefängnis soziale Zwecke verfolgen, ist das Ziel des Unternehmens wirtschaftlicher Art. Seine Aufgabe ist, nach der Formulierung von *Dill*, in erster Linie, Güter und Dienstleistungen in einer Gesellschaft zu produzieren oder zu verteilen[1]. Ähnlich definiert *Etzioni*[2]: „Economic organizations are those whose primary aim is to produce goods and services, to exchange them, or to organize and manipulate monetary processes." Dagegen ist die Frage, ob zur Wesensbestimmung des Unternehmens die Gewinnabsicht gehört, noch umstritten[3]. Gegen die Aufnahme dieses Merkmals führt man ein doppeltes Argument ins Feld. Einmal wird dargelegt, daß auch Schulen, Krankenhäuser und dergleichen, die nicht zu den Unternehmen gezählt werden, auf Gewinn ausgerichtet sein können, während andererseits bei wirtschaftlichen Unternehmen, namentlich der öffentlichen Hand, der Gewinn häufig nicht im Vordergrund steht[4]. Zum zweiten werden außer dem Gewinnstreben andere Unternehmensziele genannt, welche gleichrangig daneben treten. So nennen *Cyert* und *March* fünf Ziele, von denen keines Priorität beanspruchen könne: 1. das Bestreben, eine gewisse Variationsbreite und ein gewisses Niveau in der Produktion aufrechtzuerhalten, 2. den Wunsch, ein ausreichendes Maß von Forschung und Neuentwicklung zu gewährleisten, 3. das Ziel, die produzierten Waren zu verkaufen, 4. den Marktanteil, welchen sich das Unternehmen erringen könnte, zu halten oder zu vergrößern, und schließlich 5.

---

[1] „Business organizations exist primarily to produce or distribute goods and services in a society", in: Business Organizations bei *March*, Handbook of Organizations, S. 1073.

[2] Industrial Sociology: The Study of Economic Organizations, in: Complex Organizations, S. 134.

[3] Vgl. die bei *Dill*, S. 1072 zitierten Unternehmensdefinitionen.

[4] *Dill*, S. 1073; *Etzioni*, S. 134.

das Gewinnstreben[5]. Unter dem Eindruck dieser Argumente zählen neuere Definitionen, wie zum Beispiel die beiden genannten, das Gewinnstreben nicht mehr zu den kennzeichnenden Merkmalen des Unternehmens[6].

2. *Beteiligte am Unternehmen*

Über diese Begriffsbestimmung hinaus ist die Organisationstheorie anscheinend[7] noch nicht sehr weit in die spezielle Strukturanalyse des Unternehmens vorgedrungen, sondern hat dieses Feld bisher der Betriebswirtschaftslehre und Industriesoziologie überlassen, die indessen ganz andere, praktische Ziele verfolgen. Für uns ist eine Einteilung der am Unternehmen Beteiligten von Interesse, welche *Dill* in seiner Darstellung von „Business Organizations" gibt[8], allerdings ohne sich dafür, soweit ich sehe, auf eine allgemeine Meinung berufen zu können. *Dill* unterscheidet zunächst zwischen einem äußeren und einem inneren Kreis von Beteiligten (external participants und internal participants). Zum äußeren Kreis zählt er einmal die Abnehmer[9], zum andern die „Lieferanten"[10] des Unternehmens und ferner als dritte Gruppe Interessenverbände und wirtschaftslenkende Staatsbehörden, die er als „interest groups" bezeichnet[11]. Es ist bezeichnend für den Gesichtspunkt der soziologischen Analyse, daß er alle diese Gruppen zu einer Kategorie zusammenfassen kann, obwohl sie sich in ihrer Beziehung zum Unternehmen, namentlich was ihre Rechtsstellung angeht, stark unterscheiden. Noch mehr fällt auf, daß er zu den Lieferanten auch die Kapitalgeber rechnet, und zwar nicht nur Bankgläubiger, staatliche Kreditgeber und Obligationäre, sondern auch die Kapitalanteilsträger, sofern sie sich nicht aktiv an der Unternehmensverwaltung beteiligen[12]. Hier tritt der Ansatz der Organisationstheorie zutage, der das Unternehmen als Interaktionssystem begreift und daher nur solche Beteiligte als Mitglieder anerkennen kann, die tatsächlich in fortlaufender Interaktion mit den anderen Mitgliedern stehen. Diese gehören zum inneren Kreis. *Dill* teilt sie in fünf Kategorien ein, womit er zugleich fünf Schichten in der Autoritätsstruktur des Unternehmens unterscheidet. In der ersten faßt er alle mit Aufsichtsbefugnissen betrauten Personen zusammen, als deren wichtigstes Beispiel der board of directors einer amerikanischen Aktiengesellschaft erscheint. Als nächste Gruppe figurieren die leitenden Ausführungsorgane (top executives), welche „the ultimate day-by-day responsibility for its operations" haben und „are recognized within the organization and outside as its

[5] A Behavioral Theory of the Firm, S. 40 ff.; vgl. auch *Dill*, S. 1076. Vgl. auch *Galbraith*, Die moderne Industriegesellschaft, S. 190 ff.

[6] Darin liegt eine interessante Bestätigung für die Unternehmensdefinition von *Raisch* (Geschichtliche Voraussetzungen, S. 193, 186 ff.), der auf Grund juristischer Erwägungen das Merkmal des Gewinnstrebens ebenfalls für überholt hält.

[7] Vgl. *Dill*, S. 1071; *Etzioni*, S. 130 f.

[8] aaO., S. 1077 ff.

[9] „Customers", vgl. S. 1077 ff.

[10] „Suppliers", S. 1079 ff.

[11] S. 1080.

[12] S. 1079.

leaders"[13], und sodann die „middle managers and specialists", die in der Hierarchie unterhalb der Executive Entscheidungen treffen und daher noch zum mangement rechnen[14]. Es folgen die Aufseher der eigentlichen Arbeitsgruppen (firstline supervisors[15]) und schließlich die ausführenden Angestellten und Arbeiter[16]. Alle Gruppen unterscheiden sich in ihren Aufgaben, in der Macht, welche sie ausüben und dem Sozialprestige, das mit ihrer Tätigkeit verknüpft ist, in der Bezahlung und nicht zuletzt in der als Resultat aller übrigen Faktoren anzusprechenden subjektiven Einstellung gegenüber dem Unternehmen. Indessen kann auch dieses Gliederungsschema keine Allgemeingültigkeit beanspruchen. Ihm steht zum Beispiel ein dreigliedriges gegenüber, das sich in der deutschen Literatur bei Erich *Gutenberg*[17] findet. Gutenberg differenziert zwischen Personen, die Führungsentscheidungen treffen, Mittelinstanzen, denen die bei der Ausführung der Unternehmensziele zufallenden Sekundärentscheidungen zukommen und den lediglich ausführende Funktionen verrichtenden einfachen Mitgliedern. Differenzen solcher Art weisen darauf hin, daß die Organisationssoziologie hier noch keine schlechthin überzeugenden Kriterien ausgebildet hat, nach denen die Einteilung ein für allemal vorgenommen werden könnte, so daß diese maßgeblich noch von dem Arbeitsziel des jeweiligen Autors bestimmt wird. Für die Rechtswissenschaft spielen sie nur eine untergeordnete Rolle, denn das juristische Hauptproblem sind die Rechte und Pflichten der Unternehmensführer, die in allen Klassifikationen — wenngleich zum Teil noch untergegliedert — als eigene Gruppe erscheinen.

---

[13] S. 1082. [14] S. 1085. [15] S. 1086.

[16] Clerical workers and factory workers, S. 1087 ff.

[17] Unternehmensführung, Organisation und Entscheidung, S. 59 ff.

2. Kapitel

JURISTISCHE FOLGERUNGEN

VORBEMERKUNG

GESETZESBEGRIFFE UND MATERIALER BEGRIFF DES UNTERNEHMENS

Die Organisationssoziologie definiert das Unternehmen als eine Organisation, deren Hauptzweck darin liegt, Güter und Dienstleistungen in der Gesellschaft zu produzieren und/oder zu verteilen. Wir haben im vorangegangenen Kapitel gesehen, was damit im einzelnen ausgesagt ist. Plangemäß gehen wir nunmehr dazu über, diese Konzeption auf ihre juristische Fruchtbarkeit hin zu untersuchen. Es ist also derselbe Unternehmensbegriff, der den folgenden Ausführungen zugrunde liegt. Schon hier ist einem dabei möglichen Mißverständnis vorzubeugen: wir verfolgen nicht das Ziel, einen Unternehmensbegriff zu formulieren, wie er in speziellen Gesetzen, etwa im Gesetz gegen Wettbewerbsbeschränkungen oder im Aktiengesetz, gebraucht wird. Diese Begriffe dienen dazu, den Anwendungsbereich der betreffenden Vorschriften abzugrenzen und daher sind sie unter dem Gesichtspunkt zu bestimmen, welchem Sinn und Zweck die Vorschriften jeweils verhaftet sind. Jedes Gesetz, ja unter Umständen sogar verschiedene Paragraphen ein und desselben Gesetzes, verwenden so gesehen unterschiedliche Unternehmensbegriffe und müssen dies tun in dem Maße, in dem ihre Ziele differieren. Aber trotz aller Abweichungen besitzen sie einen gemeinsamen Kern, der sich im wiederkehrenden Gebrauch des Wortes Unternehmen dokumentiert, auf dessen Aussage sie alle verweisen. Ungeachtet der notwendigen Randkorrekturen beziehen sie sich alle auf dasselbe soziale Phänomen, eben das Unternehmen, weshalb wir sie ja auch als systematisch zusammengehörend betrachten. Die Wissenschaft darf sich folglich nicht auf die Erforschung der gesetzlichen Unternehmensbegriffe beschränken, sondern muß zuerst diesen Grundbegriff, den „materialen Begriff“[1] oder „Wesensbegriff“[2] des Unternehmens klären. Er war schon bisher das Ziel

---

[1] *Rittner*, Unternehmen und freier Beruf, S. 13.

[2] Diese Bezeichnung gebraucht *Coing*, Rechtsphilosophie, S. 271, für solche Begriffe, „die das Wesen des gemeinten Gegenstandes wiedergeben“.

der juristischen Unternehmensdogmatik, soweit sie sich in ihren Intensionen nicht auf die Auslegung eines einzigen Gesetzes beschränkte, und er ist es, den wir mit Hilfe der Organisationssoziologie hier neu formulieren.

Die folgenden Ausführungen sind also nicht dazu bestimmt, zur Lösung aktueller Auslegungsprobleme beizutragen, wie sie etwa der Unternehmensbegriff des Aktiengesetzes von 1965 aufgeworfen hat[3]. Ihre Absicht ist vielmehr, eine Skizze der Grundstrukturen des für alle einschlägigen Gesetze maßgebenden Unternehmensrechts vorzuführen, wie es sich ergibt, wenn wir uns den organisationssoziologischen Ansatz zu eigen machen. Mehr zu geben als eine Skizze, verbieten sowohl die Komplexität des Stoffes wie der Modellcharakter dieser Arbeit. Es dürfte aber auch unnötig sein, da sich die wesentlichen Abweichungen von der geltenden Dogmatik auch so deutlich genug abzeichnen werden.

---

[3] Vgl. zur Orientierung *Würdinger*, Aktien- und Konzernrecht, S. 261 ff., *Raisch*, JZ 1966, S. 554 ff.

11. Abschnitt

DIE MINDESTGRÖSSE DES UNTERNEHMENS

1. *Die Bedeutung des Unterschieds zwischen Organisation und small group für die Unternehmenslehre*

Die organisationssoziologische Analyse hat uns gelehrt, daß zwischen Organisationen und den sogenannten small groups eine charakteristische strukturelle Differenz besteht, durch die sich beide wesensgemäß unterscheiden. Organisationen sind soziale Systeme mit einer rationalen, auf bestimmte Ziele ausgerichteten inneren Ordnung, die gegenüber ihren Mitgliedern ein ausgeprägtes Eigenleben führen und eine Vielzahl generell festgelegter Verhaltenserwartungen an sie stellen, denen sich diese ein- und unterordnen müssen. Jede Organisation formt die Handlungen ihrer Mitglieder, soweit sie das System berühren, nach dem Muster ihrer eigenen Struktur und reduziert sie insofern zur sozialen Rolle. Auch gegenüber der Umwelt tritt die Organisation selbständig in Erscheinung, während die Mitglieder regelmäßig nicht, oder doch nur als Verwalter gewisser Systemfunktionen, interessieren. Die small group bildet im Gegensatz dazu keine durchrationalisierte, ein für alle Mal geltende Ordnung aus, sondern wird von der individuellen Kommunikation unter den Mitgliedern getragen und disponiert von Fall zu Fall. Bei ihr überwiegt im Innern und nach außen ein vom Persönlichen geprägtes Fluidum. Die Abgrenzung zwischen beiden Gestaltungsformen sozialer Gruppen beruht auf der elementaren Beobachtung, daß sich die Formalisierung des Kommunikations- und Interaktionsnetzes erst in Systemen von einer gewissen Größe an vollzieht, in denen wegen der Vielzahl der Glieder ein persönlicher Kontakt mit jedem einzelnen unmöglich wird. Indessen ist, wie wir sahen, die Grenze soziologisch nicht scharf zu ziehen, sondern kennt Übergangserscheinungen und Grade der Organisiertheit. Eine juristische Unternehmensdogmatik, die ihre Aufgabe darin sieht, die realen Sozialstrukturen in ihrem Gedankengebäude wiederzuspiegeln, wird den Gegensatz zwischen Organisation und Kleingruppe schon bei der Formulierung des Unternehmensbegriffs in Rechnung ziehen. Auch für die rechtliche Qualifikation eines Gebildes als Unternehmen müssen daher die Größen- und Strukturmerkmale der Organisation den Ausschlag geben, während es zum Beispiel auf die Rechtsform nicht ankommt. Jedes Einzelunternehmen und jede Personalgesellschaft kann in diesem Sinn ein Unternehmen sein, jede Kapitalgesellschaft umgekehrt zur small group zusammenschrumpfen. Auch wäre es falsch, nur an Mammutgebilde mit vielen Hunderten oder gar Tausenden von Arbeitern zu denken, denn die Objektivierung der Kooperationsbeziehungen setzt schon bei einem Kreis von vielleicht zehn oder zwanzig Mitarbeitern ein[1]. Auszuscheiden haben nur die kleinen Einmann- oder Familienbetriebe sowie die Krämer und Handwerker, die nicht mehr als eine handvoll Angestellte oder Gesellen beschäftigen. In der Übergangszone ist die Abgrenzung vermöge ihrer soziologischen Unschärfe der legislatorischen Disposition zugänglich, und daher ist es denkbar, daß verschiedene Gesetze die Grenze je nach ihrem Zweck etwas unterschiedlich bestimmen.

2. *Unternehmen und Minderkaufleute in organisationssoziologischer Sicht*

Auf welche Kriterien es im einzelnen ankommt, und wie sich die Unterscheidung im positiven Recht auswirkt, läßt sich am besten an Hand des § 4 HGB exemplifizieren. Bekanntlich macht das Gesetz die Abgrenzung zwischen Minder- und Vollkaufleuten davon abhängig, ob ihr Gewerbe nach Art oder Umfang einen in kaufmännischer Weise eingerichteten Geschäftsbetrieb fordert oder nicht. Die Ungenauigkeit dieser sehr allgemein gehaltenen Vorschrift hat seit jeher die Kritiker auf den Plan gerufen, die um der Klarheit und Rechtssicherheit willen eine starre, nach ziffernmäßigen Größenmerkmalen differenzierende Regelung für erforderlich hielten[2]. Dagegen wendet die Judikatur[3] nach dem Vorbild des Bundesgerichtshofs einen komplexen Maßstab an, wonach es auf eine Gesamtwürdigung der Verhältnisse ankommt, bei der „die Zahl der Beschäftigten und die Art ihrer Tätigkeit, der Umsatz, das Anlage- und Betriebskapital, die Vielfalt der in dem Betrieb erbrachten Leistungen und der Geschäftsbeziehungen, die Inanspruchnahme von Kredit, die Teilnahme am Wechselverkehr[4] zu berücksichtigen sind. Diese Merkmale müssen, wie der BGH betont, nicht kumulativ vorhanden sein, sondern sind nur als Anhaltspunkte für die Würdigung des Gesamtbildes zu verstehen.

Im ersten Augenblick hat es den Anschein, als ob hier eine Kette heterogener Faktoren aneinandergereiht würde, in der ein klarer Leitgedanke fehlt, und die daher allen Kritikern offene Flanken bietet. In Wirklichkeit handelt es sich jedoch um Indizien für das Merkmal, auf das es tatsächlich ankommt: auf einen ausreichenden Grad von Organisiertheit. § 4 HGB zieht für das Handelsrecht die Grenze zwischen individuell stabilisierten Kleingruppen und organisierten Unternehmen. Da sich beide nicht nur quanti-

---

[1] Das schließt nicht aus, für Großunternehmen besondere gesetzliche Regeln zu fordern, weil sie eine über die anderen herausragende gesamtwirtschaftliche Bedeutung haben, wie es in der aktuellen Reformdiskussion vielfach geschieht. Vgl. zuletzt den Bericht: *Unternehmensverfassung als gesellschaftspolitische Forderung*, S. 77 ff.

[2] Vgl. statt aller *Raisch*, Geschichtliche Voraussetzungen usw., S. 193 ff. mit weiteren Nachweisen.

[3] Vgl. die Nachweise bei *Brüggemann*, im Großkommentar zum HGB Anm. 6 ff. zu § 4.

[4] BB 1960, S. 917.

tativ, sondern qualitativ unterscheiden, wäre daher ein allein rechnerisch fixierter Abgrenzungsmaßstab durchaus unangemessen. Die Frage kann nur lauten, ob sich der qualitativ maßgebliche Gesichtspunkt mit dem Rüstzeug der Organisationstheorie nicht kürzer formulieren läßt als es dem Bundesgerichtshof gelang. Doch ist das eine spätere Sorge. Die Rechtsprechung hat auf Grund der genannten Formel mit intuitiver Treffsicherheit das wesentliche erfaßt und auch im Ergebnis im großen und ganzen durchaus befriedigende Lösungen erzielt[5].

Wir sind den juristischen Beweis für die organisationssoziologische Interpretation des § 4 HGB noch schuldig. Er ist leicht zu führen, wenn wir der Frage nachgehen, warum den Minderkaufleuten die in der Vorschrift aufgezählten Rechtsinstitute unzugänglich bleiben sollten. Die herrschende Lehre begnügt sich an dieser Stelle seit langem mit der lakonischen Auskunft, die betreffenden Vorschriften seien für sie zu gefährlich oder zu beschwerlich[6]. Bei genauerer Prüfung erweist sich, daß mit dieser Begründung nur Schlagwörter von Autor zu Autor weitergegeben werden, welche den wirklichen Zusammenhang eher verdecken als klären. Schon *Müller-Erzbach*[7] hat gegen sich eingewandt, andere, nicht minder gefährliche Rechtsinstitute wie zum Beispiel die Generalvollmacht oder die Genossenschaft mit unbeschränkter Haftpflicht seien vom gesetzlichen Verbot ausgenommen, und damit die Unschlüssigkeit der ganzen Argumentation aufgedeckt. Die steuerrechtliche Buchführungspflicht, die nicht geringere Anforderungen stellt als die handelsrechtliche, beweist, daß auch in der Beschwerlichkeit der Vorschriften des Handelsgesetzbuchs nicht der maßgebliche Grund für die Sonderstellung der Kleinkaufleute zu suchen sein kann. Angesichts solcher Mißdeutungen verdiente sogar *Wielands* Darstellung den Vorzug, die auf jede normative Begründung verzichtet und die Regeln des § 4 HGB als ein nicht weiter erklärbares Produkt der historischen Entwicklung versteht, wenn auch bei ihm das entscheidende Bindeglied zwischen geschichtlichem Faktum und rechtlicher Normativität fehlt[8]. Wiederum ist es der unreflektierte soziologische Spürsinn Wilhelm *Endemanns*, der uns auf eine bessere Fährte leitet: „Die Firma ... ist der Name, unter welchem der Kaufmann seine Geschäfte betreibt und die Unterschrift abgibt, also der Name des kaufmännischen Geschäfts. Der Gebrauch der Firma bildet das Kennzeichen, daß für das Geschäft gehandelt worden ist. ... Gerade im Gebrauch derselben prägte sich, zuerst bei den zu eigenem Wesen erstarkten Gesellschaften, später allgemeinhin, die Idee aus, daß das Geschäft und die Person des Inhabers zweierlei sind[9].“ Und ferner über die Prokura: „Das kaufmännische Geschäft bedarf nicht bloß für den inneren Dienst Gehilfen, son-

[5] Sie muß sich allerdings vorhalten lassen, daß sie die Anforderungen nicht durchgehend ganz auf dem gleichen Niveau gehalten habe, vgl. z. B. *Droste*, NJW 1961, S. 1607.

[6] So schon *Ehrenberg*, Handbuch des Handelsrechts, Bd. 2, S. 123; *Müller-Erzbach*, Handelsrecht, S. 61; *v. Gierke*, Handelsrecht, S. 56.

[7] S. 62. [8] Handelsrecht Bd. 1, S. 97 ff. [9] Handelsrecht 4. Aufl., S. 62 f.

dern bei einiger Ausdehnung neben dem Prinzipal auch solche Hilfspersonen, welche dasselbe nach außen vertreten. Erteilung von einzelnen Aufträgen und Ermächtigungen an andere genügt dazu nicht. Für das organisierte Geschäft wird eine festere, stehende Organisation auch der Vertretung erforderlich[10]."

Geschult an den Einsichten der Organisationstheorie wissen wir diese Sätze besser zu würdigen als die Juristen der ersten Hälfte des Jahrhunderts. Wenn das Unternehmen als Organisation als ein von seinen Mitgliedern zu unterscheidendes soziales System auftritt und wirkt, ist in der Tat das Bedürfnis unabweislich, dafür auch einen eigenen Namen zu schaffen, der es als solches gegenüber Mitgliedern und Umwelt sinnfällig macht[11]. Bei den Kleinkaufleuten ist hingegen ein entsprechendes Interesse nicht anzuerkennen, weil sich ihr Tätigkeitsbereich, statt sich in einer Organisation zu verselbständigen, in den Augen der Gehilfen und Geschäftspartner in der Person des Inhabers selbst verdichtet und daher mit ihr identifiziert, das heißt mit ihrem bürgerlichen Namen verbunden werden kann. Bei der Prokura und dem Gesellschaftsrecht liegen die Verhältnisse analog. Die Vollmacht ist ihrer Natur nach auf Einzelgeschäfte angelegt, für welche der Vertreter jeweils die notwendigen Weisungen vom Geschäftsherrn bezieht. Auch die Handlungsvollmacht läßt, trotz der hohen Stufe ihrer Verallgemeinerung, noch diese Herkunft erkennen, da sie wichtige Geschäfte ausschließt und, vorbehaltlich der Erfordernisse des Verkehrsschutzes, jederzeit vom Prinzipal beliebig eingeschränkt oder modifiziert werden kann[12]. Selbst der Generalbevollmächtigte zeigt noch die individuelle Abhängigkeit von der Person des Geschäftsherrn. Ganz anders der Prokurist, dessen Rechtsstellung die Situation eines Mannes widerspiegelt, der die von den Schwankungen persönlichen Vertrauens abstrahierte Funktion wahrnimmt, das Unternehmen gemäß seinen spezifischen Systembedürfnissen selbständig und kontinuierlich zu vertreten. Weil das organisierte Unternehmen sich gegenüber den Mitgliedern objektiviert hat, bedarf es einer solchen formalisierten Vollmacht. Für small groups ist sie dagegen nicht am Platze. Nicht weil die Prokura für Minderkaufleute zu gefährlich ist, hat das Gesetz sie ihnen also vorenthalten, sondern weil der Zuschnitt ihres Betriebes dem Sinn des Instituts widersprach. Sekundär mag dann auch der Gedanke mitgespielt haben, es sei unklug, vielleicht sogar gefährlich, anspruchsvollere Regelungen aufzudrängen oder zuzulassen als nötig. Wie wenig eine solche Begründung aber als Primärargumentation taugt, zeigt sich, wenn wir überlegen, was einem Vollkaufmann zu antworten wäre, der wegen mangelnder Intelligenz Schutz vor den für ihn allzu schneidigen Vorschriften des Handelsrechts suchte. Er müßte sich sagen lassen, daß ein Unternehmen so scharfe Regeln erfordere und die

---

[10] aaO., S. 94.

[11] Vgl. dazu auch Abschnitt 2 Ziff. 2, oben, S. 36 ff.

[12] § 54 Abs. 3 HGB.

Rechtsordnung ihn daher vor ihnen nicht in Schutz nehmen könne. Er habe selbst dafür einzustehen, den Anforderungen gewachsen zu sein, wenn er ein Unternehmen führen wolle. Bei den Minderkaufleuten ist eine solche Anspannung der Kräfte nicht nötig.

Die Handelsgesellschaften unterscheiden sich von der Gesellschaft des bürgerlichen Rechts namentlich dadurch, daß sie grundsätzlich Einzelgeschäftsführung und -vertretung vorsehen, während die Haftung aller Gesellschafter unberührt bleibt. Auch hier hat die Rationalisierung des Unternehmens als Organisation eine Rollenteilung erzwungen, welche der soeben für die Prokura skizzierten Situation gleicht. Für kleine, auf der Basis nicht organisierter Zusammenarbeit geführte Geschäfte erweist sich dagegen eine so weitgehende Trennung von Handlungsbefugnis und Haftung wiederum nicht als erforderlich, weshalb das Gesetz auch hier mit Grund zwischen den beiden Gruppen unterscheidet.

Schließlich sind die Minderkaufleute von der gesetzlichen Pflicht zur kaufmännischen Buchführung befreit. Diese wird üblicherweise mit der Behauptung begründet, die Buchführung sei für eine ordnungsmäßige Wirtschaft unerläßlich, weil sie allein dem Kaufmann ermögliche, sich über den Stand seines Vermögens und den Erfolg seiner Geschäfte zuverlässig zu orientieren[13]. Angesichts der Rationalisierung der Wirtschaftsführung, die im Gefolge der modernen Betriebswirtschaftslehre überall um sich gegriffen hat, ist die Richtigkeit dieser Aussage nicht zu bezweifeln. Aber sie erklärt doch nicht, warum die Buchführung zur Rechtspflicht gemacht wird, denn die Instrumente, welche die Wissenschaft dem Kaufmann zur Selbstkontrolle zur Verfügung stellt, brauchen die Rechtsordnung nicht zu kümmern[14]. Vollends ist mit dieser Argumentation kein einleuchtender Grund für die Sonderstellung der Minderkaufleute zu ernten. Auch das Bedürfnis nach Transparenz der Vermögensverhältnisse für Angestellte, Warengläubiger und Kreditgeber rechtfertigt die unterschiedliche Behandlung nicht, denn häufig sind diese bei den Kleingewerbetreibenden keineswegs leichter zu durchschauen als bei den großen. In Wahrheit folgt die Erklärung auch hier aus dem Organisationscharakter des Unternehmens. Seine organisatorische Eigenständigkeit gegenüber den Mitgliedern führt dazu, daß der für sein gesundes Gedeihen lebensnotwendige Kredit nicht auf deren persönlicher Vertrauenswürdigkeit aufbauen kann, sondern nur auf dem dem Unternehmen gewidmeten Vermögen. Dessen Wert rechnerisch erfaßbar und vergleichbar zu machen, ist daher eine Aufgabe, die nicht nur der Selbstkontrolle des betroffenen Kaufmanns dient, sondern darüber hinaus dem Zweck, die als Kreditgeber in Betracht kommenden Dritten zu schützen und die Funktionsfähigkeit des Wirtschaftssystems im ganzen zu garantie-

---

[13] So schon *Endemann*, S. 78; neuestens wieder *Brüggemann*, Vorbem. 1 vor § 38 HGB.

[14] *Brüggemann*, aaO.

ren[15]. Bei den Minderkaufleuten konnte der Gesetzgeber hingegen davon ausgehen, daß der ohnehin nur geringe Kredit regelmäßig auf den persönlichen Umständen des Darlehensnehmers beruht und sich daher einer Rationalisierung durch die Pflicht zur Buchführung entzieht. Die mit dem Unterschied zwischen Organisation und small group verknüpfte Differenz im Substrat des Kredits ist also der Grund dafür, daß die Minderkaufleute im Gesetz von der Pflicht zur Buchführung freigestellt werden konnten.

---

[15] Etwas anders *Brüggemann*, der den Grund der Buchführungspflicht im öffentlichen Interesse am Schutz der Allgemeinheit vor unsolider Geschäftsgebarung und in den Belangen des Steuerfiskus sieht (Vorbem. 4 vor § 38 HGB).

12. Abschnitt

UNTERNEHMEN UND BETRIEB

1. Das Verhältnis der beiden Begriffe in der herrschenden Lehre

Wir wenden uns einer weiteren Unterscheidung des geltenden Rechts zu, auf welche die funktionale Organisationslehre neues Licht wirft, nämlich dem Gegensatz zwischen Unternehmen und Betrieb. Der Begriff des Betriebs erlangte seine gegenwärtige Bedeutung als ein Angelpunkt des Arbeitsrechts namentlich durch das Betriebsrätegesetz von 1920, welches den Betrieb als die Einrichtung herausstellte, in welcher die neuerrungene Mitbestimmung der Arbeitnehmer vor allem zur Geltung gebracht werden sollte. Wenig später hat ihm *Jacobi*[1] die bis heute maßgebliche wissenschaftliche Fassung verliehen. Nach der mit geringen Nuancen in der Formulierung überall gebräuchlichen Definition ist der Betrieb eine Vereinigung von Arbeitsmitteln, welche vermöge der Identität ihres Inhabers, ihrer einheitlichen Zweckbestimmung und ihrer auf diesen Zweck hin ausgerichteten Organisation eine sich von der Umwelt unterscheidende Einheit bildet[2]. Soweit decken sich die Definitionen von Unternehmen und Betrieb, und sie besagen, daß beide im Sinn der Organisationstheorie als Organisationen anzusprechen sind. Wo aber liegt ihr Unterschied? Die herrschende Meinung im Arbeitsrecht belehrt uns, der Betrieb diene einem „arbeitstechnischen", das Unternehmen einem „wirtschaftlichen" Ziel; in der Rechtswirklichkeit fallen beide zwar meistens zusammen, jedoch könne ein Unternehmen auch aus mehreren Betrieben bestehen, während der umgekehrte Fall ausgeschlossen sei. Geht man der Frage nach, was mit der Differenz zwischen arbeitstechnischem und wirtschaftlichem Zweck genauer gemeint sei, so scheiden sich die Geister. Häufig lautet die Antwort, das arbeitstechnische Ziel erschöpfe sich darin, eine konkrete Produktions- oder Verwaltungsaufgabe zu lösen, die dem entfernteren und umfassenderen wirtschaftlichen Ziel, das Unternehmen gewinnbringend zu führen, untergeord-

---

[1] Betrieb und Unternehmen als Rechtsbegriffe.

[2] Vgl. u. a. *Nikisch*, Arbeitsrecht Bd. 1, S. 150 f.; *Hueck* in *Hueck - Nipperdey*, Arbeitsrecht Bd. 1, S. 93; *Galperin - Siebert*, Betriebsverfassungsgesetz Anm. 4 ff. zu § 1; *Dietz*, Betriebsverfassungsgesetz Anm. 31 ff. zu § 1; *Neumann - Duesberg*, Betriebsverfassungsrecht, S. 159 ff.; *Brecher*, Das Unternehmen als Rechtsgegenstand, S. 117—120; *Gramm* AuR 1964, S. 293; BAG AP Nr. 1 zu § 88 Betriebsverfassungsgesetz.

net sei[3]. Würde dieser Ansatz konsequent verfolgt, so wäre der Betrieb, sofern er nicht mit dem Unternehmen zusammenfällt, als ein um der technischen Arbeitsteilung willen in gewissem Grade organisatorisch verselbständigter Teil des Unternehmens zu definieren, und der Streit könnte nur noch darum geführt werden, welches Maß von Dezentralisierung erforderlich ist, damit von einem Betrieb im Gegensatz zum Unternehmen gesprochen werden kann[4]. Indessen zieht die herrschende Lehre diese Folgerung regelmäßig nicht, sondern vermengt mit ihrer ersten Aussage eine zweite, die heterogene Elemente aufweist. Sie behauptet, die Begriffe von Betrieb und Unternehmen stünden gleichgeordnet nebeneinander, speisten sich aus verschiedenen Quellen und stellten die Einheit ihres Gegenstandes unter sachlich voneinander abweichenden Gesichtspunkten dar. Beim Betrieb denke man an den Bereich der Arbeit, und damit verbunden, der Arbeits- und Sozialpolitik, während das Unternehmen mit der Sphäre des Eigentums und Vermögens, der Wirtschafts- und Kulturpolitik verknüpft sei[5]. Andere Autoren zweifeln an der wissenschaftlichen Erheblichkeit der Unterscheidung überhaupt[6] oder relativieren sie, wie zum Beispiel das Bundesarbeitsgericht, wenn es ausführt, für die Abgrenzung des Betriebs komme es „weniger auf die wirtschaftliche (kaufmännische) als auf die arbeitstechnische Seite" an[7].

In welche Schwierigkeiten die herrschende Lehre führt, zeigte sich, als sie zugeben mußte, daß in einem Betrieb auch mehrere arbeitstechnische Zwecke verfolgt, zum Beispiel verschiedenartige Waren produziert oder nebeneinander Spedition und Lagerhaltung[8] betrieben werden können, ja daß in einem Unternehmen mit zahlreichen Betrieben die Zentralverwaltung mit einer einzelnen Produktionsstätte zu einem Betrieb zusammengefaßt sein könne[9]. Das entscheidende Kriterium des einheitlichen Zwecks richtet in diesen Fällen offensichtlich nichts mehr aus, es sei denn, man sieht im übergreifenden Ziel des Unternehmens, dem die Zentralverwaltung wie

---

[3] So etwa *Nikisch*, S. 150; *Hueck* bei *Hueck - Nipperdey* aaO., S. 93; *Dietz* Anm. 32, *Gramm*, S. 294.

[4] Am weitesten in dieser Richtung gehen: *Galperin - Siebert*, BetrVerfG. § 1 Anm. 32; *Neumann - Duesberg*, S. 160 f.

[5] Am entschiedensten *Dietz*, Anm. 32, aber auch *Hueck*, S. 96, *Nikisch*, S. 156; *Neumann - Duesberg*, S. 159 f.; *Galperin - Siebert*, Anm. 30.

[6] Vgl. *Schnorr v. Carolsfeld*, Arbeitsrecht, S. 32.

[7] BAG AP Nr. 5 zu § 3 BetrVG.; vgl. auch *Gramm*, S. 295, der darlegt, daß heute immer stärker die arbeitstechnische Leitung bei der Unternehmensführung konzentriert werde, wodurch das für den Begriff notwendige Begriffsmerkmal der eigenständigen Einheit verloren gehe.

[8] Beispiel nach *Dietz*, Anm. 34.

[9] Vgl. BAG 6, 19 (21 f.) = AP Nr. 1 zu § 3 BetrVG, das die wenig überzeugende Differenzierung danach einführt, ob der Betrieb, dem die Hauptverwaltung angeschlossen ist, gegenüber den anderen Betrieben des Unternehmens eine besondere Bedeutung hat. Dagegen mit Recht *Dietz*, in der Anmerkung.

alle einzelnen Fertigungsprozesse gleichermaßen dienen, das einigende Band, womit das Unterscheidungsmerkmal zwischen Betrieb und Unternehmen aber fällt. Regelmäßig greift man in derartigen Fällen im Gefühl für die Unstimmigkeit der auf die Einheit des Zwecks abzielenden Argumentation auch nach einem anderen Heilmittel und behauptet nunmehr, es komme allein auf die einheitliche Organisation an[10]. Für die Judikatur mag damit ein praktikabler Maßstab gewonnen sein. Theoretisch aber untergräbt der Rückgriff auf das Merkmal der organisatorischen Einheit vollends die begriffliche Schranke zwischen Betrieb und Unternehmen, denn er eliminiert das Moment, welches den Wesensunterschied kennzeichnen sollte. Er führt mit anderen Worten zu identischen Definitionen für beide Begriffe.

2. *Organisationssoziologische Kritik an der herrschenden Lehre*

Wiederum helfen uns die Einsichten der Organisationstheorie auf die Sprünge. Wir haben gesehen, daß jede Organisation als soziales System die vier Aufgaben der Selbsterhaltung, der inneren Integration, der Anpassung an veränderte äußere Umstände und der Zielverwirklichung bewältigen muß, um sich behaupten und fortdauern zu können. Ferner hatten wir darauf hingewiesen, daß das Organisationsziel regelmäßig nicht eindimensional festliegt und daher nicht durch eine Aktivität erreicht werden kann, die konsequent immer dieselbe Linie verfolgt, sondern angesichts einer problematischen Umwelt mehrschichtig definiert und in verschiedenen Richtungen verwirklicht werden muß. Bei der genaueren Erforschung dieser Umstände in der Organisationstheorie stellte sich nun heraus, daß die nicht völlig harmonisch und widerspruchsfrei aufeinander abgestimmten Systemleistungen am effektivsten realisiert werden können, wenn sich die Organisation in Untersysteme ausdifferenziert, die sich jeweils auf die Verwirklichung gewisser, für die Gesamtorganisation wesentlicher Teilzwecke konzentrieren und daher geradliniger arbeiten können als diese[11]. Das Phänomen ist unter dem Stichwort der Arbeits- und Funktionsteilung bekannt und bedarf daher hier keiner eingehenden Darstellung[12].

Aus ihm folgt, daß die Teilorganisationen ihrerseits, um ihrer Aufgabe gerecht werden zu können, die Systemfunktionen entfalten, das heißt, sich in gewisser Weise vom Gesamtsystem abgrenzen, selbständig integrieren

---

[10] *Dietz*, BetrVG § 1 Anm. 34 und Anm. zu BAG AP Nr. 1 zu § 3 BetrVG.

[11] Zum folgenden vgl. namentlich *Luhmann*, Funktionen und Folgen, S. 73 ff.; ferner *Gouldner*, Reziprozität und Autonomie in der funktionalen Theorie, S. 293 ff., namentlich S. 300 ff.

[12] Das Phänomen ist Gegenstand einer weit gespannten theoretischen und empirischen Analyse, die hier nicht referiert werden kann, wenngleich die Ausführungen im Text dadurch etwas abrupt wirken müssen. Zur Orientierung über die Theorie der sozialen Differenzierung vgl. *Luhmann*, Grundrechte als Institution, S. 14 ff., 186 ff. Über den Stand der empirischen Forschung orientiert *Stinchcombe*, Social Structure and Organizations, S. 142 ff.

und Energien auf die eigene Stabilisierung wenden müssen. Die Differenzierung einer Organisation erhöht daher einerseits ihre Leistungsfähigkeit, gefährdet sie aber andererseits dadurch, daß sie erhebliche zentrifugale Kräfte entfesselt. Es ist die Aufgabe der inneren Gliederung einer Organisation, Mechanismen zu entwickeln, welche die Integration der Untersysteme in das Gesamtsystem gewährleisten und ein inneres Gleichgewicht der divergierenden Kräfte herstellen[13]. Nicht in erster Linie die technischen Anforderungen der Produktionsaufgaben und -prozesse sind es also, an welchen sich die Untergliederung eines Unternehmens in relativ selbständige Arbeitseinheiten orientieren muß, sondern die organisatorische Ausgeglichenheit zwischen dem Ganzen und den Teilen[14].

Auf das Problem der Unterscheidung zwischen Betrieb und Unternehmen übertragen, führen diese nur in wenigen Strichen angedeuteten Feststellungen zu der These, daß ein Betrieb sich entweder mit dem Unternehmen deckt oder eine im genannten Sinn ausdifferenzierte Teilorganisation eines Unternehmens darstellt. Zwei wesentliche Elemente der herrschenden Betriebsdefinition rücken damit in ein neues Licht. Zum einen sind Betrieb und Unternehmen nicht mehr als ihrer Natur nach verschiedene, gleichgeordnet nebeneinanderstehende Phänomene zu verstehen, sondern als Bezeichnungen für wesentlich gleichartige, manchmal identische, manchmal im Verhältnis von Teil und Ganzes zueinander stehende Einrichtungen. Zum andern kann die unbefriedigende Kennzeichnung des Betriebs als arbeitstechnische Einheit fallen. Es gnügt, statt dessen die reale organisatorische Gliederung des Unternehmens, die wir in der Rechtswirklichkeit vorfinden, als Bezugspunkt der Abgrenzung zu wählen.

Im folgenden gilt es, die mit diesen Sätzen aufgestellten Behauptungen juristisch zu erhärten. Fragen wir zuerst nach dem Urteil der Rechtspraxis, so ist die Überlegenheit der neuen Begriffsbestimmung gegenüber der herrschenden leicht zu beweisen. Daß Fertigungsstätten, die mit der Herstellung ganz verschiedener Produkte oder mit weit auseinanderliegenden kaufmännischen Aufgaben befaßt sind, einen Betrieb bilden können, ist nur auf ihrer Basis befriedigend zu erklären. Vollends macht nur sie eine nach Lage des Falls de facto vorliegende organisatorische Einheit der Hauptverwaltung eines großen Unternehmens mit einer einzelnen Fertigungsstätte juristisch verständlich und erlaubt es, sie als einen Betrieb anzuerkennen. Denn im Gegensatz zu bisher reicht dafür nunmehr der Nachweis einer tatsächlichen Aufgliederung des Unternehmens aus dergestalt, daß ein Teil, wenngleich untergeordnet, soziologisch als selbständige Organisation angesehen werden kann[15].

---

[13] Vgl. *Luhmann,* Funktionen und Folgen, S. 84 ff.

[14] *Luhmann,* S. 88.

[15] Zu welchen Schwierigkeiten die Gegenmeinung führt, zeigt sich deutlich an den beiden Urteilen des LAG Düsseldorf AP 54 Nr. 4 und des LAG Bremen AP 54 Nr. 5.

Indessen wäre es falsch, ein so prinzipielles Problem allein danach zu beurteilen, ob die angebotene Lösung praktikable Qualifikationsmerkmale für Einzelfälle beizusteuern vermag. Vielmehr muß es auf ihre systematische Tragweite ankommen. Gegenstand des Arbeitsrechts, wo der Begriff des Betriebs seine Hauptrolle spielt, ist es, die Rechtsbeziehungen des Arbeitnehmers in und gegenüber der Organisation zu regeln, in welcher er durch seine Mitarbeit eine Funktion ausübt, zu deren Zielverwirklichung er beiträgt. Diese Organisation ist das Unternehmen als die Einheit, in der all die unzähligen aufeinander abgestimmten, aber für sich allein wertlosen Einzelleistungen zu einem für die Umwelt sinnvollen Produkt zusammengefügt werden. Die Arbeitsleistung jedes Arbeitnehmers und mithin sein Arbeitsverhältnis bezieht sich insofern auf das Unternehmen, als von dessen Bedürfnissen her die Rolle definiert wird, die er spielt, und von dem umgekehrt die Erfüllung der Ansprüche gewährleistet werden muß, die er stellt. Wenn das Unternehmen einheitlich-zentralistisch organisiert ist, verstehen sich diese Sätze von selbst, und die herrschende Lehre trägt ihnen dadurch Rechnung, daß sie Betrieb und Unternehmen zusammenfallen läßt. Erst wenn eine Differenzierung des Unternehmens in gewisse Teilorganisationen eintritt, kann die Frage auftauchen, wie sich die Einordnung des Arbeitnehmers in diese zu jener in das Gesamtunternehmen verhält. Hier haben sich die Juristen, ohne Zweifel mit Recht, zu Unterscheidungen gezwungen gesehen. Gewisse Aspekte in der Rolle des Arbeitnehmers beziehen sich auch in diesem Fall auf das Unternehmen als Ganzes, wie zum Beispiel der Anspruch auf Lohn, die mitwirkende Initiative in Gestalt von Verbesserungsvorschlägen und Arbeitnehmererfindungen oder die Mitbestimmung in wirtschaftlichen Angelegenheiten. Bei zahlreichen anderen Rollenkomponenten hingegen stellt sich die kleinere Untereinheit als die angemessene Bezugsgröße heraus, weil ihre Relevanz nicht über deren Leistungsbereich im Rahmen des größeren Ganzen hinausgeht. Ob eine Kündigung sozial gerechtfertigt sei, weil dringende betriebliche Bedürfnisse sie fordern[16], ist mit Recht nach den Bedürfnissen der Untereinheit zu beurteilen, denn sie berührt in erster Linie deren Bestands-, Integrations-, Anpassungs- oder Zielverwirklichungsprobleme[17]. Auch das Mitbestimmungsrecht in sozialen und personellen Angelegenheiten[18] beschränkt sich regelmäßig auf Gegenstände, deren Tragweite sich in der Teilorganisation erschöpft, zumal wenn sie räumlich von den anderen Teilorganisationen getrennt ist und sich aus anderen Mitarbeitern rekrutiert als diese[19]. Erwies es sich als zweckmäßig,

---

[16] Vgl. § 1 Abs. 2 KSchG.

[17] Das schließt nicht aus, daß sich Bedürfnisse des Gesamtunternehmens in den Problemen auswirken, die das Untersystem zu bewältigen hat und über diesen Transformator auch das Einzelarbeitsverhältnis beeinflussen.

[18] §§ 56 ff., 60 ff. BetrVG.

[19] Daß es Ausnahmen gibt, hat der Gesetzgeber selbst gesehen und ihnen mit dem Institut des Gesamtbetriebsrats (§ 46 ff. BetrVerfG.) Rechnung getragen.

für die Untereinheit mit dem Begriff des Betriebs eine eigene Bezeichnung einzuführen, so wurde doch ihr Charakter, nur relativ eigenständige Untereinheit des Unternehmens zu sein, dadurch nicht verändert. Es gibt also keinen der soziologischen Kritik standhaltenden Grund für die Behauptung, Unternehmen und Betrieb seien wesensgemäß verschiedene Begriffe.

3. *Die gedanklichen Wurzeln der Unterscheidung zwischen Betrieb und Unternehmen*

Mit dieser Erkenntnis haben wir zugleich die Basis gewonnen, die gedanklichen Wurzeln der herrschenden Lehre aufzudecken. Sie sind, um das Ergebnis vorwegzunehmen, ideologischer Natur und hängen aufs engste mit der Entwicklung des Privatrechts in den letzten hundert Jahren zusammen.

a) Der erste Grund ist in der positivistischen Methode der Rechtswissenschaft zu sehen, die wir schon in der Einleitung herausgearbeitet haben. Die Juristen suchten nicht nach Begriffen, welche die sich ihnen aufdrängenden Funktionszusammenhänge nachzeichnen sollten, sondern nach systematischen Ordnungsbegriffen, in denen sich der von rechtspolitischen Zielvorstellungen und Entscheidungen geprägte Sinnzusammenhang der Gesetze verdichtet. In ihnen scheint das soziale Gebilde gerade noch durch, das sie meinen, aber sie abstrahieren vom Schwergewicht seiner Realität, um seinen Stellenwert im dogmatischen System behaupten zu können, zu dessen Illustration sie dienen. Betrieb und Unternehmen beziehen sich daher für die herrschende Lehre zwar auf dasselbe „Substrat"[20], aber sie stehen gleichwohl unvereinbar und gleichgeordnet nebeneinander aus dem einzigen Grund, weil der Betrieb ein Begriff des Arbeitsrechts, das Unternehmen hingegen des Handels- und Wirtschaftsrechts ist und beide Materien in verschiedene Schubladen gehören. In der Tat läßt sich nicht leugnen, daß auf diesem Weg methodischer Abstraktion Sinnbezüge hergestellt werden, die sich nicht mehr, wie ihr Substrat, zur Deckung bringen lassen. Dann fordert die Konsequenz der Methode, auch die Begriffe sorgfältig zu unterscheiden. Aber der Preis, mit dem diese Methode bezahlt wird, ist ein Verlust an Realität, und dieser Preis kann, jedenfalls im Bereich sozialer Organisationen, heute nicht mehr in Kauf genommen werden.

b) Eine weitere Überlegung verdeutlicht die ideologische Komponente des Gegensatzes. Das Arbeitsrecht, dem der Begriff des Betriebes vornehmlich angehört, hat sich bekanntlich in scharfer Frontstellung gegenüber dem bürgerlichen Recht und Handelsrecht entwickelt und basiert auf der Grundkonzeption einer Gegnerschaft zwischen Arbeitgebern und Arbeitnehmern, Unternehmer- und Arbeiterklasse. Zahlreiche Rechtsfiguren bis hin zu den Betriebsvereinbarungen und Tarifverträgen tragen diesen Ursprung auf der Stirn. Auch die begriffliche Differenzierung zwischen Betrieb und Unternehmen markiert, sofern man sie als Wesensunterschied interpretiert, diese Kampfposition, und zwar auf besonders heimtückische Weise, weil

[20] *Nikisch*, S. 156.

die gedankliche Sublimation, die sich hier vollzieht, sie unanschaulich macht, dogmatisch verfestigt und damit perpetuiert. Gewiß wäre es grundfalsch, die machtvolle historische Realität des Klassenkampfes zu leugnen oder ihren Niederschlag in den Figuren des Arbeitsrechts zu verdammen. Aber: Einmal in den systematischen Grundbegriffen fixiert, erwirbt der Gegensatz einen Anschein absoluter Geltung, der seine geschichtliche Relativität verdeckt. Die Folgen dieses Vorgangs sind in der gegenwärtigen Mitbestimmungsdiskussion leicht zu beobachten, wenn argumentiert wird, ein legitimes Interesse der Arbeitnehmer bestehe nur am betrieblichen Geschehen, nicht hingegen im Bereich des Unternehmens, oder wenn Betriebsverfassung und Unternehmensverfassung gegeneinander ausgespielt werden. Die Organisationstheorie hat, all diesen Konstruktionen zum Trotz, gezeigt, daß Bestand und Erfolg des Unternehmens als soziale Organisation vom loyalen und funktionsgerechten Zusammenwirken aller beteiligten Gruppen und Einzelpersonen abhängen, daß mit anderen Worten die integrierenden Momente die divergierenden überwiegen, solange das Unternehmen überhaupt existiert. Diesem Befund wird nur ein gedankliches Konzept gerecht, welches das Verbindende und Gemeinsame hervorhebt, das mit anderen Worten durch einen einheitlichen Grundbegriff die Identität der Institution demonstriert, auf welche Arbeitnehmer wie Kapitalisten, Arbeitsrecht und Handelsrecht ausgerichtet sind. Wer Betrieb und Unternehmen zu wesensverschiedenen Begriffen deklariert, betont hingegen ohne zureichenden Grund die Reste des historischen Klassengegensatzes und trübt den Blick für die Aufgabe der Gegenwart, die loyale Zusammenarbeit aller Kräfte im Unternehmen zu gestalten[21].

c) Noch eine dritte Komponente macht sich in der herrschenden Lehre bemerkbar. Für eine Reihe namentlich vom Wirtschaftsrecht her argumentierender Autoren liegt das Kennzeichen des Unternehmens im Gegensatz zum Betrieb darin, daß es als selbständiges Wirtschaftssubjekt auftritt, das heißt eigene wirtschaftliche Pläne entwirft und verwirklicht. So verstanden impliziert der Begriff das System der auf Privateigentum und privater Verfügungsmacht über die Produktionsmittel beruhenden liberalen Verkehrswirtschaft, in dessen Rahmen er allein sinnvoll verwendet werden kann, während eine Zentralverwaltungswirtschaft, die alle ökonomischen Planungs- und Steuerungsvorgänge in der Hand des Staates vereinigt, nur Betriebe als unselbständige Leistungsorganisationen kennt. Das Unternehmen ist dann also die für die liberale Verkehrswirtschaft charakteristische Form des Betriebs oder der Vereinigung mehrerer Betriebe[22].

Es ist leicht einzusehen, daß auch bei dieser, in der Volkswirtschaftstheorie beheimateten Version des Unternehmensbegriffs ein ideologisches Moment Pate gestanden hat. Auch sie will die soziale Wirklichkeit, die sie vorfindet, nicht neutral beschreiben, sondern unter dem Aspekt eines be-

---

[21] Vgl. dazu *Wiethölter*, Unternehmensverfassungsrecht, S. 162.

[22] Vgl. z. B. die Definition von *Köhler*, JZ 1953, S. 716.

stimmten gedanklichen Entwurfs, nach dem die volkswirtschaftlichen Prozesse geordnet ablaufen sollen. Er nimmt dessen Sinnzusammenhänge in sich auf und verfestigt sie dogmatisch. Wer die Wirtschafts- und Rechtsentwicklung unseres Jahrhunderts verfolgt, muß zweifeln, ob eine Unternehmensdefinition unter solchem Vorzeichen noch wissenschaftlich fruchtbar sein kann. Wir haben bereits mehrfach Gelegenheit gehabt, uns mit den Veränderungen auseinanderzusetzen, welche die Wirtschaft seit 1870 erfahren hat und können dies hier nicht noch einmal wiederholen. Die Juristen scheitern bekanntlich nicht erst, seit sich die staatliche Wirtschaftspolitik zu einem von planwirtschaftlichen Elementen durchsetzten System der sozialen Marktwirtschaft bekennt, an der Aufgabe, die wirtschaftliche Betätigung der öffentlichen Hand in ihrem Begriffsschema unterzubringen. Indem sie, nicht zuletzt unter dem Eindruck der neueren Gesetzesterminologie, je länger desto entschiedener auch die öffentlichen Unternehmen als echte Unternehmen behandeln, obgleich sie nicht privater Verfügungsgewalt unterstehen und mindestens zum Teil als Instrumente der Wirtschaftspolitik anzusehen sind, rücken sie von selbst von einem liberalistisch vorgeprägten Unternehmensbegriff ab. Noch auffälliger tritt derselbe Vorgang in den Wirtschaftswissenschaften zutage. Schon Walter *Eucken* hat für seine Morphologie der Wirtschaftssysteme einen neutralen Begriff als tertium comparationis benötigt. Er wählte dafür den Begriff des Betriebes, „weil bei den Worten Unternehmung und Unternehmer an das ‚kapitalistische' Zeitalter gedacht wird, beide Worte also eine bestimmte historische Färbung besitzen", die bei den von ihm beschriebenen Idealtypen „durchaus vermieden werden" muß[23]. Die neuere Volkswirtschaftslehre benützt mehr und mehr einen neutralen Unternehmensbegriff[24], wenngleich sie die Tendenz nicht zu reflektieren braucht, solange sie ihre Hauptaufgabe darin sieht, das Wirtschaftsgeschehen der Marktwirtschaft zu analysieren. Unübersehbar bahnt sich die Wende in der Betriebswirtschaftslehre[25] an, wo der Hauptstreit heute darüber geführt wird, ob sich der Begriff des Unternehmens (der Unternehmung) oder des Betriebs besser zum Oberbegriff eigne. So führt *Gutenberg*[26] aus, die übliche Unterscheidung zwischen beiden sei untunlich, weil durch die Differenzierung das Phänomen auseinandergerissen werde, das es zu beschreiben gelte, und keiner von beiden Begriffen eine Einheit zum Gegenstand habe. Er definiert das Unternehmen als den kapitalistischen Betriebstyp. Auf die umgekehrte Terminologie spitzt

[23] Die Grundlagen der Nationalökonomie, S. 87.

[24] Vgl. z. B. die Def. von *Otto Vogel* im Staatslexikon (Bd. 7, S. 1158): „Die Unternehmung ist eine wirtschaftliche Institution, in der ständig Produktionsfaktoren zum Zweck der Erstellung marktgängiger Güter und Dienste unter dem Gesichtspunkt der ökonomischen Rationalität kombiniert werden."

[25] Zum Problemstand siehe *Grochla,* Art. Unternehmung und Betrieb im HdSW Bd. 10, S. 583 ff.

[26] Die Grundlagen der Betriebswirtschaftslehre, Bd. 1, S. 400 ff.

Walther[27] den Gegensatz zu, wenn er schreibt: „Unter einer Unternehmung verstehen wir eine dauernde, wirtschaftliche Leistungen für Dritte erstellende, über Vermögen verfügende, einheitlich geleitete, selbständige Zusammenfassung menschlicher Arbeitskraft. Es zeigt sich, daß der Name unserer Wissenschaft, der Betriebswirtschaftslehre, sowohl mit der Benennung unseres Erkenntnisobjektes als auch mit der vielfach üblichen Bezeichnung unseres Erfahrungsobjektes nicht übereinstimmt. Wir müßten unsere Wissenschaft Unternehmungswirtschaftslehre nennen[28]."

Legen wir mit der an der sozialen Realität analytisch interessierten Organisationstheorie unseren Überlegungen die elementare Tatsache der sozialen Differenzierung zugrunde, so erweist sich der allmähliche Übergang zu einem neutralen Unternehmensbegriff in der Rechts- und Wirtschaftswissenschaft als ein wichtiger Fortschritt. Wie die Erfahrung mit den östlichen Staaten lehrt, läßt sich auch im System der Planwirtschaft niemals ein gänzlich undifferenzierter Wirtschaftsaufbau realisieren[29]. Vielmehr bilden sich Untersysteme, die nach dem Prinzip der Arbeitsteilung mehr oder weniger spezielle Aufgaben erfüllen. Die Gründe sind in den Lebensbedingungen großer und komplizierter Gesellschaften zu suchen und daher keine Funktion des Wirtschaftssystems selbst[30]. Da sich die Differenzierung nach den vorgegebenen Voraussetzungen ökonomischen Produzierens richten muß, die überall gelten, liegt es auch nahe, daß sie sich in analogen Bahnen vollzieht. Als Glied des nationalökonomischen Gesamtgeschehens stehen Privatunternehmen westlicher Prägung und volkseigene Betriebe funktional auf derselben Ebene und lassen sich insofern vergleichen. Sie stimmen auch in ihrem Charakter als rational strukturierte Organisationen überein, die gegenüber Wirtschaft, Staat und Gesellschaft die Bestandsprobleme des sozialen Systems lösen müssen. Zentral gesteuerte „Betriebe" müssen nicht weniger als selbst disponierende Unternehmen in der Marktwirtschaft Strukturen entwickeln, die es gestatten, sich zu integrieren, gegenüber der Umwelt zu behaupten oder anzupassen und ihre Zwecke zu erfüllen. So überwiegen auch hier die gemeinsamen Merkmale alle aus der Morphologie der Wirtschaftssysteme resultierenden Trennungsmomente, und die Wissenschaft muß sich angelegen sein lassen, die Übereinstimmung in einer einheitlichen Bezeichnung zum Ausdruck zu bringen, bevor sie die Unterschiede hervorhebt. Auch unter dem Gesichtspunkt der Wirtschaftsverfassung hält die Unterscheidung von Betrieb und Unternehmen, sofern man sie als wesensfremde Begriffe versteht, der soziologischen Analyse also nicht stand.

---

[27] Einführung in die Wirtschaftslehre der Unternehmung, Bd. 1, S. 7.

[28] Andernorts wird allerdings auch in der Betriebswirtschaftslehre die alte Unterscheidung zwischen Unternehmen und Betrieb noch vielfach unreflektiert übernommen.

[29] Das hat auch *Eucken* nie behauptet. Er hat den Gegensatz nur idealtypisch zugespitzt, um ihn am reinen Modell studieren zu können (vgl. u. a., S. 162).

[30] Dazu *Luhmann*, Grundrechte als Institution, S. 187 f.

4. Zusammenfassung und Ausblicke

Für die Judikatur fallen die Konsequenzen unserer begrifflichen Neuorientierung nicht allzu schwer ins Gewicht. Sie dürften sich im wesentlichen auf Fälle von der Art der zitierten beschränken, wo der Streit darum ging, für welche Gliederungseinheiten eines Unternehmens gesonderte Betriebsräte zu bilden sind. Um so längere Schatten wirft die Wendung auf die gedankliche Struktur unseres Rechts, die sich de lege ferenda auswirken müssen. Ein gegenüber dem Klassengegensatz zwischen Kapitalisten und Arbeitnehmern neutraler Unternehmensbegriff, der die loyale Zusammenarbeit zwischen allen Unternehmensangehörigen und ihr Angewiesensein aufeinander hervorhebt, schafft den passenden Rahmen für ihre rechtliche Koordination und wird so geradezu zur Voraussetzung für eine offene und transparente Erörterung der jüngst wieder aufgebrochenen politischen und wissenschaftlichen Fragen der Unternehmensverfassung. Auf der anderen Seite ist ein solcher Unternehmensbegriff infolge seiner Neutralität gegenüber den historischen Wirtschaftssystemen zeitlos und trägt die Anlage in sich, zu einer rechtsdogmatischen Grundfigur zu werden, die uns, ähnlich wie etwa die Begriffe des Kaufs oder des Eigentums, das Instrument in die Hand gibt, allgemeine Strukturen des Wirtschaftsrechts sichtbar zu machen und zu gestalten. Jedenfalls eignet er sich zum Angelpunkt für die vergleichende Betrachtung und die Synthese des kapitalistischen und sozialistischen Wirtschaftssystems[31], welche uns die deutsche Zukunft aufgibt. Schließlich eröffnet er die Chance, zur übereinstimmenden Definition des Unternehmens mit den Wirtschaftswissenschaften zurückzufinden, die um so dringlicher wird, je häufiger sich die Arbeitsgebiete von Ökonomen und Juristen überschneiden.

---

[31] Vgl. *Th. Raiser*, JZ 1967, S. 338 ff.

13. Abschnitt

AUF DEM WEG ZU EINEM ALLGEMEINEN TEIL DES UNTERNEHMENSRECHTS

1. Die Gleichartigkeit aller Unternehmen als Organisationen

Als Organisation verbinden alle Unternehmen gemeinsame Charaktermerkmale, die sie als Erscheinungsformen ein und desselben Tatbestands, als prinzipiell gleichartige soziale Phänomene ausweisen. Es sind übereinstimmende Systemprobleme, die sie zu bewältigen haben, und daher müssen auch die Strukturen, nach denen sie gebaut sind, und die Muster, nach denen sie die Probleme lösen, funktional gleichwertig sein. Daraus erklärt sich, mit welchem Recht wir von einem Oberbegriff des Unternehmens sprechen und die einzelnen Gesellschaftsformen als dessen Unterarten bezeichnen können. Die Differenzierungen, die unser Recht vornimmt, sind nicht absolut zu verstehen, sondern sekundärer Natur und von relativem Gewicht. Sie sind analoge Lösungsmuster für prinzipiell gleichartige Aufgaben und können daher nur insofern einen spezifischen Stellenwert beanspruchen, als sie auf unterschiedliche Existenzbedingungen zugeschnitten sind (zum Beispiel hinsichtlich der Größe, der Zahl der Gesellschafter und der Höhe des Kapitalbedarfs) und sich daher für den konkreten Einzelfall mehr oder weniger gut eignen.

In der Dogmatik des Handelsrechts wird die Relativität des Unterschieds zwischen den einzelnen Rechtsformen bisher ganz unzureichend gewürdigt. Als letzter hat sich, soweit ich sehe, *Wieland* darum bemüht, wenigstens die Gesellschaften einheitlich als Spielarten einer Grundfigur der Handelsgesellschaft zu begreifen und Schlüsse aus dieser Erkenntnis zu ziehen[1]. In der neueren Literatur fehlt eine vergleichende Strukturlehre der Unternehmen[2], und ein Allgemeiner Teil des Gesellschafts- und Unternehmensrechts ist nur in den spärlichen Andeutungen zu finden, zu denen das erste Buch des HGB oder ein einführender Überblick über das Gesellschaftsrecht nötigt[3].

---

[1] Handelsrecht Bd. 1, S. 387—517, zum Programm namentlich S. 389, Bd. 2 passim.

[2] Sehr bemerkenswert ist die Schrift von *W. Küster,* Inhalt und Grenzen der Rechte der Gesellschafter, die sich zur Aufgabe macht, „für die den Gesellschaftern bei den einzelnen Gesellschaftstypen zustehenden und meist nur in den Einzelheiten positiv gestalteten Rechte inhaltlich eine klare, exakt faßbare und damit auch exakt nachprüfbare Abgrenzung zu finden“, S. 14.

[3] Vgl. etwa die neueren Lehrbücher des Handels- und Gesellschaftsrechts von

Hingegen hat, wie wir bereits im kritischen Teil feststellen konnten, die Rechtspraxis in allen Bereichen die Krusten aufgebrochen, zu welchen sich die Verabsolutierung der dogmatischen Formen verhärtet hat. Die Gleichartigkeit aller Unternehmen erklärt den Wandel der Gesetzesterminologie, die zum Unternehmensbegriff als dem gemeinsamen Oberbegriff für alle Gesellschafts- und Unternehmensarten übergehen konnte. In der Ausweitung des Namensrechts und des deliktischen Rechtsschutzes zu Bestandteilen eines allgemeinen Unternehmensrechts fanden wir dieselbe Tendenz verkörpert. Vielleicht am plastischsten trat sie als Antwort auf die Frage hervor, weshalb die Judikatur wild gewachsene Figuren wie die Einmanngesellschaft, die GmbH und Co, KG und die Stiftung als Rechtsform für Unternehmen zulassen konnte, obwohl sie unter dem Gesichtspunkt der Gesellschaftsrechtsdogmatik als widerspruchsvoll, hybrid oder sachfremd hätten abqualifiziert werden müssen. Endlich läßt sich kaum ein sprechenderer Beweis anführen als die Erkenntnis, daß die Unternehmen des öffentlichen Rechts trotz ihrer Verbundenheit mit den Staatsorganen den privatrechtlichen Unternehmen praktisch wie dogmatisch nach und nach immer mehr gleichgestellt werden.

2. *Forderungen de lege ferenda*

Doch genügt es nicht, die Erkenntnisse der Organisationssoziologie an Hand des geltenden Rechts zu bestätigen. Sie enthalten zugleich ein Programm für die praktische und wissenschaftliche Arbeit de lege ferenda. Es gilt, den Tatbestand bewußt in einer rechtlichen Gleichbehandlung auszumünzen, die soweit als möglich einheitliche oder doch entsprechende Regeln für alle Unternehmen schafft. Eine Differenzierung ist demgegenüber nur noch dort aufrechtzuerhalten, wo die normative Struktur der verschiedenen Rechtsfiguren in ihrem spezifischen Sinnzusammenhang berührt wird. Wenn die Verschiedenartigkeit der Gesellschaftsstrukturen eine einheitliche Behandlung nicht duldet, muß darüber hinaus in einer vergleichenden Strukturanalyse festgestellt werden, welche Lösungen funktional gleichwertig sind und inwiefern sie sich unterscheiden, damit das Maß ihrer Parallelität sich wenigstens im juristischen Argument auswirken kann. Es ist mit anderen Worten eine vergleichende und analytische rechtliche Strukturlehre des Unternehmens zu entwerfen, die dann eines Tages als Grundlage für einen Allgemeinen Teil des Unternehmensrechts in Betracht kommt.

Die Aufgabe, die keineswegs neu ist, kann hier nur gestellt, nicht durchgeführt werden, denn dazu sind zahlreiche Einzelanalysen vonnöten. Immerhin können wir hoffen, ihre Lösung mit dem organisationstheoretischen

---

J. v. Gierke, Müller-Erzbach, A. Hueck, Würdinger, Haupt u. a. Wie wenig ein Allgemeiner Teil des Gesellschaftsrechts gegenwärtig interessiert, beweist die Existenz von großen Monographien zu einzelnen Gesellschaftsformen, namentlich *A. Hueck*, Das Recht der offenen Handelsgesellschaft, und *Würdinger*, Aktien- und Konzernrecht, die keinerlei allgemeine Lehren enthalten.

Ansatz als solchem ein wenig zu fördern. Auf einen wichtigen Aspekt, die schon von *Wieland*[4] bekämpfte Starrheit der Gegenüberstellung von Gesamthandsgemeinschaften und juristischen Personen, kommen wir noch im letzten Abschnitt zurück. Wird sie gelockert, so können auch andere, von ihr abhängige Differenzierungen wegfallen, wie zum Beispiel die Unterscheidung zwischen der formwechselnden und der übertragenden Umwandlung[5], die eine rein dogmatische Züchtung ohne materiellen Gehalt ist, oder die unterschiedliche Besteuerung von Personal- und Kapitalgesellschaften, welche, wie bekannt, immer wieder zu massiven Ungereimtheiten geführt hat[6]. Zwei weitere Fragen: die Rechtsstellung der Gesellschafter und der Arbeitnehmer im Unternehmen sind unter demselben Gesichtspunkt in den folgenden Abschnitten zu erörtern. Hier sollen daher nur zwei aktuelle Spezialprobleme herausgegriffen werden, welche die Aufgabe beleuchten.

3. Zwei Beispiele:

a) Die Publizität der Rechnungslegung

Wiederholt ist seit einer Reihe von Jahren die Publizität der Unternehmen Gegenstand wissenschaftlicher Auseinandersetzung und wirtschaftspolitischen Meinungsstreites gewesen[7]. Im Kern geht es dabei um die Frage, ob die Regeln über die Veröffentlichung der Rechnungslegung gegenüber dem gegenwärtigen Stand verschärft, namentlich für alle Unternehmensformen dem Aktienrecht angeglichen werden sollen. Vor allem der 45. Deutsche Juristentag 1964 hat, fußend auf dem umfassenden Gutachten von *Rittner*, die Frage ausführlich diskutiert[8]. Zwei Parteien stehen sich gegenüber. Die eine, auf dem Juristentag geführt von *Kunze*[9], *Baller-*

---

[4] aaO., S. 396 ff.

[5] §§ 362 ff. AktG, 1—42 UmwG; dazu *Hueck*, Gesellschaftsrecht, S. 38.

[6] Vgl. statt aller *Bühler*, Steuerrecht der Gesellschaften und Konzerne, §§ 1—4; *Brönner*, Die Besteuerung der Gesellschaften, S. 1 ff., 45 ff.

[7] Vgl. namentlich die zahlreichen Referate und Diskussionsbeiträge zum Frankfurter Publizitätsgespräch, ferner: *Köhler*, JZ 1956, S. 137 (139); ders. ZgStW 115, 1959, S. 716 ff.; *Ballerstedt*, Aktienrechtsreform und Unternehmensverfassung, S. 35 ff.; *Kunze*, Von der Reform des Aktienrechts zur Reform des Unternehmensrechts, S. 10 f., S. 16 f.; ders.: Von der wirtschaftlichen Mitbestimmung zur Unternehmensverfassung, S. 13 ff., S. 144; *Spieker*, JZ 1962, S. 721 ff. (724); *A. Hueck*, Gedanken zur Reform des Aktienrechts und des GmbH-Rechts, S. 7 ff., 23 ff.; *v. Falkenhausen*, Die Aktiengesellschaft 1962, S. 313; *Würdinger*, Aktienrecht 1959, S. 172 f., ders. GmbH-Rdsch 1964, S. 151; *Schilling*, DB 1962, S. 1497, *Kronstein*, BB 1964, S. 1055; ferner der Bericht: *Unternehmensverfassung als gesellschaftspolitische Forderung*, S. 169, 195 ff.

[8] Verhandlungen des 45. Deutschen Juristentags, Bd. 1, Teil 4 (Gutachten *Rittner*); Bd. 2, 1965, Teil F (Sitzungsberichte).

[9] Sitzungsberichte, S. F 20.

stedt [10] und *Duden*[11], setzt sich dafür ein, die Rechnungslegungspublizität für alle Unternehmen von einer gewissen Größe und gesamtwirtschaftlichen Bedeutung an ohne Rücksicht auf die Rechtsform gesetzlich vorzuschreiben und begründet diesen Standpunkt unter anderem mit dem demokratischen Allgemeininteresse an Information und Kontrolle und mit der daraus hervorgehenden Chance, das Vertrauen der Bevölkerung in den geordneten Ablauf der Wirtschaftsvorgänge zu stärken. Auf der anderen Seite empfiehlt *Rittner*[12] eine behutsamere Regelung, die nicht überall gleichförmig gelten, sondern rechtsformspezifisch differenziert werden soll. *Rittners* Argumentation ist es, die uns hier interessiert. Auch er nennt die Informations-, die Kontroll- und die Vertrauensfunktion der Publizität als die tragenden Gründe für ihre Erweiterung und kann nicht leugnen, daß sie für eine generelle Lösung sprechen[13].

Dagegen führt er zwei Gründe ins Feld: zum einen die Schwierigkeiten und Nachteile einer in Zahlen fixierten Abgrenzung der betroffenen Unternehmen[14] und zum andern die Behauptung, eine an der Größe und gesamtwirtschaftlichen Bedeutung orientierte Lösung widerspreche dem System des geltenden Rechts, das nach Rechtsformen unterscheide und nicht ohne Not verlassen werden solle[15]. Die Konzeption eines allgemeinen Unternehmensrechts, die er bei seinen Gegnern vorfindet, ist seiner Ansicht nach noch nicht weit genug gediehen, eine generelle Lösung zu tragen, sondern vorläufig „unklar und widerspruchsvoll"[16]. Indem *Rittner* deshalb den „indirekten Weg"[17] beschreitet, schlägt er ein speziell auf die GmbH zugeschnittenes Modell der Publizitätsregelung vor, die hinter der aktienrechtlichen zurückbleibt. Dieses kann, wie er ausdrücklich anmerkt, zwar nicht zwingend aus der Institution der GmbH abgeleitet werden[18], soll aber doch ihrer Eigenart als Mischform am ehesten gerecht werden[19].

Der Widerspruch, unter dem diese Ausführungen leiden, liegt auf der Hand. Er hat den Vorzug, das Dilemma vorzüglich zu beleuchten, in dem sich die herrschende Lehre befindet. Gewiß sprechen bewährte Regeln juristischer Kunst — und vielleicht auch die Überlegung, daß ein Mittelweg politisch bessere Chancen besitzt als ein allzu fortschrittlicher Vorschlag — für *Rittners* indirekte Lösung. Aber sie zollt letzten Endes doch nur einer Dogmatik Tribut, die mit dem zu regelnden Sachverhalt nicht korrespondiert und daher nur widerspruchsvolle Vorschriften hervorbringen kann, oder schlimmer noch, die uns lehrt, Gleiches ungleich und daher ungerecht zu behandeln. Wer die Meinung vertritt, daß die Publizität der Unternehmen aus legitimen Interessen der Allgemeinheit an Information, Kontrolle und Vertrauen verbessert werden solle, muß die Konsequenz auf sich nehmen, daß dieses Interesse nicht rechtsformrelevant ist und da-

---

[10] Sitzungsberichte, S. F 41. [11] Sitzungsberichte, S. F 71.
[12] Im soeben genannten Gutachten, S. 154 ff. [13] z. B. S. 140 ff.
[14] S. 144 ff. [15] S. 132, 149. [16] S. 124 ff., 174.
[17] S. 176. [18] S. 157. [19] S. 157, 177.

her auf dem Boden des Gesellschaftsrechts nicht konsistent befriedigt werden kann, sondern nur, wenn man bereit ist, die Lösung als — vielleicht ersten — Schritt zu einem übergreifenden Unternehmensrecht zu vollziehen. In richtiger Einsicht dieses Sachverhalts hat die Bundesregierung in ihrem Entwurf eines Gesetzes über die Rechnungslegung von Großunternehmen und Konzernen[20], im Gegensatz zum Gutachten von *Rittner,* vorgesehen, daß die Publizitätspflicht für alle Unternehmen, gleich welcher Rechtsform, von einer bestimmten Größe an eingeführt werden soll.

b) Der Beherrschungsvertrag

Als Beispiel für die Notwendigkeit einer vergleichenden Strukturanalyse der Unternehmen greifen wir auf die Überlegung zurück, die wir zum Umfang des Weisungsrechts bei Beherrschungsverträgen angestellt haben[21]. Im Aktiengesetz von 1965 hat dieses Weisungsrecht, wie wir sahen, eine ganz bestimmte Ausprägung erfahren , die sich an der Abgrenzung der Kompetenzen zwischen den Organen einer Aktiengesellschaft orientiert. Aber der Beherrschungsvertrag steht, wenngleich ihn das Gesetz dergestalt positiviert hat, daß nur eine Aktiengesellschaft oder KGaA beherrschtes Unternehmen sein kann, seiner Natur nach allen Unternehmen zur Gestaltung von Konzernverhältnissen zur Verfügung, und es besteht daher theoretisch wie praktisch das Bedürfnis, seine Implikationen in den nicht geregelten Fällen zu klären. Dabei tritt die Notwendigkeit auf, seinen funktionellen Gehalt von der rechtsformspezifischen Ausprägung im Aktienrecht zu lösen. Ihn unverändert zu übertragen, wäre nur möglich, wenn alle Unternehmen mit denselben Organen und der gleichen Zuständigkeitsabgrenzung ausgestattet wären. Andererseits würde er seinen Charakter und seine funktionelle Bedeutung im Zusammenspiel zwischen den beteiligten Unternehmen verändern, wenn man ihn nur in äußerlicher Analogie auf eine andere als die bei der Aktiengesellschaft vorgesehene Ordnung projezierte. Eine gleichmäßige Funktion des Vertrags, die allein den Anforderungen an die Rationalität des Rechts genügt, setzt voraus, daß wir die funktionalen Äquivalente in den Zuständigkeitsordnungen der Unternehmen klären und ihn demgemäß regeln[22]. Das ist die Aufgabe einer vergleichenden Strukturanalyse.

---

[20] Bundesrats-Drucks. 296/68.

[21] Oben, S. 31 ff.

[22] Unter diesem Gesichtspunkt bleibt die Regelung des Referentenentwurfs eines Gesetzes über Gesellschaften mit beschränkter Haftung noch unbefriedigend, weil sie die Vorschriften des Aktiengesetzes schematisch übernimmt (vgl. § 248 d. Entw.)

14. Abschnitt

GESELLSCHAFTER ALS MITGLIEDER DES UNTERNEHMENS

1. Der juristische und der soziologische Mitgliedschaftsbegriff

Im vorangehenden Abschnitt ging es darum darzulegen, inwiefern die Organisationssoziologie Anlaß und Handhabe gibt, einen Allgemeinen Teil des Gesellschafts- und Unternehmensrechts herauszuarbeiten. Indem wir nunmehr die Rechtsstellung der Gesellschafter unter diesem Gesichtspunkt kritisch untersuchen, sehen wir uns zunächst mit der einen Juristen einigermaßen schockierenden Klassifikation von *Dill* konfrontiert, der alle Kapitalanteilsträger, sofern sie sich nicht aktiv an der Unternehmensverwaltung beteiligen, von vornherein von der Mitgliedschaft ausschließt und unter die „external participants" zählt[1]. Dabei kann an dieser Stelle auf sich beruhen, wie weit diese Einteilung in der Soziologie anerkannt ist. Sie verliert rasch ihre Spitze, wenn man bedenkt, daß Soziologen und Juristen einen unterschiedlichen Mitgliedschaftsbegriff gebrauchen. Der juristische Begriff der Mitgliedschaft ist untrennbar mit der Figur der juristischen Person, und zwar der körperschaftlich verfaßten, verbunden. Er bezeichnet den Status dessen, der an einem Verein oder an einer Körperschaft des öffentlichen Rechts beteiligt ist, indem er Beiträge zu ihnen leistet, im Normalfall auch an ihrer Verwaltung teilnimmt und ihre Einrichtungen genießt[2]. Daher können die Gesellschafter einer Personalgesellschaft im juristischen Sinn nicht Mitglieder sein, und vollends fällt die Rechtsstellung des Einzelkaufmanns gegenüber „seinem" Unternehmen nicht unter den Begriff. Im Gegenteil ist es üblich, diese Personen als Eigentümer bzw. Miteigentümer des Unternehmensvermögens zur gesamten Hand dogmatisch scharf von den Mitgliedern einer Kapitalgesellschaft abzuheben.

Dieser juristische Mitgliedschaftsbegriff ist ein Produkt des Bedürfnisses nach dogmatisch sauberer Konstruktion, und er erfüllt in deren Herrschaftsbereich auch seine legitimen Funktionen. Aber er leidet an der gleichen Schwäche, die wir bereits mehrfach feststellen konnten, hinter der juristischen Differenzierung die Gleichartigkeit und Parallelität der betroffenen Rechtspositionen künstlich zu verdecken. Daher ist es schon aus juristischen Gründen geboten, für ein allgemeines Unternehmensrecht einen weiteren Mitgliedschaftsbegriff zu postulieren, der auch die Beziehungen der

---

[1] Oben, S. 112.

[2] *Enneccerus - Nipperdey,* Allgemeiner Teil, § 112; *Lehmann - Hübner,* Allgemeiner Teil, § 61 IV; *Larenz,* Allgemeiner Teil, S. 193 f.

Gesellschafter einer Personalgesellschaft und eines Einzelunternehmers zum Unternehmen umfaßt, und es kann nur die Frage gestellt werden, ob sich der soziologische dafür eignet.

Die Organisationstheorie bildet, wie wir gesehen haben[3], keinen abstrakt definierten uniformen Mitgliedschaftsbegriff, sondern benützt zu seiner Umschreibung einen elastischen, aus komplexen Merkmalen zusammengesetzten Maßstab. Ihr theoretischer Ansatz setzt nur voraus, daß ein Mitglied in einigermaßen regelmäßiger Interaktionsverbindung mit der Organisation steht, das heißt, eine Rolle im Lebensprozeß des Gesamtsystems übernimmt und ausfüllt. Im übrigen läßt sie der jeweiligen Abgrenzung Raum, welche die für die einzelnen Organisationen geltenden Vorschriften und Statuten selbst vornehmen. So gesehen schließt der Begriff zwar Kapitalgeber aus, die als reine Obligationäre keinerlei Einfluß auf die Verwaltung oder Steuerung der Produktionstätigkeit nehmen können, denn das bloße Zurverfügungstellen von Kapital begründet für sich allein nur Austauschbeziehungen zum Unternehmen. Aber in Deutschland ist die Mitgliedschaft bei keinem Unternehmen derart verkümmert, auch nicht bei der Aktiengesellschaft, denn die Aktionäre haben trotz aller Lockerung ihrer Pflichten jedenfalls die Möglichkeit, jederzeit ihre Mitverwaltungsrechte auszuüben oder durch Beauftragte ausüben zu lassen. Daß sie ihre Befugnisse im Einzelfall oft nicht wahrnehmen, kann die auf Generalisierungen angewiesene soziologische Theorie sowie eine darauf fußende rechtliche Unternehmenslehre ebenso vernachlässigen wie die herrschende dogmatische Rechtswissenschaft. Daher besteht für uns kein ausreichender Grund, *Dills* Terminologie zu übernehmen und unter den Aktionären zwischen Mitgliedern und Nichtmitgliedern des Unternehmens zu differenzieren[4]. Umgekehrt muß es aber auch angesichts des organisationssoziologischen Mitgliedschaftsbegriffs dabei bleiben, daß die Träger der Rechtsaufsicht über die öffentlichrechtlichen Unternehmen nicht zu den Mitgliedern zählen, sondern ihre Rechte von außen, als external participants, wahrnehmen. Zwar könnte der tatsächliche Einfluß, den sie auf die Gestaltung des Unternehmens ausüben können, dazu veranlassen, ihnen eine Rolle im Unternehmen zuzuschreiben. Aber angesichts der Elastizität des Mitgliedschaftsbegriffs sind wir dazu nicht gezwungen, und daher gebührt auch bei der soziologischen Betrachtungsweise der Tendenz zur Verselbständigung der Unternehmen gegenüber dem Verwaltungsapparat der Vorrang, die sich, wie wir sahen, in der rechtlichen Ordnung überall mehr oder minder durchgesetzt hat.

2. *Die Doppelrolle der Gesellschafter*

In anderer Richtung bedarf der erweiterte Mitgliedschaftsbegriff allerdings noch einer Einschränkung und Präzisierung. Wenn wir die Mit-

---

[3] Oben, S. 104 f.

[4] Ebenso schon *Fechner*, Die Treubindungen des Aktionärs, S. 70 ff.

gliedschaft als Rolle im internen Lebensprozeß des Unternehmens beschreiben, bleibt eine Reihe von Handlungen außer Betracht, die Dispositionen über den Bestand der Organisation selbst treffen und daher nicht systemimmanent sind, sondern nur als von außen auf sie einwirkende Maßnahmen verstanden werden können. Der Entschluß, ein Unternehmen zu gründen, ist niemals ein unternehmensinterner Akt. Bei anderen Dispositionen ist zu unterscheiden: ein Wechsel der Zielsetzung, eine Verminderung des Kapitals oder die Auflösung des Unternehmens kann die Konsequenz systeminterner Prozesse sein, wenn etwa die systemgerechte Anpassung an neue Umstände solche grundsätzlichen Schritte erfordert. Aber diese Maßnahmen werden oft auch ohne Rücksicht auf die Bedürfnisse der Organisation durchgesetzt, wenn jemand die Macht dazu hat, und bewirken dann sozusagen gewaltsame Änderungen ihres Zustandes von außen. Insofern unser Recht den Kapitaleigentümern die Befugnis dazu verleiht, handeln sie nicht als Mitglieder des Unternehmens, sondern als außenstehende Dritte. Ihre Stellung ist also in zwei Teile, einen mitgliedschaftlichen und einen externen, gespalten.

Die soziologische Erklärung für diese Spaltung der Eigentümerbefugnisse in einen mitgliedschaftlichen und einen externen Teil bietet keine Schwierigkeiten. Mitgliedschaft im Unternehmen ist eine Rolle, die sich aus einem Netz spezifischer, unternehmensbezogener Handlungen und Verhaltensweisen zusammensetzt, aber nicht das ganze Dasein des Menschen ergreift[5]. Jeder Mensch kann daher in seiner Person mehrere Rollen vereinigen, sofern nur dafür gesorgt ist, daß sie sich nicht widersprechen. Unter dieser Voraussetzung schadet es auch nicht, wenn sich die Rollen auf dieselbe Organisation beziehen[6]. Für die juristische Praxis folgt daraus nur, daß sie beide sachgemäß gegeneinander abgrenzen muß. Auch in der Rechtswissenschaft sind analoge Gedanken keineswegs unbekannt, und sie zeugen, da sie aus ganz anderer Quelle stammen als die soziologischen Denkkategorien, für ihre soziale Relevanz. Es ist an die Unterscheidung zwischen Individualrechten und Sozialrechten der Mitglieder in Otto v. *Gierkes* Genossenschaftstheorie[7] zu erinnern, die von hier aus zum festen Bestand der Vereinsrechtsdogmatik geworden ist[8]. Im modernen Gesellschaftsrecht kommt die Rollentrennung unbewußt zum Zug, wenn die Anforderungen an die Treuepflicht der Gesellschafter modifiziert werden je nachdem, ob es sich um Gesellschafterrechte handelt, die ihnen im Interesse der Gesellschaft oder in ihrem eigenen Interesse verliehen wurden[9].

---

[5] Vgl. *Luhmann*, Funktionen und Folgen, S. 24 f.

[6] Zur Kombination mehrerer Rollen in einer Person s. *Luhmann*, aaO., S. 46 ff., der sogar die Mitgliedschaft selbst in mehrere Rollen aufteilt, ein Gedanke, der aus seinem organisationstheoretischen Gedankengang fließt und dort wichtige Zusammenhänge aufzudecken hilft, hier aber außer Betracht bleiben kann.

[7] Genossenschaftstheorie, S. 174 ff., Deutsches Privatrecht § 68.

[8] Vgl. *Lehmann - Hübner*, Allg. Teil § 61 IV.

[9] Vgl. *Hueck*, Das Recht der offenen Handelsgesellschaft, S. 139 f. Siehe dazu sogleich unten, S. 142.

Die Legitimation der Eigentümer für die externen Dispositionen ist, da sie nicht von der Mitgliedschaft abhängt, auf dem Boden der Organisationstheorie nicht zu begründen, und auch ihre Grenzen lassen sich mit deren Mitteln allein nicht festlegen. Es handelt sich mit anderen Worten nicht um Probleme der rechtlichen Ordnung des Unternehmens, sondern der Umwelt und ihrer auf das Unternehmen einwirkenden Faktoren. Immerhin hat der systemtheoretische Ansatz eine Konsequenz, die man auch bei der Regelung dieser Faktoren berücksichtigen muß. Die Organisationssoziologie geht davon aus, daß jede Organisation, einmal ins Leben getreten, dahin tendiert, sich selbst zu erhalten. An dieser Tendenz orientieren sich die Führungsentscheidungen, die in der Organisation fallen, und sie prägt auch die Verhaltenserwartungen, welche die Organisation an alle Mitglieder richtet. Indem nun in der Theorie dieser „Selbsterhaltungstrieb" ohne weitere Begründung als wertvoll vorausgesetzt wird, erscheinen die externen Befugnisse der Kapitaleigentümer, die Organisation im Interesse von außerhalb ihrer selbst liegenden Zielen umzugestalten oder zu zerstören, unvermeidlich in einem negativen Licht. Sie müssen, sofern man bei der Abstimmung der beiden Eigentümerrollen konsequent organisationsbezogen verfährt, so weit zurückgedrängt werden, bis die Gefahr des nicht systemimmanenten, gewaltsamen Eingriffs gebannt ist, was bedeuten würde, daß zum Beispiel Entnahmen aus dem Gesellschaftskapital nur dann gestattet sein können, wenn die Bedürfnisse und Interessen des Unternehmens dadurch nicht beeinträchtigt werden. Gesteht man, wie das geltende Recht, den Kapitaleigentümern weitergehende Rechte zu, so versagt die systemkonforme Begründung. Sie wurzeln in der übergeordneten Sphäre der gesellschaftlichen und staatlichen Ordnung, wo die Lebensräume der zahllosen nebeneinander stehenden und aufeinander einwirkenden Personen und Organisationen abgegrenzt und koordiniert werden müssen. Auf diesem Feld, das außerhalb unseres Blickwinkels liegt, sind sie daher auch juristisch anzusiedeln und zu legitimieren.

3. *Die Rechtsstellung der Gesellschafter als Mitglieder des Unternehmens*

Mit diesen Bemerkungen ist der Mitgliedschaftsbegriff, den wir im Anschluß an die Organisationssoziologie für die juristische Unternehmensdogmatik vorschlagen, hinreichend geklärt, und es ist nunmehr zu fragen, welchen Nutzen er bringt. Unsere These muß lauten, daß die Rechtsstellung aller Kapitaleigentümer als Mitglieder des Unternehmens rechtlich gemeinsame Züge aufweist, die ins Gewicht fallen und daher deutlicher als bisher zur Geltung gebracht werden müssen. Nicht als ob die Unterschiede zwischen den Rechtsformen geleugnet oder verharmlost werden könnten, die unser Recht in stetiger Entwicklung entfaltet und verfeinert hat. Die Art und Weise der Kapitalbeteiligung, die Bedingungen des Eintritts und Austritts, der Umfang der Mitverwaltung, das Maß der Haftung und andere Merkmale konstituieren Mitgliedschaftsverhältnisse, in denen sich verschiedenartige wirtschaftliche und soziale Voraussetzungen ausprägen und die folglich auch als Rechtsinstitute ihr Eigenleben führen. Sachprobleme, die sich auf diese Merkmale beziehen, werden niemals anders als rechtsformspezifisch gelöst werden können. Aber das hindert nicht, alle Arten von Mitgliedschaften unter dem übergeordneten Gesichtspunkt des Unternehmens als analoge Antworten auf gleichartige Systemfunktionen zu verstehen, die vor aller Differenzierung deren Sachgesetzlichkeit aufnehmen und widerspiegeln müssen und sich insofern gleichen.

a) Loyalitätspflicht anstelle der Treuepflicht

Der Gedanke hat im Gesellschaftsrecht in der Lehre von der Treuepflicht der Gesellschafter bereits eine gewisse Anerkennung erfahren, die wir zum Anlaß nehmen können, seine Implikationen beispielhaft zu erläutern. Für das Recht der Personalgesellschaften besteht heute in der Rechtsprechung[10] und Lehre[11] Einverständnis, daß sich die Gesellschafter im Gesellschaftsvertrag nicht nur zu den näher bezeichneten Sach- und Dienstleistungen verpflichten, sondern darüber hinaus zu gegenseitiger Treue. Die Treuepflicht entspringt, wie die herrschende Lehre annimmt, dem personenrechtlichen Gemeinschaftsverhältnis, in das die Gesellschafter kraft des Vertrags und der aus ihm hervorgehenden engen Zusammenarbeit treten[12]. Daher stellt sie Anforderungen an die Gesellschafter, die über die allgemeine, den rechtsgeschäftlichen Verkehr beherrschende Pflicht zum Verhalten nach Treu und Glauben hinausgehen. Sie verpflichtet dazu, „jede Schädigung der Interessen der Gemeinschaft und der durch den Gemeinschaftszweck umfaßten Interessen der Mitbeteiligten zu unterlassen und darüber hinaus diese Interessen im Rahmen der durch die Gemeinschaft bedingten Tätigkeit zu fördern“[13]. Indem sie damit ein sittliches Moment in die im übrigen nur schuldrechtlich geordneten Beziehungen der Gesellschafter einfließen läßt, wird sie zur übergeordneten, alle einzelnen Rechte und Pflichten überspannenden, korrigierend oder ergänzend eingreifenden Verhaltensmaxime. Welches Verhalten sie inhaltlich jeweils verlangt, hängt vom Einzelfall ab und variiert daher je nach Art der Rechtsbeziehung und Situation. Alle Akte der Geschäftsführung stehen vollständig unter ihrem Gesetz, während bei den vertraglichen Rechten der Gesellschafter untereinander auch deren privates Individualinteresse ins Spiel kommt,

---

[10] Vgl. die zahlreichen Nachweise bei *Soergel - Schultze - v. Lasaulx*, Bürgerliches Gesetzbuch § 705 Anm. 39—44.

[11] Vgl. statt aller *Soergel-Schultze - v. Lasaulx*, aaO., *Staudinger-Geiler-Keßler*, BGB Vorbem. vor § 705 Anm. 32 ff.; *Weipert* in RGR Komm. zum HGB § 105 Anm. 31, *Hueck*, Das Recht der offenen Handelsgesellschaft, S. 139 ff.; ders., Der Treuegedanke im Recht der offenen Handelsgesellschaft, Festschrift für Rudolf *Hübner*, S. 72 ff.; *Robert Fischer*, NJW 1954, S. 777 ff.; *Zöllner*, Die Schranken mitgliedschaftlicher Stimmrechtsmacht, S. 335 ff.

[12] Vgl. namentlich *Hueck*, Der Treuegedanke im modernen Privatrecht, S. 12 ff.

[13] So die weithin übernommene Formulierung von *Hueck*, Der Treuegedanke im modernen Privatrecht, S. 19.

an dem das Gesellschaftsinteresse nach Maßgabe des Gesellschaftsvertrags seine Begrenzung findet[14]. Zustimmung zu Änderungen des Gesellschaftsvertrags verlangt die Treuepflicht nur im Ausnahmefall, wenn sie einerseits mit Rücksicht auf das bestehende Gesellschaftsverhältnis etwa zum Zweck der Erhaltung der gemeinsam geschaffenen Werte oder zur Abwendung von Verlusten unerläßlich und andererseits dem Gesellschafter unter Berücksichtigung seiner Belange zumutbar ist[15]. Die anderen Verhältnisse bei den Kapitalgesellschaften, namentlich der Aktiengesellschaft, verbieten es, diese Sätze unverändert zu übernehmen. Zwischen den Aktionären bestehen regelmäßig keinerlei rechtliche Beziehungen, und ihre Vielzahl und Anonymität erlaubt es auch nicht, das Bestehen einer personenrechtlichen Gemeinschaft unter ihnen anzunehmen. Auch ihre Bindung an die Gesellschaft und das Unternehmen selbst ist um vieles lockerer als bei den Personalgesellschaften, da das Gesetz keine Pflicht zur Mitwirkung an der Verwaltung kennt und überdies jederzeit die Veräußerung der Aktie ermöglicht. Infolgedessen verneint heute die wohl überwiegende Zahl der Autoren eine Treuepflicht der Aktionäre und fordert von ihnen nur ein Verhalten nach Treu und Glauben, soweit nicht spezielle Regeln des Aktiengesetzes genauere Anordnungen treffen[16]. Eine Minderheit behauptet gleichwohl eine Treuepflicht der Aktionäre[17], und sie wird im Vorbeigehen auch in der Rechtsprechung des Bundesgerichtshofes erwähnt[18] [19], während das Gericht noch keine Gelegenheit hatte, eine Entscheidung ausdrücklich darauf zu stützen[20].

Für unsere Beurteilung des Streits sind angesichts der plausiblen Gründe der herrschenden Lehre die Erwägungen von hohem Interesse, mit welchen die Minderheitsgruppe ihre Ansicht verteidigt. Am gründlichsten hat sich *Fechner*[21] mit der Frage befaßt, und seine Gedanken nehmen bereits zen-

---

[14] *Hueck*, Recht der OHG, S. 139 f.

[15] BGH LM Nr. 8 zu § 105 HGB; Nr. 8 zu § 138 HGB; st. Rspr.; *Hueck*, Recht der OHG, S. 126 f.

[16] *Schlegelberger-Quassowski*, Aktiengesetz, Anm. 5 zu § 1; *Schmidt-Meyer-Landrut*, Großkommentar zum Aktienges. Anm. 8 b zu § 1; *Godin-Wilhelmi*, Aktiengesetz, Anm. 3—5 zu § 1; *Baumbach-Hueck*, Aktiengesetz, Bem. 10 f. vor § 54; *Hueck*, Der Treuegedanke im modernen Privatrecht, S. 14 f.; *Würdinger*, Aktien- und Konzernrecht, S. 49.

[17] Vor allem *Fechner*, Die Treubindungen des Aktionärs, S. 70 ff., der sich auf zahlreiche ältere Autoren stützt; ferner *J. v. Gierke*, Handelsrecht § 44 III; *Teichmann-Köhler* AktG § 48 Anm. 5.

[18] BGHZ 14, 38.

[19] Das Reichsgericht hatte in den drei viel erörterten Entscheidungen RGZ 146, 76; 146, 394 und 158, 248 eine Treuepflicht der Aktionäre ausdrücklich anerkannt.

[20] Bei der GmbH wird eine Treuepflicht der Gesellschafter dagegen allgemein anerkannt, BGHZ 9, 163; 14, 38; *Schilling* bei *Hachenburg*, GmbHGes., Anm. 26 f. zu § 14; *Baumbach-Hueck*, GmbHGes. Anm. 2 B vor § 13.

[21] Die Treubindungen des Aktionärs, S. 62 ff.

trale Erkenntnisse der Organisationssoziologie vorweg, so daß wir ihm ein gutes Stück Wegs folgen können[22], ohne auf die älteren Lehren zurückgreifen zu müssen[23]. Nach *Fechner* besteht zwar nicht eine Treuepflicht der Aktionäre untereinander, aber gegenüber dem hinter der Aktiengesellschaft stehenden, ihre „reale wirtschaftliche Substanz" bildenden Unternehmen[24]. Um dies zu verstehen, müssen wir uns *Fechners* Unternehmensbegriff vergegenwärtigen. Indem er das Unternehmen als eine „zu bestimmten wirtschaftlichen Zwecken organisierte Gruppe von Menschen[25], als „eine Form des Miteinanders"[26] versteht, kann er Treuebindungen der Beteiligten an die Gruppe postulieren, ohne der Schwierigkeit zu verfallen, als Empfänger der Treue nur ein wesenloses künstliches Subjekt, die Aktiengesellschaft als juristische Person, annehmen zu können. Andererseits braucht er auch nicht den Gedanken einer personenrechtlichen Gemeinschaft zu strapazieren. Da die Aktionäre die Rechtsmacht besitzen, durch Ausübung ihrer Rechte auf das Unternehmen, das heißt, auf die organisatorische Ordnung der Gruppe und die in dieser Ordnung gebundenen Personen Einfluß zu nehmen, trifft sie eine Treuepflicht, die über den in jedem Rechtsverhältnis wirksamen Satz von Treu und Glauben hinausgeht[27]. Sie verpflichtet jeden Aktionär, bei Beschlüssen, die das Unternehmen berühren, „das Wohl des Unternehmens zur Richtschnur seiner Abstimmung zu machen und das eigene Interesse hinter das Interesse des Unternehmens zurückzusetzen"[28].

Für die herrschende Lehre war *Fechners* Lösung nicht nur deshalb inakzeptabel, weil er ihr einen eigenen Unternehmensbegriff zugrunde legte. Vor allem siedelte sie den Treuebegriff auf einem so hohen Niveau sozialer Sittlichkeit an, daß er in anderen Gruppen als den auf persönlicher Verbundenheit beruhenden Gemeinschaften keinen Sinn haben konnte[29]. An dieser Stelle setzt uns nun die Organisationssoziologie in den Stand, die Perspektiven zurechtzurücken. Einerseits ist es zweifellos richtig, daß in der Beziehung der Aktionäre zu „ihrem" Unternehmen ein anderes Prinzip herrschen muß als der Grundsatz von Treu und Glauben, weil dieser nur die im gewöhnlichen Austauschverkehr erforderliche Moral impliziert, während das Zusammenwirken in Organisationen sich an speziellen Verhaltensmaximen ausrichten muß. Andererseits geht es aber zu weit, dafür den hohen Begriff sittlicher Treue zu mißbrauchen, der in der Tat nur für Gemeinschaften paßt, die ihre Mitglieder personhaft umgreifen. Gefordert ist eine Moral des funktionsgerechten rationalen Verhaltens, der Identifikation mit den Aufgaben der Organisation und der Einsatzbereitschaft für sie, die wir am besten mit dem Begriff der Loyalität gegenüber dem Unterneh-

---

[22] In ähnliche Richtung weisen auch die Gedanken von *Zöllner*, aaO., S. 337 ff.

[23] Vgl. dazu die Auseinandersetzung *Fechners*, aaO., S. 39 ff.

[24] S. 63. [25] S. 67. [26] S. 68. [27] S. 70 ff.

[28] S. 78. [29] Vgl. *Hueck*, Der Treuegedanke, S. 1 ff., 12.

men bezeichnen[30], und die sich sowohl von Treu und Glauben wie von der Treuepflicht im strengen Sinn unterscheidet. Was diese Loyalität im einzelnen fordert, muß je nach der Rechtsstellung des betroffenen Mitglieds beurteilt und kann daher hier nicht ein für allemal in einer abstrakten Formel beschrieben werden. Es handelt sich um eine konkretisierungsbedürftige Generalklausel. In den meisten Fälllen wird sie auf dasselbe Verhalten hinauslaufen, das bereits bisher unter den Maximen der Treuepflicht oder von Treu und Glauben verlangt wurde, denn wir können voraussetzen, daß Judikatur und Wissenschaft längst ein Fingerspitzengefühl für die sachgemäßen Standards ausgebildet haben[31]. Das gestattet uns, für die Einzelheiten auf die oben berichteten Fällle sowie die in den Kommentaren zusammengestellte Kasuistik zu verweisen[32]. Es kommt für unsere Absicht auch hier nicht so sehr darauf an, neuen Lösungsvorschlägen für Einzelprobleme die Wege zu ebnen, als den Blick für die grundsätzlichen Konsequenzen zu öffnen, die sich aus dem neuen Ansatz des Unternehmensrechts für die dogmatische Konstruktion und die in ihr wirkenden Wertvorstellungen ergeben. Sie sind in zwei Richtungen zu verfolgen:

a) Die Loyalitätspflicht besteht gegenüber dem Unternehmen und empfängt ihren genaueren Inhalt von den Verhaltenserwartungen, die an die funktionsgerechte Erfüllung der Systemprobleme des Unternehmens und der in ihm jedem Mitglied zugeteilten Rolle gestellt werden müssen. Daraus folgt, daß ihr die Gesellschafter nur unterliegen, soweit sie als Unternehmensmitglieder handeln, nicht jedoch hinsichtlich ihrer extern legitimierten Dispositionen. Allerdings beherrscht sie die Abgrenzung zwischen beiden Rollen. Ihre Quelle sind nicht die Rechtsbeziehungen der Gesellschafter untereinander, auch bezieht sie sich nicht auf die Erfüllung der zwischen diesen vereinbarten vertraglichen Pflichten. Niemals ist sie Ausfluß einer personenrechtlichen Gemeinschaft der Gesellschafter untereinander[33]. Daher unterliegt ihr auch der Einzelkaufmann gegenüber „seinem“ Unternehmen,

---

[30] Vgl. dazu etwa die instruktiven Ausführungen von *Luhmann*, S. 39 ff., 89 ff., namentlich, S. 47: „Vor allem aber wird von allen Mitgliedern ein gewisses verbales Verhalten erwartet, das die Gesamtheit der formalen Erwartungen trägt und stützt und ihre Institutionalisierung ermöglicht. Mitglieder müssen die Zwecke der Organisation bejahen, die Entscheidungsrechte der Organisationsleitung anerkennen und alle formalen Regeln achten und bestätigen, auch wenn es gar nicht speziell um ihr Verhalten geht. Ein solches Ausdrucksverhalten ist Bestandteil der Mitgliedsrolle und dient dazu, die soziale Struktur zu objektivieren. Der Schwerpunkt der Mitgliedsrolle liegt mithin in einem kommunitativen Ausdrucksverhalten, das die Bestätigung der formalen Erwartungen zum Inhalt hat.“

[31] Ähnlich *Zöllner*, der ausführt, es handle sich bei dem Streit, ob eine Treuepflicht gefordert sei oder nur ein Verhalten nach Treu und Glauben „vorwiegend um eine terminologische Auseinandersetzung“ (aaO., S. 336 f.).

[32] So ist der herrschenden Lehre darin beizupflichten, daß bei den reinen Anlageaktionären der Loyalitätspflicht nicht viel Inhalt abzugewinnen ist, sie andererseits aber alle Akte der Geschäftsführung vollständig beherrscht.

was für die herrschende Lehre ein Widerspruch wäre. Andererseits wird das Verhalten im Unternehmen bei allen Beteiligten von den hohen sittlichen Anforderungen personaler Zuwendung zum Mitgesellschafter entlastet, die wir mit dem Wert der Treue verbinden, und auf ein sozusagen mittleres Niveau reduziert. Es regiert die Durchschnittsmoral redlichen Zusammenwirkens auf ein gemeinsames Ziel hin, die sowohl anschaulich wie rational einsichtig ist und nicht die Person in ihrer ganzen menschlichen Tiefe fordert, sondern ein bestimmtes, mehr äußerliches Rollenverhalten[34]. Dogmatisch ist die Loyalitätspflicht als ein das Unternehmensrecht durchgängig beherrschendes Prinzip zu verstehen, das, ungeachtet seiner unterschiedlichen Intensität bei den einzelnen Rechtspositionen, rechtsformneutral interpretiert und konstruiert werden muß.

b) In einer anderen Richtung greift die so konzipierte Loyalitätspflicht über die Reichweite gesellschaftsrechtlicher Treuepflicht hinaus. Sie bezieht sich auf das Unternehmen als Ganzes und daher auf alle Personen, die zu ihm gehören, auch die in ihm arbeitenden Menschen[35]. Damit gewinnt das Regulativ, nach dem sie sich richtet, eine zusätzliche Dimension. Im Unternehmensinteresse verkörpern sich nicht nur die Ziele der Kapitalbeteiligten, sondern auch der Arbeitnehmer, und sofern sie sich nicht decken, sind sie auszubalancieren. Die Gesellschafter sind, bildlich gesprochen, nicht mehr nur unter sich. Darin kommt der Gedanke zum Ausdruck, daß es notwendig sei, im Unternehmensrecht statt den die verschiedenen Gruppen trennenden Faktoren klarer als bisher das sie Verbindende und Gemeinsame rechtlich zu gestalten.

b) Die vermögensrechtlichen Beziehungen der Gesellschafter zum Unternehmen. Das Unternehmenseigentum

Die Mitgliedschaft in der Organisation wirkt sich nicht nur auf die personen-, sondern auch auf die vermögensrechtlichen Beziehungen der Gesellschafter zum Unternehmen aus. In der Zivilrechtsdogmatik haben wir es in diesem Zusammenhang bekanntlich mit drei verschiedenen Figuren zu tun: der Einzelkaufmann ist unbeschränkter Eigentümer und Inhaber aller zu „seinem" Unternehmen gehörenden Sachen und Rechte und übt als solcher alle Befugnisse aus, die ihm nach § 903 BGB und der dieser Vorschrift zugrundeliegenden klassischen Eigentumslehre zukommen. Auch bei

---

[33] Deren Bestehen mindestens bei der kapitalistischen Kommanditgesellschaft, in vielen Fällen auch bei der GmbH u. Co, KG bezweifelt werden muß. Es mag aber sein, daß darüber hinaus infolge der laufenden Zusammenarbeit zwischen einzelnen Gesellschaftern eine echte Gemeinschaft entsteht, in welcher dann auch die gegenüber der Loyalitätspflicht strengeren Anforderungen der Treuepflicht gelten.

[34] Über die Trennung von rollengemäßem Verhalten und gefühlsgesteuerter persönlicher Motivation vgl. *Luhmann,* S. 91.

[35] Diese Konsequenz ist bei *Fechner,* aaO., S. 66 ff., 76, bereits angelegt, wird aber nicht ausgeführt.

den Personalgesellschaften hält unser Recht daran fest, daß sich die dem Unternehmen gewidmeten Vermögensgegenstände im Eigentum der Gesellschafter befinden, modifiziert allerdings die unbeschränkte Macht des Eigentümers durch die gesamthänderische Bindung. Die Befugnisse des § 903 BGB stehen den Gesellschaftern nur in ihrer Verbundenheit zu, jeder einzelne kann nur über seinen Anteil an der Vermögensgemeinschaft im Ganzen verfügen. Bei den als juristische Person verfaßten Unternehmen schließlich weicht die Figur des Eigentums und wird durch die der Mitgliedschaft und der aus ihr fließenden Vermögensrechte ersetzt, in der schon dem Begriff nach nicht mehr die absolute Herrschaftsfülle des Eigentümers mitgedacht wird und deren Inhalt und Grenzen daher auf die Bedürfnisse und den Zweck des Unternehmens abgestimmt werden können, das heißt je nach Gesellschaftsform variieren.

Daß diese aus rechtstechnischen Gründen aufrechterhaltene Trichotomie der vermögensrechtlichen Teilhabe am Unternehmen deren Gemeinsamkeiten verdeckt, ist längst zum Allgemeingut der Rechtswissenschaft geworden. Nicht allein das Verfassungsrecht, auf das wir an dieser Stelle nicht einzugehen brauchen, hat einen weiteren Begriff des Eigentums notwendig gemacht, der neben anderen Rechten auch den vermögensrechtlichen Bestandteil von Mitgliedschaften umfaßt. Auch im Handels- und Wirtschaftsrecht hat es sich eingebürgert, alle drei genannten Rechtspositionen unter dem Stichwort des Eigentums, genauer des Eigentums an den Produktionsmitteln, zusammenzufassen. Spielt dieser weitere Eigentumsbegriff auch seine Hauptrolle in der sozialpolitischen Diskussion um eine breitere Eigentumsstreuung und um den Ausbau der Gesellschafterrechte als der „wirtschaftlichen Eigentümer“[36] der Unternehmen, so hat er doch auch Eingang in die rechtswissenschaftliche Terminologie gefunden. Es genügt, hier auf die jüngste Arbeit von *Rittner* zu verweisen, der den engen Eigentumsbegriff des BGB ausdrücklich für ungeeignet erklärt, die Funktion des Eigentums im modernen Gesellschaftsrecht zu beschreiben[37].

Für unseren Zusammenhang ist die Feststellung entscheidend, daß auch der weitere Eigentumsbegriff nach seinem gedanklichen Inhalt von der Vorstellung geprägt wird, er verleihe dem Eigentümer eine im Prinzip unbegrenzte Herrschafts- und Verfügungsmacht, die nur in den Randzonen um des sozialen Zusammenlebens willen geschmälert, sozial gebunden werden muß. Die Eigentumsdefinition des § 903 BGB, wonach der Eigentümer berechtigt ist, mit der Sache nach Belieben zu verfahren und andere von jeder Einwirkung auf sie auszuschließen, paßt im Verständnis der herrschenden Lehre grundsätzlich auch für den erweiterten Eigentumsbegriff. Sie wird auch dort festgehalten, wo man, wie etwa wiederum *Rittner*[38],

[36] Vgl. etwa die Verwendung dieser Formulierung in der Begründung zum Regierungsentwurf eines Aktiengesetzes, abgedruckt bei *Kropff*, S. 14 f. u. a.

[37] *Rittner*, Die Funktion des Eigentums im modernen Gesellschaftsrecht, S. 56 mit Anm. 22.

[38] S. 59.

konzediert, daß „unternehmensbezogenes Eigentum" sich „in einem besonderen Aggregatzustand" befinde, denn dieser bedeutet offenbar nicht, daß es seinen Inhalt im Kern veränderte, vielmehr wird nur seine allgemeine, sich aus der Privatrechtsordnung ergebende Funktion durch besondere Funktionen „überlagert", zum Teil modifiziert und ergänzt"[39], das heißt, es wird einer „erhöhten Sozialgebundenheit"[40] unterworfen.

Es liegt auf der Hand, daß die Lehren der Organisationssoziologie einen anderen Eigentumsbegriff fordern, und zwar nicht allein für das Unternehmensrecht, sondern überall dort, wo das Privatrecht mit Organisationen und den auf sie bezogenen Vermögensrechten der Mitglieder zu tun hat. Wir können den Sachverhalt in Parallele zu § 903 BGB zugespitzt wie folgt formulieren: Der Eigentümer eines Vermögenswertes, den er einer Organisation zur Verfügung gestellt hat, ist verpflichtet, mit ihm so zu verfahren, wie es der Zweck und die Aufgaben der Organisation fordern, und darf die anderen Mitglieder der Organisation nicht von der funktionsgerechten Einwirkung auf den Gegenstand ausschließen. Man sieht, wie sich in solchen Sätzen die Aussagen des § 903 BGB geradezu umkehren.

Natürlich sind Gedankengänge dieser Art der privatrechtlichen Eigentumslehre nicht völlig fremd geblieben. Es ist darauf zu verweisen, daß gerade das Gesellschaftsrecht in den Figuren der Gesamthand und des Mitgliedschaftsrechts einen Spielraum geschaffen hat, der es erlaubt, die absolute Willkür des Eigentümers zu Gunsten der Bedürfnisse des Unternehmens zu beschneiden, wodurch allein dessen Lebensfähigkeit gewährleistet wird. In der Theorie hat sich gleichwohl die Einsicht in die Funktionsgebundenheit des Privateigentums und die daraus notwendig resultierende Differenzierung zwischen verschiedenen Eigentumskategorien, deren Inhalt jeweils für sich definiert werden muß, nur in Ansätzen niedergeschlagen. Schon Otto v. *Gierke* hat es als „schädlichen Irrtum" bezeichnet, daß „das Eigentum überall sich selbst gleich und von der Natur seines Gegenstandes vollkommen unabhängig sei"[41]. *Wieacker* unternahm den Versuch, die Sozialfunktionen des Eigentums, die durch den abstrakten Begriff des § 903 BGB verdeckt werden, herauszuarbeiten und rechtlich zur Geltung zu bringen[42]. *Schultze-v. Lasaulx* ist ihm unter Hinweis auf das mittelalterliche deutsche Rechtsdenken gefolgt[43], und nicht zuletzt hat *Baur* in seinem Lehrbuch des Sachenrechts bestimmte „Einordnungstypen" des Eigentums unterschieden, die den Eigentumsinhalt zwar nicht allein bestimmen, aber mitprägen[44]. Im Hinblick auf das Unternehmensrecht findet sich die Forderung nach einem Eigentumsbegriff, bei dem „die Zweckidee des Unternehmens" im Vordergrund steht, zum ersten Mal, soweit ich

[39] S. 56. [40] S. 59.

[41] Die soziale Aufgabe des Privatrechts, S. 21.

[42] Wandlungen der Eigentumsverfassung, S. 10 und passim.

[43] AcP 151, S. 454 und 156, S. 457.

[44] Sachenrecht, S. 202.

sehe, bei Hans *Fehr*[45]. Nach dem Krieg hat ihr *Ballerstedt* in einer Konzeption Gestalt verliehen, wonach der Eigentümer mit der Einbringung eines Vermögensgegenstandes in ein Unternehmen einen Akt der Veränderung des Eigentumsinhalts vollzieht, ihn nämlich „in Recht und Pflicht wirtschaftsverfassungsrechtlich" bindet, und damit die Ausschließlichkeit preisgibt, die ihm nur im reinen Privatrecht an der Sachsubstanz zukommen konnte[46]. Charakteristischerweise bezeichnet *Ballerstedt* diesen Akt in betonter Anlehnung an das öffentliche Sachenrecht als Widmung. Er hat in der Folgezeit bei einer Reihe von Autoren Anklang gefunden. Auch das Bundesverfassungsgericht ist einen Schritt in dieselbe Richtung gegangen, als es im Feldmühleurteil die Umwandlung einer Aktiengesellschaft in eine andere durch Mehrheitsbeschluß und den damit verknüpften Ausschluß der Minderheitsaktionäre für zulässig erklärte und dazu unter anderem schrieb, das in der Aktie verkörperte gesellschaftsrechtliche Eigentum sei „in seinem Bestand gegen Beschlüsse der Mehrheit nicht unbedingt gesichert"[47]. Eine Differenzierung des Eigentums nach der Funktion seines Gegenstandes und danach, ob es nur private oder auch gesellschaftliche Herrschaft verleiht, hat ferner Herbert *Krüger* für geboten erachtet, weil der abstrakte Eigentumsbegriff zur Willkür ermächtige[48]. Wie das Unternehmenseigentum konkret aussehen müßte, ist neuerdings andeutungsweise bei *Kunze* zu lesen[49]: Die Widmung seines Vermögens an ein Unternehmen bleibt der freie Entschluß des Eigentümers. Hat er sie aber vollzogen, so wird seine Befugnis, über einzelne Gegenstände daraus zu verfügen, eingeschränkt oder aufgehoben. Er kann nur noch das Unternehmen als Ganzes veräußern. Auch kann er die Widmung nicht ohne weiteres rückgängig machen, sondern nur in den Grenzen, in denen es ihm die Unternehmensordnung gestattet.

Aufs Ganze gesehen haben sich solche Gedanken jedoch in der Eigentumsdogmatik bisher nicht durchsetzen können, und vollends verfügen wir nicht über eine durchgearbeitete Lehre dazu. Die führenden Lehrbücher des Sachenrechts von *Westermann*[50] und *Wolff-Raiser*[51] verharren beim klassischen Eigentumsbegriff und erwähnen sie nur an untergeordneter Stelle. Darin liegt gewiß kein Zufall. Wenn wir ein Unternehmenseigentum konzipieren, bei dem die Zwecke und Bedürfnisse des Unternehmens und die Dispositionen der Unternehmensführer die Eigentümerinteressen schlechthin überwiegen, schmilzt deren Rechtsposition zu einem Rudiment

---

45 Der Eigentumsbegriff und das Unternehmen, ZfSchwR 47, 1928, S. 1 ff.

46 Unternehmen und Wirtschaftsverfassung JZ 1951 S. 490 ff., 491.

47 BVerfGE 14, 263 (278).

48 Allgemeine Staatslehre, S. 434 ff. Vgl. auch *Krawietz*, S. 49 ff.

49 Im Marburger Gespräch, S. 88. Ähnlich auch der Bericht: *Unternehmensverfassung als gesellschaftspolitische Forderung*, S. 169 f.

50 § 28 I 4, S. 115.

51 § 51 II 3, S. 175.

zusammen, das nur noch geringen Wert aufweist und nicht einmal mehr eine angemessene Dividende garantiert. Man muß zweifeln, ob das auf solche Weise uninteressant gewordene Institut überhaupt funktionsfähig wäre. Jedenfalls widerspricht es dem geltenden Recht, das im Prinzip den Substanz- und Gebrauchswert des Eigentums in der Hand des Eigentümers sichert. Es kann sich also nur darum handeln, dessen Recht und die Ansprüche des Unternehmens sachgemäß gegeneinander abzuwägen. Organisationssoziologisch läßt sich der Tatbestand klären, wenn man auf die Stellung des Eigentümers als Träger einer Doppelrolle zurückgreift, in der seine Mitgliedschaft und seine Eigenschaft, Umwelt für die Organisation zu sein, zusammentreffen und harmonisiert werden müssen[52].

Bei den als juristische Person verfaßten Kapitalgesellschaften erlaubt die rechtliche Konstruktion eine funktionale Abgrenzung der Eigentümerbefugnisse, weil der rechtsdogmatische Begriff der Mitgliedschaft keine abstrakt festgelegte Rechtsposition umschreibt. Daher löst das geltende Recht auf diesem Gebiet den Konflikt reibungslos und ohne schwerwiegende Mißstände zum Nachteil des Unternehmens. Auch bei den Personalgesellschaften bewirkt die Modifikation der unbeschränkten Eigentümermacht die Bindung an die Gesamthand zugunsten des Unternehmens. Aber hier ist die Bindung allzu formaler Natur, um eine sachgemäße Sonderung der Interessensphären zu garantieren, und in der Praxis hat sich ihre Unzulänglichkeit vor allem daran gezeigt, daß sie keine Handhabe bietet, die Entnahme von Geldmitteln für den privaten Verbrauch zum Schaden des Unternehmens zu verhindern. An dieser Stelle erlaubt die funktionelle Betrachtungsweise die notwendige Korrektur. Vor allem ist aber die dem Einzelkaufmann nach geltendem Recht zustehende uneingeschränkte Verfügungsgewalt auf die Dauer unerträglich, denn sie berücksichtigt die Bedürfnisse des Unternehmens überhaupt nicht. Hier wird die Konzeption des zweckgebundenen Unternehmenseigentums daher seine wichtigste Wirkung entfalten.

c) *Auswahl und Legitimation der Unternehmensführer*

Die Erkenntnis der Unternehmensgebundenheit des Eigentums leitet über zu der Frage nach dem Auswahlverfahren und der Legitimation der Führer des Unternehmens. Im geltenden Recht fallen Kapitaleigentum und Unternehmensleitung entweder zusammen wie beim Einzelkaufmann und grundsätzlich auch bei den Personalgesellschaften, oder die Bestellung der Führer und die Rechtfertigung ihrer Macht geht, wie bei den Kapitalgesellschaften, auf Beschlüsse der Eigentümerversammlung zurück[53]. Das Eigentum an den Produktionsmitteln vermittelt also nicht nur die Herrschaft über Vermögensgegenstände, sondern auch, wenngleich mit gewissen Schran-

[52] Siehe oben, S. 139 f.

[53] Die Vorschriften über die Mitbestimmung der Arbeitnehmer können hier außer acht bleiben.

ken und Sicherungen versehen, die Herrschaft im Unternehmen, das heißt über die im Unternehmen beschäftigten Menschen. Die historische Wurzel dieses Systems braucht hier nicht noch einmal dargestellt zu werden. Seine aktuelle Rechtfertigung findet es, wie zuletzt wiederum *Rittner*[54] ausgeführt hat, in dem Gedanken, daß das Risiko der Vermögenseinbuße, welches der Kapitaleigentümer infolge der Widmung seines Vermögens an das Unternehmen läuft, die beste Gewähr für die Richtigkeit unternehmerischer Führungsentscheidungen biete. Das Eigentümerinteresse gilt als die energiereichste und daher erfolgversprechendste Antriebskraft des Unternehmens, und die Chance des Erfolgs, die in ihm ruht, genügt, die Herrschaft zu legitimieren, die sie verleiht.

Die Gegenmeinung greift diese Rechtfertigung der Eigentümerherrschaft in ihren Grundvoraussetzungen an, indem sie bestreitet, daß der Besitz von Kapital als solcher zur Leitung von Unternehmen befähige[55]. Auch weist sie darauf hin, daß bei den modernen Großunternehmen, vor allem den Aktiengesellschaften, der Zusammenhang zwischen Kapitaleigentum und Unternehmensführung tatsächlich vielfach gebrochen oder unterbrochen sei[56]. Vor allem aber entwirft sie das Bild eines Unternehmens, dessen Ziele nicht mit den Eigentumsinteressen identifiziert werden können, sondern das als ein „interessenpluralistisches Gebilde"[57] die Interessen zahlreicher weiterer Gruppen — Arbeiter, Lieferanten, Kreditgläubiger, Abnehmer usw., schließlich der Öffentlichkeit und des Staates — auf sich zieht und koordiniert. Die „Kooperationsordnung" des Unternehmens kann daher nicht mit der Eigentumsordnung gleichgesetzt werden, die vielmehr nur ein Ausschnitt davon ist[58]. Da die Führung des Unternehmens in der Unternehmensordnung geregelt werden muß, weil sie nur durch sie legitimiert werden kann, ist sie nicht ein Bestandteil oder Anhang der Eigentümerbefugnis[59].

Wir haben gesehen, daß die Kapitaleigentümer Mitglieder des Unternehmens sind, aber nicht kraft ihrer Sachherrschaft, sondern weil sie am Interaktionsprozeß des sozialen Systems teilnehmen. Das Eigentum ist also zwar der Anlaß zum Erwerb der Mitgliedschaft und der Hebel zur Ausge-

---

54 AaO., S. 58 ff., 61 ff.; vgl. auch *Reinhardt*, Aktienrecht und Eigentumsordnung, Festschrift für Walter Schmidt, S. 23 ff.; ferner *Böhm*, Der Zusammenhang zwischen Eigentum, Arbeitskraft und dem Betreiben eines Unternehmens, Festgabe für Heinrich Kronstein, S. 1 ff.

55 Zusammenfassend dargestellt von *Kunze*, Die Funktion des Eigentums im modernen Gesellschaftsrecht, im Marburger Gespräch, S. 77.; vgl. auch *Krüger*, Allgemeine Staatslehre, S. 430 ff.

56 Vgl. etwa v. *Nell-Breuning*, Eigentum und Verfügungsgewalt in der modernen Gesellschaft, in Wirtschaft und Gesellschaft heute, Bd. III, S. 253 ff.

57 *Kunze*, aaO., S. 78.

58 *Kunze*, aaO., S. 81 f.

59 Vgl. auch den Bericht: *Unternehmensverfassung als gesellschaftspolitische Forderung*, S. 89 ff.

staltung der spezifischen auf die Eigentümer-Mitglieder entfallenden Rollen, aber die Zuteilung darüber hinausgehender Leitungsfunktionen im System muß sie nach dessen eigenen Lebensbedingungen richten und hat mit der Sachherrschaft im Sinn des § 903 BGB oder Art. 14 GG durchaus nichts zu tun[60]. Die Eigentümer besitzen als Ausfluß ihrer Mitgliedschaft nur eine gewissermaßen natürliche Anwartschaft, an der Wahl der Organisationsführer teilzunehmen oder selbst dazu berufen zu werden, insofern es naheliegt, dafür auf die Menschen zurückzugreifen, die zum engeren Kreis der internal participants der Organisation gehören. Diese Anwartschaft teilen sie mit allen Systemmitgliedern, also namentlich auch den Arbeitnehmern. In der Realität erweist sie sich als nicht sonderlich stark, wie die Existenz von hierarchisch aufgebauten Organisationen oder von Mischformen beweist[61]. Für die Unternehmenslehre folgt aus alledem, daß die Führerschaft der Eigentümer im Unternehmen in den Formen des geltenden Rechts als Herrschaft einer Gruppe von Mitgliedern zwar dem Begriff der Organisation nicht widerspricht und daher nicht einfach als fehlerhaft oder schief abgetan werden kann, aber doch der hinreichenden Legitimation entbehrt, solange sie ausschließlich oder doch primär auf das Eigentum gestützt wird. De lege ferenda stellt sich der Verweis der Unternehmerverbände auf die Strukturen des geltenden Rechts und auf die grundgesetzliche Eigentumsgarantie in der gegenwärtigen Reformdiskussion als untaugliche Waffe heraus. Die Ordnung der Autoritätsstruktur im Unternehmen ist vielmehr eine politische Frage, die zwischen den für die politische Willensbildung im Volk maßgeblichen Kräften ausgetragen werden muß. Nur als ein der weiteren Prüfung bedürftiges Kampfargument ist auch die Behauptung zu werten, die Herrschaft der Eigentümer verbürge den Erfolg des Unternehmens am sichersten. Doch gehören die damit aufgeworfenen Probleme nicht mehr zum Thema dieser Arbeit.

---

[60] Vgl. dazu vor allem die beiden neueren Auslegungen des Art. 14 GG von *Luhmann*, Grundrechte als Institution, S. 108 ff.; und *Suhr*, Das Eigentumsinstitut als Maßstab für die Grundstruktur des aktienrechtlich organisierten Eigentums, die in dieser Beurteilung der Problematik übereinstimmen.

[61] Vgl. oben, S. 107 f.

15. Abschnitt

ARBEITNEHMER ALS MITGLIEDER DES UNTERNEHMENS

1. Die Rechtsstellung der Arbeitnehmer im geltenden Recht

Die Rechtsbeziehungen der Arbeitnehmer zum Unternehmen unterscheiden sich nach geltendem Recht prinzipiell von den Verträgen zwischen den Kapitaleigentümern. Die heute ganz herrschende Lehre qualifiziert den Arbeitsvertrag als ein „personenrechtliches Gemeinschaftsverhältnis"[1] [2], in welchem die primär schuldrechtlichen Austauschverpflichtungen der Parteien zur Leistung von Diensten und von Arbeitslohn von einer umfassenden gegenseitigen Treuepflicht überwölbt sind[3]. Auf der Seite des Arbeitnehmers verpflichtet die Treue, „die Interessen des Arbeitgebers und seines Betriebes nach besten Kräften wahrzunehmen und alles zu unterlassen, was diese Interessen schädigt"[4]. In der Person des Arbeitgebers konkretisiert sie sich in der Fürsorgepflicht, die von ihm fordert, „bei allen seinen Maßnahmen, auch soweit er Rechte ausübt, auf das Wohl seiner Arbeitnehmer Bedacht zu nehmen"[5]. Treue- und Fürsorgepflicht füllen als die „in der arbeitsrechtlichen Gemeinschaft begründeten Grundpflichten" den Raum in den Vertragsbeziehungen der Beteiligten aus, den die konkreteren rechtlichen Gestaltungsmittel nicht zu erfassen vermögen[6].

Die Lehre vom personenrechtlichen Gemeinschaftsverhältnis charakterisiert die individuellen vertraglichen Beziehungen zwischen Arbeitgebern und Arbeitnehmern, erschöpft ihre Rechtsstellung in bezug auf das Unternehmen jedoch nicht. Sie wird ergänzt zunächst durch das beiden Teilen zustehende Recht, sich einer der arbeitsrechtlichen Koalitionen anzuschließen, die, in der rechtlichen Ordnung auf einer höheren Stufe angesiedelt als das einzelne Unternehmen, mittelbar die Gestaltung des Arbeitsvertrags maßgeblich bestimmen. Vor allem aber nehmen die Arbeitnehmer als Mitglieder der Belegschaft an den Wahlen zum Betriebsrat und an den Betriebsversammlungen teil und können auf diesem Weg einen gewissen Einfluß auf die innere

---

1 Vgl. statt aller *Hueck-Nipperdey*, Lehrbuch des Arbeitsrecht, Bd. 1, S. 128 ff.; *Nikisch*, Arbeitsrecht, Bd. 1, S. 158 ff.

2 Auf den Streit zwischen der Vertragstheorie und der Eingliederungstheorie, die in diesem Zusammenhang eine Rolle spielt, braucht hier nicht eingegangen zu werden.

3 Vgl. *Hueck*, S. 129, 241 ff., 390 ff.; *Nikisch*, S. 162, 445 ff., 470 ff.

4 *Hueck*, S. 242.

5 *Nikisch*, S. 471.

6 So *Nikisch*, S. 470, bzgl. der Fürsorgepflicht.

Ordnung und auf die Führung des Unternehmens ausüben. Die Einzelheiten interessieren hier nicht. Dagegen ist wichtig, daß beide Rechte dogmatisch nicht aus dem Arbeitsvertrag fließen. Die Koalitionsfreiheit wird üblicherweise unter Berufung auf Art. 9 Abs. 3 GG mit der vom Staat geschützten natürlichen Handlungsfreiheit der Menschen begründet[7]; für ihre Betätigung bildet die Zugehörigkeit zu einem bestimmten Unternehmen nur einen äußerlichen Anknüpfungspunkt in dem Sinn, daß sie bestimmt, welcher Verband fachlich zuständig ist. Auch das Wahlrecht zum Betriebsrat und dessen Mitbestimmungsrechte wurzeln nach allerdings stark bestrittener Ansicht[8] nicht im individuellen Arbeitsverhältnis, sondern unmittelbar in der im Kollektivinteresse geschaffenen Betriebsverfassung[9]. Die Rechtsstellung der Arbeitnehmer im Unternehmen setzt sich also nach herrschender Lehre aus mehreren Teilen zusammen, die rechtlich kaum verbunden nebeneinander liegen.

2. *Mitgliedschaft im Unternehmen anstelle des personenrechtlichen Gemeinschaftsverhältnisses*

Die Deutung des Arbeitsvertrags als eines personenrechtlichen Gemeinschaftsverhältnisses ist nicht ohne Widerspruch geblieben. Namentlich hat man, wie schon bei den Rechtsbeziehungen zwischen Aktionären, dagegen eingewandt, der Begriff der Gemeinschaft setze eine Konformität der Interessen und ein enges Band persönlicher Verbundenheit voraus, das zwischen Arbeitgebern und Arbeitnehmern im Normalfall nicht anzutreffen sei[10]. Will man den Begriff der Gemeinschaft nicht verwässern, ist der Einwand auch hier zweifellos berechtigt[11]. Organisatorisch begründet das Arbeitsverhältnis nicht anders als die Kapitalbeteiligung eine Mitgliedschaft im Unternehmen und unterscheidet sich dadurch sowohl vom rein obligatorischen Austauschvertrag wie von der Gemeinschaft. Es verpflichtet also im gleichen Sinn wie das Rechtsverhältnis der Kapitaleigentümer zum Unternehmen die Arbeitnehmer zum rollen- und funktionsgerechten

---

[7] *Nikisch*, Bd. 2, S. 20.

[8] Vgl. statt aller *Hueck-Nipperdey*, 6. Aufl., Bd. 2, S. 683.

[9] *Nikisch*, Bd. 3, S. 12 ff. (insbes., S. 18); *Dietz*, BetrVerfG, Anm. 3 zu § 1. Im einzelnen bestehen auch hier erhebliche Unterschiede in der dogmatischen Begründung, die hier aber auf sich beruhen können.

[10] Vgl. *Neumann*, RdA 1951, S. 2 f.; *Schnorr v. Carolsfeld*, Arbeitsrecht. S. 161 f.; *Mavridis*, RdA 1956, S. 444 f.; *Ramm*, Die Anfechtung des Arbeitsvertrags, S. 19 ff.; *Farthmann*, RdA 1960, S. 5 f.; *Pinther*, ArbuR 1961, S. 225; *Mohnen* bei Staudinger Vorb. 10, 34 ff., 300 vor § 611 BGB; *Wiedemann*, Das Arbeitsverhältnis als Austausch- und Gemeinschaftsverhältnis, S. 36 ff.

[11] Die herrschende Lehre sieht sich immer wieder genötigt, ihre Position mit Klarstellungen und Einschränkungen zu verteidigen, ohne doch voll zu überzeugen, und bestärkt uns daher nur in diesem Urteil (vgl. besonders auffallend *Hueck-Nipperdey* Bd. 1, S. 130 f.).

Verhalten an der Stelle, für die sie sich der Organisation zur Verfügung gestellt haben, und es verlangt von ihnen Loyalität bei der Erfüllung ihrer Aufgaben und in ihrem Verhalten, nicht jedoch Treue im eigentlichen Sinn dieses Wortes. Umgekehrt kann der Arbeiter entsprechende Loyalität von allen anderen Mitgliedern des Unternehmens, namentlich aber von den Unternehmensführern beanspruchen, welche die Umstände bestimmen, unter denen er zu arbeiten hat; sie konkretisiert sich in der Fürsorgepflicht, deren Inhalt trotz des veränderten Gesichtspunkts nicht anders definiert zu werden braucht, als er von der herrschenden Lehre bestimmt wird. Auf die Kasuistik können wir auch diesmal verzichten. Es gilt, wie beim Gesellschaftsrecht, eine Vermutung, daß Praxis und Lehre mit gutem Instinkt das Richtige trafen, auch wenn die Norm noch unzureichend geklärt war, unter der sie argumentierten[12]. Nicht zuletzt muß sich die Mitgliedschaft im Unternehmen dahin auswirken, daß ein Arbeitnehmer nicht ohne weiteres hinausgedrängt werden kann. Diese wichtige Konsequenz der organisationssoziologischen Betrachtungsweise hat sich im positiven Recht durch das Kündigungsschutzgesetz längst Bahn gebrochen. Die Beschränkung der Kündigungsfreiheit auf die Fälle, in denen sie durch Umstände in der Person des Arbeitnehmers oder durch dringende betriebliche Erfordernisse gerechtfertigt wird[13], läßt sich sachgemäßer als Ausfluß der Mitgliedschaft erklären als mit der Schutzbedürftigkeit der Arbeitnehmer, denn sie führt direkt zu den Systemproblemen der Integration, Selbsterhaltung und Zielverwirklichung der Organisation zurück.

Die vermögensrechtliche Komponente des Arbeitsverhältnisses wirft organisationstheoretisch keine besonderen Probleme auf, denn das feste Entgelt, das die Arbeitnehmer regelmäßig beziehen, widerstreitet dem Mitgliedschaftsbegriff nicht. Andererseits sind die sozialpolitischen Bestrebungen, die Arbeitnehmer am Ertrag der Unternehmen zu beteiligen, aus ihrer Mitgliedschaft einleuchtend zu begründen[14]. Als Entgelt für die Mitwirkung am Produktionsprozeß des Unternehmens ist der Lohn aus dessen Erträgen zu leisten, was, konsequent durchgeführt, zu einer Beschränkung der Haftung bei Einzelkaufleuten und Personalgesellschaften für die Lohnforderungen führen müßte. Wir haben gesehen, daß die Praxis diesem Gedanken durch die Wahl haftungsbeschränkender Rechtsformen mehr und mehr Rechnung trägt. Andererseits läßt sich die persönliche Haftung auch organisationssoziologisch als eine zusätzliche Sicherheit für die Arbeitnehmer erklären, welche deren in der Funktionstüchtigkeit der Organisation selbst begründete Hoffnung auf Arbeitslohn unterstützt und dadurch die Chance produktiver Kooperation noch vergrößert.

---

[12] Vgl. statt aller die ausführlichen Darstellungen bei *Hueck-Nipperdey*, Bd. 1, S. 241 ff., 390 ff., und *Nikisch*, Bd. 1, S. 445 ff., 470 ff.; ferner *Neumann*, bei Staudinger, § 611 Anm. 160 ff.

[13] § 1 KSchG.

[14] In ähnliche Richtung weist das namentlich von *Ballerstedt* entwickelte Recht aus Arbeit (vgl. JZ 1951, S. 491 f., ferner: Eigentum und Mitbestimmung, S. 188 ff.).

Zur Mitwirkung an der Unternehmensführung besitzen die Arbeitnehmer als Mitglieder der Organisation dieselbe natürliche Anwartschaft wie die Kapitaleigentümer. Daher erweist es sich organisationssoziologisch als falsch, Individualarbeitsrecht und Mitbestimmungsrecht dogmatisch als zwei verschiedene Sphären zu beschreiben[15]. Vor allem aber findet die Erweiterung der Mitbestimmung, um welche die Arbeitnehmer seit einiger Zeit kämpfen, hier ihre stichhaltigste und entscheidende gedankliche Begründung. Nicht als ob aus dem organisationssoziologischen Ansatz eines der in Diskussion befindlichen Programme unmittelbar abzuleiten wäre. Der Begriff der Organisation läßt, wie wir sahen, in der sozialen Realität mannigfachen Ausgestaltungen der Autoritätsstruktur Raum, die politisch erkämpft werden müssen. Aber er verbietet es doch, eine einzige Gruppe von Mitgliedern ohne sachliche oder politische Legitimation an die Spitze zu stellen.

---

[15] Anders liegt es beim Koalitionsrecht und den tarifvertraglichen Regelungen, denn Gewerkschaften und Arbeitgeberverbände transzendieren den Lebensraum des Unternehmens und gehören daher zu den Organisationen, die für das Unternehmen Umwelt sind.

16. Abschnitt

UNTERNEHMENSVERFASSUNGSRECHT

1. Die organisationstheoretischen Anforderungen an ein Unternehmensverfassungsrecht

Zu den Fragen, die unter dem Stichwort Unternehmensverfassung in jüngster Zeit die Gemüter bewegen, sind nach dem Vorangegangen nur noch wenige Sätze zu sagen. Ihr größter Teil ist politischer Natur und entzieht sich daher der organisationstheoretischen Beurteilung[1]. Wir haben nur die juristischen Gestaltungsformen, die als Gefäß für eine politisch geklärte Unternehmensverfassung angeboten werden, mit den Anforderungen zu vergleichen, welche eine in der Organisationstheorie geschulte Rechtstechnik an sie stellen muß. Diese Anforderungen sind im wesentlichen formaler Natur: Zum einen gilt es, die Einheit der Organisation zum Ausdruck zu bringen und ihre Integration zu gewährleisten, zum anderen, die einzelnen Institutionen, aus denen sie sich zusammensetzt, so aufeinander abzustimmen, daß sie widerspruchslos ineinandergreifen und ohne unnötigen Reibungsverlust die Systemprobleme zu meistern gestatten. Im übrigen sind der inneren Differenzierung des Unternehmens und der gestaltenden Phantasie der Juristen, die hierfür passende Rechtsfiguren ersinnt, keine Grenzen gezogen. Trotzdem wäre es aber ein Irrtum, den organisationstheoretischen Voraussetzungen deshalb nur eine untergeordnete Bedeutung zuzumessen, denn in Wahrheit implizieren sie die Forderung nach einem durchgehend zweck- und systemorientierten, das heißt im Einklang mit dem Rationalitätsprinzip stehenden Aufbau des Unternehmens.

2. Das Modell der Studienkommission des Deutschen Juristentags

Daß die dogmatische Konstruktion des geltenden Rechts die Einheit und Integration des Unternehmens nicht genügend zur Darstellung bringt, sollte mit allen bisherigen Ausführungen dargelegt werden. An derselben Krankheit leiden ungeachtet ihres politischen Gewichts notwendigerweise auch alle Reformvorschläge, die das gegenwärtige System im Prinzip unangetastet lassen und sich auf systemkonforme Veränderungen beschränken, wie es namentlich bei allen Konzeptionen der Fall ist, welche die Dichotomie zwischen Betrieb und Unternehmen, Gesellschaftsrecht und Betriebs-

---

[1] Zum Überblick *Wiethölter,* Unternehmensverfassungsrecht, Juristenjahrbuch Bd. 7, S. 162 ff. mit der umfassend informierenden Literaturübersicht, S. 179 ff.

verfassungsrecht weiterführen und die erweiterte Mitbestimmung in sie einfügen wollen[2]. Weitergreifende Gedanken einer theoretisch durchgearbeiteten Unternehmensverfassung sind bisher nur spärlich veröffentlicht worden. Als erste hat die Studienkommission des Juristentags zur Reform des Unternehmensrechts den Vorschlag erwogen, an die Stelle der Hauptversammlung der Aktionäre eine Vertreterversammlung zu setzen, die zu je zwei Fünfteln aus Vertretern der Aktionäre und der Belegschaft und zu einem Fünftel aus Vertretern des öffentlichen Interesses, also unternehmensexternen Personen besteht[3]. Die Aktionärvertreter sollen von der Aktionärversammlung, die Arbeitnehmervertreter von der Betriebsrätevollversammlung gewählt werden. Die Vertreter des öffentlichen Interesses werden von den zuständigen Ministerien des Bundes oder Landes bestellt, sollen aber nicht an deren Weisungen gebunden sein. Über der Vertreterversammlung soll ein von dieser gewählter Verwaltungsrat stehen, der seinerseits die Unternehmensführung bestellt. Wiederum ist hier nicht der politische Gehalt dieses Vorschlags zu würdigen. Organisationstheoretisch befriedigt an ihm der Gedanke einer Unternehmensversammlung, die als dessen fundamentales Organ alle Mitglieder repräsentiert. Als problematisch muß jedoch die Einbeziehung von Personen in dieses Organ beurteilt werden, die keine Rolle in der Organisation selbst spielen, sondern nur die Skepsis und das Kontrollbedürfnis der Öffentlichkeit hineintragen sollen, und für welche daher auch die mitgliedschaftlichen Loyalitätspflichten gegenstandslos sind. Sie würden, wenn sie nicht ihrem Auftrag untreu werden sollen, die Grenze zwischen Organisation und Umwelt verwischen, die um der Integration und der Selbstidentifizierung des Systems willen aufrechterhalten bleiben muß. Eine solche Lösung wäre daher im Licht der Organisationssoziologie bedenklich. Es entspricht dem Funktionsmechanismus der Organisation besser, die gewünschte Kontrolle bei Instanzen zu etablieren, die außerhalb des Unternehmens stehen und notfalls von außen auf es einwirken können[4]. Dieselben Bedenken gelten übrigens auch gegenüber *Kunzes* Konzeption des Unternehmens als eines interessenpluralistischen Gebildes, sofern daraus folgt, daß am Verwaltungsrat auch Vertreter der Lieferanten und Abnehmer und ähnliche Gruppen teilnehmen sollen[5]. Denn diese vertreten unternehmensfremde Interessen, die sachgemäß dort ausgeglichen werden,

---

[2] Daß das geltende Mitbestimmungsrecht systematisch nicht konsequent ist, wurde schon oft hervorgehoben. Vgl. z. B. *Böhm*, Das wirtschaftliche Mitbestimmungsrecht der Arbeiter im Betrieb, Ordo IV S. 21 ff., S. 57 ff.; Bericht der Studienkommission des Deutschen Juristentags, S. 41 ff.; *Wiethölter*, S. 173.

[3] Bericht S. 44 ff.

[4] Ebenso *Köhler*, JZ 1956, S. 141 ff., ders. ZgesStW, Bd. 115, S. 742 f.; ähnlich auch *Stein*, Die Wirtschaftsaufsicht, S. 38.

[5] Vgl. namentlich Marburger Gespräch, S. 78 ff. In ähnlichem Sinn wie Kunze auch der Sammelband: *Unternehmensverfassung als gesellschaftspolitische Forderung*, S. 114 ff.

wo das Unternehmen in Kontakt mit der Umwelt tritt[6], deren Vordringen in ein Führungsorgan aber leicht zu inneren Spannungen führen kann. Es steht zu befürchten, daß sie die Integration und Selbstbehauptung des Systems eher hemmen als fördern. Insofern übersieht *Kunze* die notwendigen Konsequenzen der sozialen Differenzierung.

3. Das Modell v. Nell-Breunings

Ein weiteres Modell hat, auf der Basis der Vorarbeiten von *Kunze*[7], neuerdings *v. Nell-Breuning* entwickelt[8]. Er begreift das Unternehmen wie die Organisationssoziologie als ein Sozialgebilde, das sich aus zwei Gruppen von Beteiligten, den Kapitalgebern und den Arbeitern zusammensetzt, die zum Unternehmenszweck kooperieren und dazu gleichermaßen unentbehliche Einsätze leisten[9]. Seine Einheit wird dadurch hergestellt, „daß *eine* oberste Stelle da ist, an der die unternehmerischen Entscheidungen gefällt werden, und hinreichend klar feststeht, für welchen Bereich diese Entscheidungen verbindlich sind“[10]. Indem *v. Nell-Breuning* so das Unternehmen geradezu als den „Herrschaftsbereich eines gestaltenden und belebenden unternehmerischen Willens“[11] definiert, muß er den einheitlich geführten Konzern als ein Unternehmen erfassen und rechnet folglich damit, daß dieses sich auf eine Mehrzahl selbständiger Rechtsträger erstreckt, die es wie „Kleidungsstücke“ umkleiden[12].

In dem so definierten Gebilde ist es Gegenstand der Unternehmensverfassung, die Bestellung des Unternehmers als des leitenden Exekutivorgans zu regeln, und zwar so, daß er „bemüht sein wird, den legitimen Interessen aller Beteiligten gerecht zu werden“[13]. *v. Nell-Breuning* schlägt nach Analogie der Aktiengesellschaft drei Unternehmensorgane vor. Als oberstes Organ soll eine Unternehmensversammlung gebildet werden, die sich zu gleichen Teilen aus Vertretern des Vermögensträgers und der Arbeitnehmer zusammensetzt und selbst eine beschränkte Anzahl weiterer Mitglieder zuwählt, welche die Aufgabe haben, das öffentliche Interesse zur Geltung zu bringen[14]. Für die Organisation der Kapitalgeber bleiben die Gestaltungsformen des geltenden Gesellschaftsrechts unangetastet, und daher regelt sich die Art und Weise, wie die Vertreter dieser Gruppe aufgestellt werden, nach den Vorschriften des jeweils von ihr gewählten Gesellschaftstyps[15]. Das Beschlußorgan der Vermögensträgergesellschaft muß auch zu allen Beschlüssen der Unternehmensversammlung seine Zustim-

---

[6] Siehe die Unterscheidung von *Dill* zwischen internal und external participants oben, S. 112.

[7] Macht und Ohnmacht des Eigentums, S. 230; ders. in Gewerkschaft, Wirtschaft, Gesellschaft, S. 141; kritisch dazu *Schilling*, ZHR 128, S. 232 ff.

[8] Unternehmensverfassung, in Festgabe für *H. Kronstein*, S. 47 ff.

[9] S. 49 f., 54 ff.

[10] S. 56.

[11] S. 56.

[12] S. 57.

[13] S. 58.

[14] S. 61 f.

[15] S. 65.

mung erteilen, die, wie zum Beispiel eine Kapitalerhöhung, den Kapitalgebern Verpflichtungen auferlegen[16]. Andererseits ist den Vermögensträgern nicht gestattet, das dem Unternehmen gewidmete Vermögen nach eigenem Bedarf oder Gutdünken wieder herauszuziehen, vielmehr ist zur Entwidmung ein Beschluß der Unternehmensversammlung nötig[17]. Unternehmensrat und Unternehmensleitung entsprechen dem Aufsichtsrat und Vorstand der Aktiengesellschaft[18].

Wiederum ist es nicht unsere Absicht, auf den politischen Gehalt dieser Konzeption einzugehen. Als gedankliches Modell für die Unternehmensverfassung bringt sie einen außerordentlichen Fortschritt, denn sie faßt zum ersten Mal, soweit ich sehe, alle Komponenten zu einer vollständigen und in sich geschlossenen Konstruktion zusammen. Dies vorausgeschickt, sind vom Standpunkt der Organisationstheorie Einwände in zwei Richtungen gegen sie zu erheben[19]. *v. Nell-Breuning* geht, indem er das Unternehmen als sozialen Verband der an ihm beteiligten Menschen begreift, vom selben Grundgedanken aus wie die Organisationssoziologie. Wenn er dann aber den einheitlichen Willen des Unternehmers als das die Einheit des Unternehmens allein konstituierende Element herausstellt, steht er nicht ganz auf der Höhe der soziologischen Erkenntnis, denn wir wissen, daß zur Integration einer Organisation eine Fülle von Faktoren in einem komplizierten Spiel zusammenwirken. Damit verliert *v. Nell-Breuning's* Unternehmensdefinition, die Konzerne als einheitliche Unternehmen betrachtet, ihre Stringenz. Auch die Einheiten, die das geltende Recht als Unternehmen konstiuiert, sind als Organisationen ausreichend stabilisiert, so daß kein Anlaß besteht, sich für das Unternehmensverfassungsrecht von ihnen als rechtlichen Grundeinheiten zu lösen. Indessen werden durch diese Kritik *v. Nell-Breunings* weitere Überlegungen nur am Rande berührt, denn sie lassen sich ohne Veränderungen auf die so „verkleinerten" Unternehmen übertragen.

Der zweite Einwand richtet sich gegen die rechtliche Konstruktion. *v. Nell-Breuning* will die Handelsgesellschaften in ihrer gegenwärtigen Gestalt als Teilkorporationen des Unternehmens erhalten, während die Rechtsform des Unternehmens selbst unklar bleibt und jedenfalls nicht die einer juristischen Person ist[20]. Anscheinend fürchtet er einen allzu tiefgreifenden Bruch mit der herrschenden Lehre. Indessen verbleiben in seinem Modell den

---

[16] S. 71. [17] S. 71 ff. [18] S. 67 ff.

[19] Für die Beteiligung von Vertretern des öffentlichen Interesses gelten die schon oben dargestellten Bedenken allerdings in abgemilderter Form, da sie nicht mehr von öffentlichen Instanzen entsandt, sondern als Mitglieder von der Unternehmensversammlung selbst kooptiert werden sollen.

[20] Er nennt das Unternehmen ein „handelndes Subjekt", S. 63, vermeidet aber die Begriffe Rechtssubjekt und juristische Person und führt aus, der Umfang des Unternehmens brauche sich „keineswegs mit demjenigen eines Rechtssubjektes, genauer gesprochen, des Vermögens eines einzigen Rechtssubjektes, zu decken", S. 56.

Eigentümergesellschaften nur zwei Funktionen, nämlich die Auswahl der Vertreter für die Unternehmensversammlung und die Zustimmung zu Beschlüssen, welche die Kapitalbasis des Unternehmens verändern. Dagegen sind ihnen alle unternehmerischen Dispositionen im eigentlichen Sinn entzogen, und vollends besteht für sie kein Grund mehr, mit Dritten in Rechtsbeziehungen zu treten. Die Mehrzahl der hochdifferenzierten Vorschriften des Gesellschaftsrechts wird für sie gegenstandslos, und namentlich die Rechtsfähigkeit der Kapitalgesellschaften kann wegfallen. Was übrig bleibt, sind nichtrechtsfähige oder allenfalls teilrechtsfähige Verbände, wie wir sie aus dem öffentlichen Verbandsrecht kennen. Auf der anderen Seite ist die Figur der juristischen Person der rechtliche Ausdruck für eine organisatorische Einheit, wie sie auch *v. Nell-Breuning* für das Unternehmen in Anspruch nimmt, was dafür spricht, dieses selbst juristisch zu personifizieren. Praktische Gründe unterstützen eine solche Erwägung. Denn im Inneren muß die Unternehmensleitung, um ihre Aufgabe sachgerecht zu erfüllen, über die dem Unternehmen gewidmeten Vermögensgegenstände ungehindert disponieren können, was auf Schwierigkeiten stößt, wenn sie im Eigentum der Teilkorporationen verbleiben, und auch nach außen tritt als maßgeblicher Partner im Rechtsverkehr allein das Unternehmen in Erscheinung[21].

Daher drängt *v. Nell-Breunings* Konzeption dazu, die juristische Persönlichkeit des Unternehmens anzuerkennen, während an der Rechtsfähigkeit der Eigentümergesellschaften nichts mehr liegt. Doch stoßen wir mit dieser Überlegung bereits zu dem letzten Problem vor, das uns in dieser Arbeit noch beschäftigen muß, zu der Frage, ob die Theorie der juristischen Person es erlaubt, der Organisation Unternehmen die Rechtsfähigkeit zu verleihen.

4. *Zu den aktuellen Gesetzesvorschlägen*

Bevor wir dieser Frage nachgehen, ist noch ein Blick auf die in der letzten Zeit veröffentlichten Gesetzesvorschläge zu werfen, das heißt, auf den im Bundestag eingebrachten Gesetzentwurf der SPD[22], auf das Programm der Sozialausschuüsse der CDU [25] und auf die Thesen der Deutschen Angestelltengewerkschaft[24] [25]. Sie alle fordern eine Erweiterung der Mitbestimmung der Arbeitnehmer in Großunternehmen[26], vertreten im einzelnen aber unterschiedliche Konzeptionen. Die *Gesetzesvorlage der SPD* sieht vor, neben die

---

[21] Ähnlich schon *Schilling*, ZHR 128, S. 234 f.

[22] Bundestagsdrucksache V/3657.

[23] Zugänglich in der von der DAG 1969 herausgegebenen Synopse der Entwürfe.

[24] Herausgegeben Dezember 1968.

[25] Dagegen lehnt sich der vom Deutschen Gewerkschaftsbund vorgelegte Entwurf in allen wesentlichen Punkten an das Montanmitbestimmungsgesetz an und bedarf daher keiner gesonderten organisationssoziologischen Erörterung.

[26] Die heftig umstrittenen Abgrenzungsmerkmale interessieren hier nicht.

Gesellschafterversammlung eine „Unternehmensversammlung der Arbeitnehmer" zu setzen, die von der Belegschaft des Unternehmens gewählt wird[27]. Ihr soll das Recht zustehen, bestimmte Auskünfte über den Geschäftsgang und die Geschäftspolitik von der Unternehmensleitung zu verlangen und dazu Stellung zu nehmen sowie die in den Aufsichtsrat zu entsendenden Arbeitnehmervertreter zu wählen. Deren Zahl schwankt je nach Größe des Unternehmens zwischen vier und acht und entspricht der Zahl der von der Gesellschafterversammlung Delegierten[28]. Ferner sollen im Aufsichtsrat drei bzw. fünf weitere Mitglieder sitzen, die nicht dem Unternehmen und auch nicht einer Gewerkschaft oder Arbeitgebervereinigung angehören dürfen[29]. Auch dürfen sie nicht „an dem Unternehmen oder einem mit diesem verbundenen Unternehmen wesentlich interessiert" sein[30].

Je einer (zwei) von ihnen wird von den Vertretern der Kapitaleigner und Arbeitnehmer im Aufsichtsrat vorgeschlagen und von diesen gemeinsam mit einfacher Mehrheit gewählt[31]. Auf den letzten Mann müssen sich beide Gruppen mit einer Zweidrittelmehrheit einigen[32]. Auch die Bestellung zum Mitglied des Vorstandes setzt eine Zweidrittelmehrheit im Aufsichtsrat voraus[33]. Auch die *Thesen der Deutschen Angestelltengewerkschaft* sehen eine neben die Gesellschafterversammlung tretende Versammlung von Arbeitnehmervertretern vor, die mit ähnlichen Kompetenzen ausgestattet sein soll wie nach dem Gesetzentwurf der SPD[34]. Die Zahl der von ihr in den Aufsichtsrat zu wählenden Arbeitnehmervertreter schwankt gleichfalls zwischen vier und acht und entspricht der Zahl der Kapitaleignervertreter[35]. Eine Minderheit von ihnen ist aus unternehmensexternen Personen auf Vorschlag der Gewerkschaften zu wählen[36]. Außer den Delegierten der Kapitaleigner und der Arbeitnehmer haben noch drei bzw. fünf Vertreter des öffentlichen Dienstes Sitz und Stimme im Aufsichtsrat, die von den Parlamenten des Bundes oder zuständigen Landes entsandt werden sollen[37]. Jedes Vorstandsmitglied wird mit zwei Dritteln der Stimmen des Aufsichtsrats gewählt, so daß sich Kapitaleigner und Arbeitnehmervertreter gegenseitig niemals überstimmen können[38].

Der von den *Sozialausschüssen der CDU beschlossene Gesetzesvorschlag* will im Unterschied zu den beiden anderen an der Stelle von zwei Versammlungen der Gesellschafter und der Arbeitnehmer eine Unternehmensversammlung einrichten, die sich paritätisch aus Delegierten beider Gruppen zusammensetzt[39]. Jede von ihnen soll 5—10 % ihrer Sitze an Vertreter des

[27] § 7 ff. d. Entw.

[28] § 15 ff. d. Entw.

[29] § 16 Abs. 4 d. Entw.

[30] § 16 Abs. 4 d. Entw.

[31] § 17 Abs. 3 und 4 d. Entw.

[32] § 17 Abs. 5 d. Entw.

[33] § 24 d. Entw.

[34] Thesen S. 18 ff.

[35] Thesen S. 21.

[36] Thesen S. 22 f.

[37] Thesen S. 24 f.

[38] Thesen S. 26 f.

[39] Synopse S. 4 f.

öffentlichen Interesses abgeben, die von der Unternehmensversammlung auf Vorschlag der politischen Gebietskörperschaften kooptiert werden[40]. Die Arbeitnehmervertreter müssen zur Hälfte dem Unternehmen angehören, während die andere, von den Gewerkschaften vorzuschlagende Hälfte nicht im Unternehmen beschäftigt sein darf. An die Stelle des Aufsichtsrats soll ein Unternehmensrat treten, dessen Zusammensetzung aber noch nicht endgültig geklärt ist[41].

Die organisationssoziologische Beurteilung dieser Entwürfe muß sich auch hier, wie schon bei der Kritik der von der Studienkommission des Deutschen Juristentages und von *v. Nell-Breuning* ausgearbeiteten Modelle, hauptsächlich mit zwei Fragen beschäftigen, einmal mit dem Aufbau und funktionellen Zusammenwirken der Organe und zum andern mit der Rolle, die unternehmensfremde Personen in ihnen spielen sollen. Was den ersten Punkt angeht, genießt die von den Sozialausschüssen der CDU vorgesehene Unternehmensversammlung den Vorzug, schon im Fundamentalbereich beide Gruppen von Unternehmensmitgliedern in einem gemeinsamen Gremium zusammenzufassen. Auf diese Weise werden die zwischen ihnen bestehenden Interessengegensätze zwar nicht negiert — sie kommen darin zum Ausdruck, daß das Organ paritätisch besetzt werden soll — aber doch zu einem Ausgleich gezwungen und insofern herabgemindert und relativiert. Gelingt dies, so kann es der Integration des Unternehmens nur nützen. Auf der anderen Seite entfernt sich die Einrichtung der Unternehmensversammlung weit von den Strukturen des geltenden Rechts und macht auch in der Rechtswirklichkeit eine Umschichtung notwendig, deren Erfolg ungewiß bleibt. Wie gut das Institut funktionieren kann, hängt mit anderen Worten davon ab, ob die Gruppen bereit sein werden, sich auf das Beieinander und Miteinander in einem gemeinsamen Gremium einzustellen, was schwer vorherzusehen ist. Solche Unsicherheitsfaktoren vermeiden die Vorschläge der SPD und der DAG, wenn sie, insofern konservativ, beim Gegenüber von zwei Versammlungen der Kapitaleigner und der Arbeitnehmer verharren. In ihnen wird der Interessengegensatz beider Gruppen stärker betont. Aber dafür tritt das Moment der Integration der Gruppen in das Unternehmen zurück und wird fast ganz in die anderen Organe, namentlich den Aufsichtsrat, verlagert. So haften an beiden Konzeptionen zugleich erwünschte Effekte und Gefahren, und es ist in einer bloß analytischen Betrachtung nicht zu entscheiden, welche von ihnen sich als die günstigere herausstellen wird. Es handelt sich um eine Frage der inneren Differenzierung des Unternehmens[42], die nach konkreter Zweckmäßigkeit beurteilt werden muß. Es wäre zu erwägen, ob ein Gesetz über die Unternehmensverfassung nicht beide Lösungen vorsehen sollte, so daß den Mitgliedern jedes einzelnen Unternehmens die Wahl bleibt, welche Form sie verwirklichen wollen. Das hätte den Vorzug, nach Ablauf einer angemessenen Frist empirische Aussagen über ihre soziale Eignung und Effektivität zu gestatten. Legt der Gesetzgeber dagegen die Unternehmen auf

---

[40] Synopse S. 5. [41] Synopse S. 6. [42] Siehe dazu oben S. 125.

eine der beiden Alternativen von vornherein fest, so ordnet er den Gesichtspunkt empirisch auszuprobierender Zweckmäßigkeit seinen Zielvorstellungen davon unter, was rechtspolitisch wünschenswert ist. Deren Kritik liegt jenseits organisationssoziologischer Analyse. Freilich ist nicht zu verkennen, daß einer Alternativlösung im Gesetz auch soziologisch faßbare Bedenken entgegenstehen. Namentlich ist die Gefahr ins Auge zu fassen, daß der Entscheidungsprozeß, der im Unternehmen selbst zugunsten einer der beiden Alternativen stattfinden müßte, Unruhe und Machtkämpfe zwischen den Gruppen heraufbeschwören könnte, welche ihre Gegensätze unnötig verschärfen und deshalb unerwünscht sind. So mag sich eine Einheitslösung, gleich nach welcher Konzeption, als das geringere Übel erweisen.

Hinsichtlich des zweiten Punkts sind die Bedenken zu wiederholen, die wir schon oben[43] gegen die Teilnahme unternehmensexterner Personen an den Unternehmensorganen geäußert hatten: Es besteht die Gefahr, daß sie die Genzen zwischen der Organisation und ihrer Umwelt verwischen und so die notwendige Integration und Selbstidentifizierung des Systems beeinträchtigen. Allerdings müssen wir an dieser Stelle einen Grad stärker differenzieren als bisher, denn bei den nach den Gesetzentwürfen in Betracht kommenden Personen sind die unternehmensexternen Bindungen und Interessen unterschiedlich ausgeprägt und mithin auch die Gefahr, daß sie sich gegen die Systemaufgaben des Unternehmens durchsetzen. Am problematischsten sind die im Konzept der Deutschen Angestelltengewerkschaft vorgesehenen, von den politischen Parlamenten entsandten Vertreter des öffentlichen Interesses, denn sie verbindet im Normalfall nichts mit dem Unternehmen als ihr Interesse an der „Pfründe“ oder an der Erweiterung ihres Einflußbereichs, und ihre Funktion erschöpft sich darin, einer diffusen Furcht der Öffentlichkeit vor dem Unternehmen zu dienen, anstatt dem Unternehmen selbst. Auch wenn man das Entsendungsrecht mit dem Gedanken zu rechtfertigen sucht, die im modernen Großunternehmen konzentrierte Macht bedürfe stärkerer demokratischer Legitimation und Kontrolle als nach geltendem Recht[44], ist es nicht zu halten, denn dazu sind die drei Delegierten in ihrer Minderheit zu schwach und infolge des Zwiespalts ihrer Funktion ungeeignet. Ähnliche Bedenken wären übrigens auch gegen Aufsichtsratsmitglieder zu erheben, die von den Gewerkschaften entsandt werden, was allerdings keiner der drei Entwürfe mehr vorsieht[45].

---

[43] S. 158 f.

[44] Das scheint der von der DAG in ihrem Vorschlag verfolgte Leitgedanke zu sein, wenngleich sie ihn nicht deutlich ausspricht, vgl. Thesen S. 24 f.

[45] In den Thesen der DAG (S. 23) heißt es dazu mit begrüßenswerter Entschiedenheit: „Ein solches Entsendungsrecht (lies: der Gewerkschaften) erscheint unter demokratischen Gesichtspunkten unvertretbar; nach Meinung der DAG kann nur derjenige die Arbeitnehmer im Aufsichtsrat vertreten, der von ihnen durch eine demokratische Wahl dazu legitimiert worden ist“.

Anders liegen die Dinge, wenn den gesetzgebenden Körperschaften oder den Gewerkschaften nur ein Vorschlagsrecht für die unternehmensexternen Mitglieder des Aufsichtsrats oder der Unternehmensversammlung zugebilligt wird, während die Wahl in den Händen der Unternehmensorgane oder bestimmter Mitgliedsgruppen verbleibt. Die so gewählten Vertreter leiten ihr Mandat von der Organisation selbst ab und treten daher ungeachtet ihrer Herkunft in eine wesentlich größere Nähe zum Unternehmen als die Abgesandten fremder Korporationen. Sie könneen nicht ohne weiteres Drittinteressen verfolgen, ohne ihr Amt aufs Spiel zu setzen.Indessen bleiben auch sie in gewissem Maße den Vorschlagsberechtigten verpflichtet, und diese Bindungen sind naturgemäß besonders intensiv, sofern sie aus deren eigenen Reihen stammen. Es ist also damit zu rechnen, daß auch sie in einen Konflikt zwischen den Interessen der vorschlagsberechtigten Körperschaft und des Unternehmens geraten und sich dabei schwer tun, letzteren bei ihrer Entscheidung den Vorzug zu geben. Andererseits können solche Vertreter kraft ihrer Beziehungen zu anderen Organisationen und ihres in fremden Verhältnissen geschulten Blickes dem Unternehmen auch nützliche Dienste leisten. Auch bei dieser Lösung stehen sich also, im Lichte der organisationstheoretischen Analyse betrachtet, Vorzüge und Nachteile gegenüber, und es ist nicht generell anszumachen, ob das integrationshemmende Moment des Außenseitertums oder der Nutzen der unbefangenen Kritik überwiegt. Doch sollte die Gefahr des Konfliktes wenigstens so weit als möglich reduziert werden, wie es auf überzeugende Weise im Gesetzentwurf der SPD geschieht, nach dem die unternehmensexternen Vertreter nicht einer Gewerkschaft oder Arbeitgebervereinigung angehören und auch nicht am Unternehmen wirtschaftlich wesentlich interessiert sein dürfen. Unter diesen Voraussetzungen ist das Vorschlagsrecht akzeptabel. Wenn umgekehrt sowohl das Vorschlags- wie das Wahlrecht Unternehmensangehörigen selbst zusteht, scheint mir das Verfahren eine ausreichende Loyalität der gewählten externen Vertreter zu garantieren, auch wenn sie einer fremden Organisation angehören; doch ist dieser Fall nach den Entwürfen nicht aktuell.

17. Abschnitt

DAS UNTERNEHMEN ALS JURISTISCHE PERSON

1. Die Gründe für eine juristische Personifikation des Unternehmens

Die Frage der juristischen Personifikation des Unternehmens haben wir im Verlauf der vorangegangenen Ausführungen bereits mehrfach berührt. Bei der Sichtung der geltenden Gesetze hatte sich ein uneinheitliches Bild ergeben. Wir hatten gesehen, daß im klassischen Handelsrecht formell die Gesetzessystematik der Jahrhundertwende noch heute gilt, in der durchweg Kaufleute und Handelsgesellschaften als die maßgeblichen Rechtsträger fungieren, während materiell die Vorschriften vielfach im Unternehmen ihren eigentlichen Schwerpunkt finden. Einen Einbruch in die dogmatische Struktur des Handelsrechts hat, nach dem Vorgang weniger Einzelvorschriften des Aktiengesetzes von 1937, die Aktienrechtsnovelle von 1965 gebracht, die an zahlreichen Stellen, namentlich aber im gesamten Konzernrecht, das Unternehmen als eigenes Rechtssubjekt, als selbständigen Träger von Rechten und Pflichten behandelt. Unsere Analyse dieses auffallenden Wechsels in der Terminologie hatte ergeben, daß er mit einer Verlegenheit der Gesetzesverfasser um einen alle Gesellschaftsformen umfassenden Oberbegriff nicht hinreichend erklärt wird, weil sich die betreffenden Vorschriften auch inhaltlich nicht auf Gesellschaften von Kapitaleigentümern, sondern auf die Unternehmen als wirtschaftliche Produktionseinheiten beziehen. Dieselbe Feststellung hatten wir für die große Zahl der seit dem 1. Weltkrieg in Deutschland erlassenen wirtschaftsordnenden und -lenkenden Gesetze getroffen, in denen überall formell und materiell das Unternehmen als Normadressat fungiert. Von den Unternehmen des öffentlichen Rechts schließlich ist eine große Anzahl bereits im geltenden Recht mit eigener Rechtspersönlichkeit ausgestattet, und im Hinblick auf die übrigen war ein starker Trend zu vermerken, sie durch die juristische Verselbständigung aus der Verwaltungshierarchie zu lösen. Alle diese Beobachtungen führten uns zu dem Ergebnis, daß sich das geltende Recht in Deutschland auf dem Weg vom Kaufmannsrecht zum Unternehmensrecht sowie zur Anerkennung des Unternehmens als juristischer Person befinde und auf diesem Weg schon ein gutes Stück fortgeschritten sei, aber ein einheitlicher, widerspruchsfreier Zustand noch nicht wieder erreicht werden konnte. Der historische Rückblick auf die Bedingungen, unter denen die Dogmatik des Handelsgesetzbuchs entstand, weckte in uns jedoch die Überzeugung, diese Entwicklung nicht aufhalten zu können oder zu sollen, da die gedanklichen Voraussetzungen heute überholt sind, von denen das klassische Handelsrecht ausging.

Die Lehren der Organisationssoziologie, mit deren Hilfe wir versuchten, Grundzüge für ein neues Modell des juristischen Unternehmensbegriffs zu entwerfen, sagen als soziologische Theorie über die Frage einer juristischen Personifikation des Unternehmens unmittelbar nichts aus. Aber sie legen doch die Behauptung nahe, daß eine Organisation als ein einheitliches und integriertes soziales Gebilde, das als solches mit der Umwelt in Kontakt steht, Leistungen aus ihr aufnimmt und an sie erbringt und auf mannigfache Weise auf sie einwirkt, geradezu dahin drängt, durch die Anerkennung als juristische Person in seiner Einheit und sozialen Wirksamkeit bestätigt zu werden. Man möchte fast sagen, die Organisation ist das ideale Substrat für eine juristische Person. Umgekehrt würde die Verleihung der Rechtsfähigkeit das Entstehen und die Stabilisierung einer Organisation im Prozeß der sozialen Differenzierung gewissermaßen vollenden, indem sie deren Existenz und Wirkungspotential de jure sanktioniert und ihr die Stütze des Rechts zuteil werden läßt. So gesehen liegt die Erhebung des Unternehmen zur juristischen Person als auch in der Konsequenz des organisationssoziologischen Ansatzes.

2. *Kritik der möglichen Einwände*

Die Schwierigkeit, diesen Gedanken rechtstheoretisch und rechtsdogmatisch zu vollziehen, liegt darin beschlossen, daß eine einigermaßen gesicherte Theorie der juristischen Person, von der wir ausgehen könnten, in der Rechtswissenschaft nicht existiert. Es kann nicht unsere Aufgabe sein, dieses komplexe Problem hier in extenso auszubreiten, um eine eigene Meinung zu entwickeln und zu begründen. Daher bleibt kein anderer Weg, als, in vollem Bewußtsein der Unzulänglichkeit eines solchen Verfahrens, heuristisch die wichtigsten Theorien, die dazu vertreten werden, nebeneinanderzustellen, um sie der Reihe nach auf ihre Aussage zu unserer Frage hin zu überprüfen.

a) Kritik des positivistischen Arguments; das Verhältnis der Begriffe Körperschaft, Anstalt und Stiftung zum Unternehmensbegriff

Es liegt auf der Hand, daß dem Problem mit dem positivistischen Standpunkt nicht beizukommen ist, das BGB kenne nur Vereine und Stiftungen als juristische Personen des Privatrechts, und weil das Unternehmen unter keine der beiden Figuren falle, könne es nicht als juristische Person anerkannt werden. Das Argument ist in mehrfacher Hinsicht unzureichend. Insofern es sich an den Wortlaut des BGB klammert, ist es schon mit dem Sprachgebrauch des neuen Aktiengesetzes zu widerlegen, das, wie wir sahen, formell die Unternehmen als privatrechtliche Rechtssubjekte behandelt. Vollends hat es de lege ferenda kein Gewicht. Ferner verkennt es, daß die Körperschaften und Anstalten des öffentlichen Rechts, zu denen zahlreiche Unternehmen gehören, privatrechtliche Rechtsfähigkeit genießen. Vor allem aber setzt es voraus, daß das Verhältnis der Begriffe Verein, Stiftung und Unternehmen zueinander geklärt wird, das bisher völlig im Dunkeln liegt. Das damit aufgeworfene Problem muß wenigstens in einigen Strichen angedeutet werden:

Die Dichotomie der juristischen Personen des BGB in Vereine und Stiftungen ist eine Frucht der Rechtswissenschaft des letzten Jahrhunderts, welche die juristischen Personen in genossenschaftlich organisierte Verbände und zweckgewidmete Vermögensmassen unterteilte. Vereine sind die privatrechtliche Erscheinungsform der Verbände, Stiftungen der zweckbestimmten personifizierten Vermögen. Als solche fallen die Stiftungen unter den weiteren Begriff der Anstalten, der, in der wissenschaftlichen Diskussion des 19. Jahrhunderts, namentlich bei Otto *v. Gierke*[1] und Otto *Mayer*[2], als der eigentliche Gegenbegriff zu den Personenverbänden konzipiert wurde und aus der Privatrechtsdogmatik nur deshalb verschwand, weil die Verfasser des BGB glaubten, außer den Stiftungen gäbe es keine privatrechtlichen Anstalten[3]. Daraus folgte jedoch keineswegs, daß man privatrechtliche Anstalten, die keine Stiftungen sind, begrifflich für unmöglich hielt oder prinzipiell ausschließen wollte, sie mit juristischer Persönlichkeit auszustatten. Die Auslegung des BGB, die solches behauptet, ist allzu positivistisch und insofern überholt. Auch unser Privatrecht kennt also Korporationen und Anstalten als juristische Personen, und wir müssen sowohl für die begriffliche Subsumtion des Unternehmens wie für die Frage, ob es als juristische Person anerkannt werden kann, von diesem Begriffsgegensatz ausgehen, ohne uns durch den verengten Blick des BGB beirren zu lassen.

Bei genauer Betrachtung erfüllt das als Organisation konzipierte Unternehmen die Merkmale beider Begriffe. Als Inbegriff seiner in funktionsgerechten Interaktionen stehenden Mitglieder ist es ein genossenschaftlicher Verband. Es ist zugleich, um die bekannte Definition Otto *Mayers*[4] zu benützen, ein Bestand von sachlichen und persönlichen Mitteln, die einem bestimmten Produktionszweck dienen, und insofern eine Anstalt. Beide Begriffe, auf ihre Grundlinien reduziert, fallen im Unternehmen zusammen. Das ist natürlich kein Zufall, sondern erklärt sich aus dem Grundgedanken der Organisationssoziologie, die uns gelehrt hat, daß zum Charakter der Organisation sowohl die Interaktionen der Mitglieder wie die Zweckorientierung gehören, daß sie durch keine der beiden Eigenschaften allein, sondern nur durch beide zusammen definiert ist[5]. Für unsere Argumentation ist daraus zu folgern, daß der Anerkennung des Unternehmens als juristische Person keine Hindernisse im Wege stehen, sofern man sich mit der Auskunft befriedigt, genossenschaftliche Verbände und Anstalten könnten im geltenden Recht juristische Personen sein. In Wirklichkeit besitzt der in

[1] Genossenschaftsrecht Bd. 2, S. 958 ff., Genossenschaftstheorie, S. 10 f., Deutsches Privatrecht Bd. 1, S. 456 ff., 635 ff.

[2] Deutsches Verwaltungsrecht Bd. 2 § 51, S. 318 ff., 367 ff.

[3] Vgl. die Motive zum BGB zu § 41, Mugdan, S. 396.

[4] aaO., § 51.

[5] Vgl. oben, S. 150 f.

der Rechtswissenschaft überlieferte Begriffsgegensatz für das Unternehmen keinen Erklärungswert, denn er erweist sich als außerstande, sein bestimmendes Merkmal, nämlich seine Eigenschaft, als Organisation wirtschaftlich wertvolle Leistungen zu produzieren, aufzunehmen und zu klassifizieren. Die Frage, ob das Unternehmen Verband oder Anstalt sei oder ob in ihm körperschaftliche oder anstaltliche Elemente überwiegen, ist falsch gestellt. Es sollte ohne Rücksicht auf eine solche Klassifikation als Unternehmen in die systematische Theorie aufgenommen werden[6]. Die richtige Frage muß folglich lauten: Ist das Unternehmen als solches ein geeignetes Substrat für die juristische Person.

b) Das Unternehmen und die Lehre von der juristischen Person als eines technischen Hilfsmittels der Rechtspraxis

In der modernen Rechtstheorie herrscht weithin der Standpunkt, die juristische Person sei nichts weiter als ein technisches Hilfsmittel des positiven Rechts, die Behandlung komplexer Rechtsbeziehungen zu vereinfachen[7]. Konsequent durchgeführt, muß diese Lehre dabei enden, daß es allein von der Zweckmäßigkeitsentscheidung des Gesetzgebers abhängt, wann er zu diesem Hilfsmittel greift, während es auf die Eigenart des Substrats nicht weiter ankommt, wenn es nur eine hinreichende Homogenität aufweist, welche die Vereinfachung erlaubt. Die Natur des Substrats wird infolgedessen mit entsprechend vagen Begriffen beschrieben — es handele sich um „eine Einrichtung zur Erreichung gemeinsamer Zwecke"[8], eine „gedankliche Zusammenfassung von Tatbeständen, Beziehungen und Normen"[9], ein sinnhaftes Sozialintegrat[10], eine Interesseneinheit[11] — oder man geht, wie die Reine Rechtslehre und Martin Wolff, sogar so weit zu erklären, sie interessiere den Juristen nicht[12]. Es ist klar, daß bei einem solchen Agnostizismus die Anerkennung des Unternehmens als juristische Person auf keinerlei prinzipielle Bedenken stoßen kann, sondern allein von der positiven Entscheidung des Gesetzgebers abhängt. Dann wäre der Fall wiederum mit dem Hinweis auf die bereits mehrfach genannten Vorschriften erledigt. Statt dessen tritt in der neueren Literatur immer

---

[6] Dagegen läßt sich nicht einwenden, für das Begriffspaar genossenschaftlicher Verband — Anstalt sei in Wahrheit der Gegensatz zwischen Autonomie und Heteronomie konstitutiv, denn auch diese Elemente mischen sich in der Organisation, insofern sie als von der Umwelt abhängiges Gebilde heteronom, als auf diese Umwelt aktiv reagierendes Gebilde autonom ist.

[7] So vor allem *H. J. Wolff*, Organschaft und Juristische Person, Bd. 1, S. 229; ihm folgend *Müller - Freienfels*, AcP 156, S. 529.

[8] *Lehmann - Hübner*, Allg. Teil, S. 435.

[9] *Müller - Freienfels*, AcP 156, S. 529. [10] *Henkel*, Rechtsphilosophie, S. 204.

[11] *Ostheim*, Die Rechtsfähigkeit von Verbänden nach deutschem und österreichischem Recht, S. 7 ff.; vgl. auch *Enneccerus - Nipperdey*, **AT § 103.**

[12] *Kelsen*, Reine Rechtslehre, S. 178 ff. (193); *Martin Wolff*, On the Nature of Legal Persons, The Law Quarterly Review 54, 1938, S. 494 ff., (506).

häufiger den Begriff der Organisation selbst auf den Plan: Substrat der juristischen Person ist „eine überindividuelle organisatorische Einheit“[13], eine organisierte Interessen-[14] oder Willenseinheit oder schlechthin eine „zur Erreichung eines gemeinsamen Zweckes unter Zusammenfassung von Personen oder Vermögenswerten geschaffene Organisation“[15]. Dieser Sprachgebrauch muß uns aufhorchen lassen. Aus ihm geht hervor, daß man ein geordnetes Zusammenwirken einer Mehrheit von zusammengehörenden und aufeinander abgestimmten Einzelfaktoren im Auge hat, wobei die Meinungen auseinandergehen, ob es sich nur um Personen handeln kann oder auch Vermögensgegenstände eine Organisation bilden können. Im übrigen wird der Begriff nicht analysiert, und es findet sich auch kein Hinweis darauf, daß er vom soziologischen Sprachgebrauch beeinflußt wäre. Indessen ist nicht zu bezweifeln, daß der Begriff, dessen Wurzeln ja für beide Wissenschaften im gemeinsamen allgemeinen Sprachgebrauch liegen, im Kern dasselbe bedeutet. Es ist evident, daß das Unternehmen auch im Sinn der Autoren, die diesen Begriff einführen, als Organisation im soziologischen Verständnis des Begriffs anzusprechen ist[16], sofern sie nur bereit sind, sich von der traditionellen Dogmatik zu distanzieren. Dann reduziert sich die Frage seiner juristischen Personifikation von neuem auf eine Zweckmäßigkeitsentscheidung des Gesetzgebers.

c) Das Unternehmen und die „Personenhaftigkeit“ der juristischen Person

Wir haben die Gründe bereits aufgezählt, die wohl eindeutig zugunsten einer solchen Zweckmäßigkeitsentscheidung sprechen. Wenn gleichwohl noch nicht alle Hemmungen überwunden sind, der juristischen Personifikation des Unternehmens zuzustimmen, so aus dem Grund, weil sich trotz des Sieges der Zweckmäßigkeitstheorie in der Jurisprudenz ein Gefühl erhalten hat, daß damit ein Akt vollzogen werde, dessen Bedeutung sich nicht in der juristischen Technik erschöpft. Im Begriff der juristischen Person liegt ein Hinweis, daß dem sozialen Gebilde, das „personifiziert“ wird, Qualitäten zugesprochen werden, welche den natürlichen Menschen in seiner Personhaftigkeit auszeichnen, daß ihm, um es in aller Kürze so auszudrücken, etwas vom Personsein der natürlichen Person und von ihrer Würde zuerkannt wird. Der Gedanke, der mit der Ablehnung von Otto *v. Gierkes* Lehre von der realen Verbandspersönlichkeit verlorengegangen war, gewinnt neuerdings auch dogmatisch wieder an Boden. So heißt es bei *Larenz*[17], der Verein sei zwar nicht „personengleich als ein mit Vernunft und Selbstbewußtsein begabtes Wesen“, aber doch „einer Person ähnlich als Wirkens-

---

[13] *Coing*, bei Staudinger Einl. 2 a vor § 21 BGB.

[14] *Ostheim*, aaO.

[15] *Soergel - Schultze - v. Lasaulx* Vorb. 1 vor § 21 BGB; *Enneccerus - Nipperdey* § 103; *Larenz*, Allgemeiner Teil, S. 168; *Lange*, Allg. Teil § 27 I a; auch schon *H. J. Wolff*, aaO., S. 229.

[16] Was bei *Enneccerus - Nipperdey* auch geschieht, vgl. AT § 133 I.

[17] Allgemeiner Teil, S. 105.

einheit, als aktiver Faktor im sozialen Geschehen", und um dieser Ähnlichkeit willen könne er „gleich wie eine Person Subjekt von Rechten und Pflichten sein, ohne daß wir ihn deshalb als eine Person im ethischen Sinn oder als ‚Mensch' zu fingieren brauchten". Daher sei die juristische Person weder eine Fiktion noch eine in das Belieben des Gesetzgebers gestellte Entscheidung, und auch nicht lediglich ein rechtstechnischer Kunstgriff, sondern eine Analogie, die in den wirklichen Gegebenheiten ihre Grundlage und zugleich ihre Grenze finde.

Diese Ausführungen führen noch näher als die unkritische Übernahme des Begriffs der Organisation an die Gedanken der Organisationssoziologie heran. Als ein System von an einem gemeinsamen Ziel ausgerichteten Interaktionen gleicht die Organisation dem natürlichen Menschen darin, daß sie durch eine Vielzahl aufeinander abgestimmter Handlungen mit der Umwelt in Kontakt tritt und auf sie einwirkt. Es tut nichts zur Sache, daß im einen Falle alle Handlungen von einem Menschen ausgehen, im anderen von vielen, denn es genügt, daß sie in einem funktionellen Zusammenhang stehen. So ist die Organisation in der Tat, wie *Larenz* es ausdrückt, als Wirkenseinheit und aktiver Faktor im sozialen Geschehen einer Person ähnlich. Insofern also das Recht die Person als ein zum Handeln — mindestens der Anlage nach — befähigtes Subjekt anerkennt und schützt, ist es gerechtfertigt, den Organisationen dieselbe Rechtsmacht zu gewähren. Das geschieht durch die Verleihung der Rechtsfähigkeit. Auch unter dem Gesichtspunkt einer am Begriff der Person anknüpfenden Lehre von der juristischen Person begegnet es daher keinen Bedenken, das Unternehmen als solche anzuerkennen.

3. *Zusammenfassung und Ausblick*

Damit erweist sich, daß alle erheblichen Theorien zum selben Ergebnis führen. Vom Standpunkt der Rechtstheorie und Rechtsdogmatik besteht aller Grund, die Personifikation des Unternehmens anzuerkennen. Andererseits wäre es verfrüht, so zu tun, als sei im geltenden Recht dieser Schritt schon endgültig vollzogen, denn die Gesetze zeigen, wie wir sahen, einen durchaus uneinheitlichen und in der Entwicklung befindlichen Rechtszustand. Aber die Tatsachen legen doch die Empfehlung an den Gesetzgeber nahe, bei allen Gesetzesänderungen und neuen Gesetzen, die sich auf das Unternehmen beziehen, in der Zukunft auf dem begonnenen Weg weiterzuschreiten und auch künftig mit aller Entschiedenheit das Unternehmen als juristische Person, und das heißt, als das maßgebliche Rechtssubjekt des Handels- und Wirtschaftsrechts, seinen Vorschriften zugrunde zu legen. Und die Rechtswissenschaft sollte sich davon überzeugen, daß es der Sache gemäß und deshalb im Blick auf die Zukunft richtig und fruchtbar sei, dieser Entwicklung nicht länger Widerstand zu leisten, sondern die Wege zu ebnen.

LITERATURVERZEICHNIS

Aktiengesetz: Großkommentar 2. Bd., 2. Auflage, Berlin 1965.

Anonymus: Über die Rechtsverhältnisse der unter einer Firma betriebenen Handlung, in Elvers Themis, Bd. 1, Heft 1, 1828, S. 498 ff.

— Ist das Recht auf den Gebrauch einer Firma, welche in Folge Übertragung oder Fortführung eines Handelsgeschäfts auf dessen Erwerber oder den Gesellschafter, welcher das Geschäft behalten, übergegangen ist, kraft Gesetzes erloschen, sobald der ursprüngliche Geschäftsbetrieb aufgegeben und an dessen Stelle ein anderes, verschiedenes Geschäft begonnen wird? ZHR 26, 1881, S. 1 ff.

Anschütz, August — v. Völderndorff, Otto Frhr.: Kommentar zum Allgemeinen Deutschen Handelsgesetzbuch, Erlangen 1868.

Auerbach, W.: Das Gesellschaftswesen in juristischer und volkswirtschaftlicher Hinsicht, Frankfurt/Main, 1861.

Bakke, E. Wight: Concept of the Social Organization, in: Haire, M. (Hrsg.) Modern Organizations Theory, A Symposium of the Foundation for Research on Human Behaviour, 2. Aufl. New York/London 1961.

Ballerstedt, Kurt: Unternehmen und Wirtschaftsverfassung, JZ 1951, S. 486ff.

— Eigentum und Mitbestimmung, in: Macht und Ohnmacht des Eigentums, Köln 1959, S. 185 ff.

— Gesellschaftsrechtliche Probleme der Unternehmenskonzentration, in: Die Konzentration in der Wirtschaft, Schriften des Vereins für Socialpolitik N. F., Bd. 20/II, Berlin 1960, S. 871 ff.

— Soll das Stiftungsrecht bundesgesetzlich vereinheitlicht und reformiert werden, gegebenenfalls mit welchen Grundzügen, Gutachten für den 44. Deutschen Juristentag 1962, in: Verhandlungen des vierundvierzigsten Deutschen Juristentags, Bd. 1, Tübingen 1962, Teil 5.

— Aktienrechtsreform und Unternehmensverfassung, in: Zur großen Aktienrechtsreform, Schriftenreihe der Forschungsstelle der Friedrich-Ebert-Stiftung, Hannover 1962, S. 35 ff.

— Das Verhältnis von Recht und Wirtschaft als Aufgabe der Forschung und der Gestaltung, in: Gewerkschaft, Wirtschaft, Gesellschaft, Beiträge zu wirtschaftlichen und sozialen Gegenwartsfragen, Hrsg. K. Nemitz und R. Becker, Köln 1963, S. 29 ff.

— Diskussionsbeitrag auf dem 45. Deutschen Juristentag, Sitzungsberichte, München/Berlin 1965, S. F 41.

Baumbach, Adolf — Hefermehl, Wolfgang: Wettbewerbs- und Warenzeichenrecht, Bd. 1, 9. Auflage, München/Berlin 1964.

Baumbach, Adolf — Hueck, Alfr. u. Götz: Aktiengesetz, 13. Auflage, München und Berlin 1968.

Baumbach, Adolf — Hueck, Alfred: GmbH-Gesetz, 12. Auflage, München und Berlin 1966.

Baur, Fritz: Lehrbuch des Sachenrechts, 4. Auflage, München und Berlin 1968.

Behrend, J. Fr.: Lehrbuch des Handelsrechts, Bd. 1, Berlin 1886.

Bekker, Ernst Immanuel: Zweckvermögen, insbesondere Peculium, Handelsvermögen und Aktiengesellschaften, ZHR 4, 1861, S. 499 ff.

— Zur Lehre vom Rechtssubjekt, Dogmatische Jahrbücher Bd. 12, 1873, S. 1 ff.

— Pandekten, Bd. 1, Weimar 1886.

Bender, Johann Heinrich: Grundsätze des engeren Handlungsrechts, Darmstadt 1824.

Beseler, Georg: System des gemeinen deutschen Privatrechts, Berlin 1847.

Bischoff, Friedrich: Neue rechtstheoretische Gestaltungsmöglichkeiten im Bereich der unmittelbaren Staatsverwaltung, AöR Bd. 81, 1956, S. 54 ff.

Blau, Peter — Scott, W. Richard: Formal Organizations. A Comparative Approach, San Francisco 1962.

Böhm, Franz: Das wirtschaftliche Mitbestimmungsrecht der Arbeiter im Betrieb, Ordo IV, 1951, S. 21 ff.

— Der Zusammenhang zwischen Eigentum, Arbeitskraft und dem Betreiben eines Unternehmens, in: Das Unternehmen in der Rechtsordnung, Festgabe für Heinrich Kronstein, Karlsruhe 1967, S. 11 ff.

Brecher, Fritz: Das Unternehmen als Rechtsgegenstand, Bonn 1953.

Brönner, Herbert: Die Besteuerung der Gesellschaften, 11. Auflage, Stuttgart 1965.

Bühler, Ottmar: Steuerrecht der Gesellschaften und Konzerne, 3. Auslage, Berlin/Frankfurt 1956.

Bußmann, Kurt: Name, Firma, Marke, Berlin 1937.

v. Caemmerer, Ernst: Wandlungen des Deliktsrechts, in: Hundert Jahre Deutsches Rechtsleben, Festschrift zum 100jährigen Bestehen des deutschen Juristentags, Bd. 2, Karlsruhe 1960, S. 49 ff.

v. Canstein, Raban Frhr.: Über Stellvertretung mit besonderer Rücksicht auf das Handelsrecht, Buschs Archiv, Bd. 21, 1871, S. 226.

Coing, Helmut: Grundzüge der Rechtsphilosophie, Berlin 1950.

— Wirtschaftswissenschaften und Rechtswissenschaften, in: Das Verhältnis der Wirtschaftswissenchaft zur Rechtswissenschaft, Soziologie und Statistik, Schriften des Vereins für Socialpolitik, N. F., Bd. 33, Berlin 1964, S. 1 ff.

Cyert, Richard M. — March, James G.: A Behavioral Theory of the Firm, Englewood Cliffs, N. J., 1963.

Dahrendorf, Ralf: Pfade aus Utopia, Arbeiten zur Theorie und Methode der Soziologie, München 1967.

— Industrie- und Betriebssoziologie, Berlin 1965 (Sammlung Göschen Bd. 103).

David, Walter: Die Carl-Zeiss-Stiftung, ihre Vergangenheit und ihre gegenwärtige rechtliche Lage, Heidenheim an der Brenz 1954.

Deuder: Grundsätze des engen Handlungsrechts, Darmstadt 1824.

Dietz, Rolf: Betriebsverfassungsgesetz, 4. Auflage, München u. Berlin 1967.

Dill, William R.: Business Organizations, in: March (Hrsg.) Handbook of Organizations, Chicago 1965, S. 1071 ff.

Droste, Karl: Eintragung von Gewerbetreibenden in das Handelsregister, NJW 1961, S. 1607 ff.

Duden, Konrad: Diskussionsbeitrag auf dem 45. Deutschen Juristentag, in: Sitzungsberichte, München/Berlin 1965, S. F 71.

Eckhardt, Karl-August: Studien zu handelsrechtlichen Neuerscheinungen, Zentralblatt für Handelsrecht, 1928, S. 345 ff.

— Betrieb und Unternehmer. Ein Beitrag zur Terminologie, ZHR 94, 1929, S. 1 ff.

Ehrenberg, Victor: Der Kaufmann und das kaufmännische Unternehmen, Ehrenbergs Handbuch des gesamten Handelsrechts, Bd. 2, Leipzig 1918 S. 1 ff.

Eichhorn, Karl-Friedrich: Einleitung in das deutsche Privatrecht, Göttingen 1823.

Endemann, Wilhelm: Das deutsche Handelsrecht, 2. Auflage, Heidelberg 1868, 4. Auflage Leipzig 1887.

Enneccerus, Ludwig — Allgemeiner Teil des Bürgerlichen Rechts, 11. Auflage, Tübingen 1926.

Enneccerus, Ludwig: Nipperdey, Hans Carl: Allgemeiner Teil des bürgerlichen Rechts, 15. Auflage, Bd. 1 Tübingen 1959, Bd. 2 Tübingen 1960.

Esch, Peter — Oberbillig, Werner Claus: Sparkassenrecht in der Bundesrepublik, Loseblattsammlung, Düsseldorf-Mainz-Wiesbaden 1965.

Esser, Josef: Grundsatz und Norm in der richterlichen Fortbildung des Privatrechts, 2. Auflage, Tübingen 1964.

— Schuldrecht, Bd. 1, 3. Auflage, Karlsruhe 1968.

Etzioni, Amitai: Soziologie der Organisationen, München 1967 (Grundfragen der Soziologie, Bd. 15), Übersetzung aus dem Amerikanischen: Modern Organizations, Englewood Cliffs 1964.

— (Hrsg): Complex Organizations. A Sociological Reader, New York u. a. 1965.

Eucken, Walter: Die Grundlagen der Nationalökonomie, 8. Auflage, Berlin u. a. 1965.

Fabricius, Fritz: Relativität der Rechtsfähigkeit, München und Berlin 1963.

Fahrtmann, Friedhelm: Der „personenrechtliche Charakter" des Arbeitsverhältnisses. RdA 1960, S. 5 f.

v. Falkenhausen, Bernhard Frhr.: Die Aufgaben der Publizität im Aktienrecht, Die Aktiengesellschaft 1962, S. 309 ff.

Fechner, Erich: Die Treubindungen des Aktionärs, Weimar 1942.

— Das wirtschaftliche Unternehmen in der Rechtsordnung, Bonn 1942.

Fehr, Hans: Der Eigentumsbegriff und das Unternehmen, Zeitschrift für Schweizer Recht 47, 1928, S. 1 ff.

Fick: Über Begriff und Geschichte der Aktiengesellschaften, ZHR, Bd. 5, 1862, S. 1 ff.

Filbinger, Hans: Die Schranken der Mehrheitsherrschaft im Aktienrecht und Konzernrecht, Berlin 1942.

Fischer, Curt Eduard: Die Reform des Aktienrechts, grundsätzliche Gesichtspunkte und einige Vorschläge für die Neufassung, AcP 154, S. 181 ff.

— Das Problem der Rechtsform für öffentliche Unternehmen, DÖW 1958, Heft 3, S. 2.

Fischer, Robert: Die Grenzen bei der Ausübung gesellschaftlicher Mitgliedschaftsrechte, NJW 1954, S. 777 ff.

Forsthoff, Ernst: Lehrbuch des Verwaltungsrechts, Bd. 1, Allgemeiner Teil, 9. Auflage, München und Berlin 1966.

Frankfurter Publizitätsgespräch, Das: Vorträge und Diskussionen der gleichnamigen Tagung in Königstein/Ts am 13. und 14. April 1962, Frankfurt/Main 1962.

Frémery, A.: Etudes de Droit Commercial, Paris 1833.

Friedländer, Heinrich: Konzernrecht, Mannheim u. a. 1927.

Fuchs, Günter: Die wirtschaftliche Betätigung des Bundes in den Formen der §§ 15 und 48 RHO, DVBl. 1966, S. 843 ff.

Galbraith, John Kenneth: Die moderne Industriegesellschaft (The New Industrial State), 1967, deutsche Ausgabe München u. Zürich 1968.

Galperin, Hans — Siebert, Wolfgang: Kommentar zum Betriebsverfassungsgesetz, 4. Auflage, Heidelberg 1963.

Gans, Eduard: Über die Handlungsfirmen, in: Beiträge zur Revision der Preußischen Gesetzgebung, Berlin 1830—32, S. 50 ff.

Geiger, Josef: Die Entwicklung der rechtlichen Erfassung des Handelsgeschäfts im 19. Jahrhundert, Diss. München 1963.

Geiler, Karl: Die wirtschaftlichen Strukturwandlungen und die Reform des Aktienrechts, Berlin 1927.

Gelpcke, W.: Die Handelsgesellschaft als juristische (moralische) Person, in: Gelpckes Zeitschrift für Handelsrecht, Heft 2, 1852, S. 1 ff.

Geßler, Ernst: Probleme der GmbH-Rechtsreform, GmbH-Rdsch 1966, S. 102 ff.

v. Gierke, Julius: Das Handelsunternehmen, ZHR 111, S. 1 ff.

— Handelsrecht und Schiffahrtsrecht, 7. Auflage, Berlin 1955.

v. Gierke, Otto: Das Deutsche Genossenschaftsrecht, Bd. 1, Rechtsgeschichte der deutschen Genossenschaft, Darmstadt 1954 (unveränderter Nachdruck der 1. Ausgabe von 1868).

— Bd. 2, Geschichte des deutschen Körperschaftsbegriffs, Darmstadt 1954 (unveränderter Nachdruck der 1. Ausgabe von 1873).

— Die Genossenschaftstheorie und die deutsche Rechtsprechung, Berlin 1887.

— Deutsches Privatrecht, 1. Bd., Allgemeiner Teil und Personenrecht, Leipzig 1895.

— Die soziale Aufgabe des Privatrechts, Berlin 1889.

Gieseke, Paul: Die rechtliche Bedeutung des Unternehmens, in: Festschrift für E. Heymann, Bd. 2, Weimar 1940, S. 112 ff.

v. Godin, Hans Frhr. — Hoth, Jürgen: Wettbewerbsrecht, Berlin 1957.

v. Godin, Reinhard Frhr. — Wilhelmi, Hans u. Sylvester: Aktiengesetz, 3. Auflage, Berlin 1967.

Goerdeler, Reinhard: Die Stiftung als Rechtsform für Unternehmen, ZHR 113, 145.

Goerdeler, Reinhard — Ulmer, Peter: Der Stiftungszweck in der Reform des Stiftungsrechts, Die Aktiengesellschaft 1963, S. 292 ff., 328 ff.

Goldschmidt, Levin: Der Entwurf eines Handelsgesetzbuchs für die Preußischen Staaten, in: Kritische Zeitschrift für die gesamte Rechtswissenschaft, Bd. 4, 1857, S. 105 ff.

Golembiewski, Robert T.: Small Groups and Large Organizations, in: March (Hrsg), Handbook of Organizations, Chicago 1965.

Gouldner, Alwin W.: Reziprozität und Autonomie in der funktionalen Theorie, in: Moderne Amerikanische Soziologie, Neuere Beiträge zur soziologischen Theorie, Hrsg. H. Hartmann, Stuttgart 1967, S. 293 ff.

Gramm, Hans: Zum Begriff des Betriebes, AuR 1964, S. 293 ff.

Grochla, Erwin: Artikel Unternehmung und Betrieb im Handwörterbuch der Sozialwissenschaften, Bd. 10, 1959, S. 583 ff.

Gutenberg, Erich: Unternehmensführung, Organisation und Entscheidung, Wiesbaden 1962.

— Die Grundlagen der Betriebswirtschaftslehre, Bd. 1, 8./9. Auflage, Berlin u. a. 1963.

Haas, Eckart: Die juristische Person des öffentlichen Rechts als Wettbewerbsunternehmen, Diss. Hamburg 1959.

Hachenburg, Max: Kommentar zum Gesetz betr. die Gesellschaften mit beschränkter Haftung, Bd. 1 und 2, 6. Auflage, Berlin 1956.

v. Hahn, Friedrich: Kommentar zum Allgemeinen Deutschen Handelsgesetzbuch, Braunschweig 1863.

Hassenpflug, Hans Ludwig: Eine unter einer Firma betriebene Handlung ist als das Rechtssubjekt hinsichtlich aller aus Handlungsgeschäften entstehenden Rechte und Verbindlichkeiten anzusehen, in: Elvers Themis, Bd. 1, 1827, S. 59 ff.

Haupt, Günter: Gesellschaftsrecht, Tübingen 1939.

Hauriou, Maurice: La Théorie de l'Institution et de la Fondation, Cahiers de la Nouvelle Journée 4, 1925, S. 1 ff., deutsch von H. und J. Jecht: Die Theorie der Institution und zwei andere Aufsätze (Hrsg. R. Schnur), Berlin 1965.

Häußling, Josef: Artikel Integration im Staatslexikon Bd. 4, 6. Auflage, Freiburg 1959, Sp. 341.

Haussmann, Fritz: Vom Aktienwesen und vom Aktienrecht, Mannheim u. a. 1928.

Hedemann, Justus Wilhelm: Das bürgerliche Recht und die neue Zeit, Jena 1919.

Hefermehl, Wolfgang: Der namensrechtliche Schutz geschäftlicher Kennzeichen, in: Festschrift für A. Hueck, München u. a. 1959, S. 519 ff.

Heise, Arnold: Handelsrecht, nach dem Originalmanuskript, Frankfurt u. a. 1858.

Helmer, Georg: Entstehung und Entwicklung der öffentlich-rechtlichen Brandversicherungsanstalten in Deutschland, Jena 1936.

Henkel, Heinrich: Einführung in die Rechtsphilosophie, München und Berlin 1964.

Hesselmann, Malte: Handbuch der GmbH u. Co., 10. Auflage, Köln-Marienburg 1967.

Hettlage, Karl-Maria: Verfassungsfragen öffentlicher Unternehmen, in: Festschrift für Schmidt-Rimpler, Karlsruhe 1957, S. 279 ff.

Hoepfner, L.: Versuch einer Nachweisung der Anwendbarkeit des Römischen Rechts auf die Verhältnisse der heutigen Handlungsfirma, in: Allgemeine Juristische Zeitung, 3. Jahrgang 1830, S. 334 ff.

Huber, Ernst-Rudolf: Wirtschaftsverwaltungsrecht, 2. Auflage, Bd. 1, Tübingen 1953; Bd. 2, Tübingen 1954.

Hubmann, Heinrich: Das Recht am Unternehmen, ZHR 117, S. 41 ff.

Hueck, Alfred: Der Treuegedanke im Recht der offen Handelgesellschaft, in: Festschrift für Rudolf Hübner, Jena 1935, S. 72 ff.

— Der Treuegedanke im modernen Privatrecht, München 1947.

— Gedanken zur Reform des Aktienrechts und des GmbH-Rechts, Berlin 1963.

— Das Recht der offenen Handelsgesellschaft, 3. Auflage, Berlin 1964.

— Gesellschaftsrecht, 14. Auflage, München und Berlin 1968.

Hueck, Alfred — Nipperdey, Hans-Carl: Lehrbuch des Arbeitsrechts, Bd. 1, 7. Auflage, Berlin u. Frankfurt 1963, Bd. 2, 1. Halbband, 7. Auflage, Berlin u. Frankfurt 1967, Bd. 2, 6. Auflage, Berlin u. Frankfurt 1956.

Hueck, Götz: Der Grundsatz der gleichmäßigen Behandlung im Privatrecht, München/Berlin 1958.

Hüttl, Adolf: Die bisherigen Organisationsformen gemeindlicher Versorgungsbetriebe, in: Der Städtetag 1955, S. 494.

Irle, Martin: Soziale Systeme, Eine kritische Analyse der Theorie von formalen und informalen Organisationen, Göttingen 1963.

Isay, Rudolf: Das Recht am Unternehmen, Berlin 1910.

Jacobi, Erwin: Betrieb und Unternehmen als Rechtsbegriffe, Leipzig 1926.

Jahr, Günther: Funktionsanalyse von Rechtsfiguren als Grundlage einer Begegnung von Rechtswissenschaft und Wirtschaftswissenschaft, in: Das Verhältnis der Wirtschaftswissenschaft zur Rechtswissenschaft, Soziologie und Statistik, Schriften des Vereins für Socialpolitik, Bd. 33, Berlin 1964, S. 14 ff.

Jessen, Jens: Unternehmen und Unternehmensrecht, ZHR 96, S. 37 ff.

Jolly, Julius: Das Recht der Actiengesellschaften, Zeitschrift für deutsches Recht, Bd. 11, 1847, S. 317 ff.

Kelsen, Hans: Reine Rechtslehre, 2. Auflage, Wien 1960.

Kersten, Eduard: Stiftung und Handelsgesellschaft, in: Festschrift zum 45. Deutschen Juristentag, Karlsruhe 1964, S. 123 ff.

Keynes, John Maynard: Das Ende des Laissez-Faire, München-Leipzig 1926.

Köhler, Herbert: „Betrieb" und „Unternehmen" in wirtschaftsverfassungsrechtlicher Sicht, JZ 1953, S. 713 ff.

Köhler, Herbert: Unternehmensverfassung und Aktienrecht, JZ 1956, S. 137 ff.

— Rechtsform und Unternehmensverfassung, ZfgesStWiss 115, 1959, S. 716 ff.

König, René (Hrsg.): Das Fischer Lexikon, Soziologie, Neubearbeitung Frankfurt 1967.

Kosiol, Erich: Die Unternehmung als wirtschaftliches Aktionszentrum, Einführung in die Betriebswirtschaftslehre, Reinbek 1966 (Rowohlts deutsche Enzyklopädie, Bd. 256/257).

Krause, Hermann: Kaufmannsrecht und Unternehmerrecht, ZHR 105, 1938, S. 105 ff.

— Unternehmer und Unternehmung, Mannheim 1954.

Krawietz, Werner: Das private Recht und seine Funktion, Berlin 1967.

Kronstein, Heinrich: Die Publizität außerhalb der Aktiengesellschaft, BB 1964, S. 1055.

Kropff, Bruno: Textausgabe des Aktiengesetzes vom 6. 9. 1965, Düsseldorf 1965.

Krüger, Herbert: Allgemeine Staatslehre, 2. Auflage, Stuttgart u. a. 1966.

Küchendahl: Diskussionsbeitrag zum 15. Deutschen Juristentag 1880, Verhandlungen, Bd. 2, Berlin 1880, S. 150.

Kuhn, Ottmar: Strohmanngründung bei Kapitalgesellschaften, Tübingen 1964.

Kunze, Otto: Für modifiziertes Aktienrecht, DÖW 1955, Heft 6, S. 11.

— Die Aktiengesellschaft als Rechtsform für öffentliche Unternehmen, DÖW 1957, Heft 3, S. 9.

— Gesellschaftsrecht, Unternehmensverfassungsrecht und das öffentliche Interesse in der Unternehmensverfassung, in: Macht und Ohnmacht des Eigentums, Köln 1959, S. 217 ff.

— Von der wirtschaftlichen Mitbestimmung zur Unternehmensverfassung, in: Gewerkschaft, Wirtschaft, Gesellschaft, Beiträge zu wirtschaftlichen und sozialen Gegenwartsfragen, Hrsg. K. Nemitz und R. Becker, Köln 1963, S. 133 ff.

— Diskussionsbeitrag auf dem 45. Deutschen Juristentag, Sitzungsberichte, München/Berlin 1965, S. F 20.

— Die Funktion des Eigentums im modernen Gesellschaftsrecht, in: Marburger Gespräch über Eigentum — Gesellschaftsrecht — Mitbestimmung, Marburg 1967, S. 77 ff.

Kuntze, J. E.: Prinzip und System der Handelsgesellschaften, ZHR, 6, S. 177 ff.

Küster, Werner: Inhalt und Grenzen der Rechte des Gesellschafters, insbesondere des Stimmrechts, im deutschen Gesellschaftsrecht, Berlin 1954.

Laband, Paul: Besprechung von Endemann, Handelsrecht, ZHR, Bd. 8, 1865, S. 643 ff.

— Beiträge zur Dogmatik der Handelsgesellschaften, II. Das Gesellschaftsvermögen, ZHR, Bd. 31, 1885, S. 1 ff.

Lange, Heinrich: Allgemeiner Teil. Ein Studienbuch. 10. Auflage, München u. Berlin 1968.

Larenz, Karl Methodenlehre der Rechtswissenschaft, Berlin u. a. 1960.

— Allgemeiner Teil des deutschen Bürgerlichen Rechts, München und Berlin 1967.

— Schuldrecht, Bd. 1, 9. Auflage, München und Berlin 1968.

Lastig: Die Handelsgesellschaften, in: Endemanns Handbuch des Deutschen Handels-, See- und Wechselrechts, Bd. 1, Leipzig 1881, S. 310 ff.

Lehmann, Heinrich — Hübner, Heinz: Allgemeiner Teil des bürgerlichen Gesetzbuchs, 16. Auflage, Berlin 1966.

Lesse: Ist es wünschenswert, daß die gemeinsame Gesetzgebung das Handelsvermögen als ein für sich bestehendes Rechtsganzes anerkenne? in: Deutsche Gerichtszeitung 1863, S. 192 ff.

Limbach, geb. Ryneck, Jutta: Theorie und Wirklichkeit der GmbH. Die empirischen Normaltypen der Gesellschaft mit beschränkter Haftung und ihr Verhältnis zum Postulat von Herrschaft und Haftung, Berlin 1966.

Lindenmaier, Fritz: Namens- und Firmenschutz im Geschäftsverkehr, BB 1953, S. 629.

Liermann, Hans: Handbuch des Stiftungsrechts, Bd. 1, Geschichte des Stiftungsrechts, Tübingen 1963.

Lohmann, Martin: Einführung in die Betriebswirtschaftslehre, 4. Auflage, Tübingen 1964.

Luhmann, Niklas: Der Funktionsbegriff in der Verwaltungswissenschaft, VerwArch 49, 1958, S. 97 ff.

— Funktionale Methode und Systemtheorie, Soziale Welt 15, S. 1 ff.

— Funktionen und Folgen formaler Organisation, Berlin 1964.

— Grundrechte als Institution. Ein Beitrag zur politischen Soziologie, Berlin 1965.

— Artikel Organisation im Evangelischen Staatslexikon, Stuttgart/Berlin 1966, Sp. 1410 ff.

Makower, H.: Diskussionsbeitrag zum 15. Deutschen Juristentag 1880, Verhandlungen, Bd. 2, Berlin 1880, S. 134 ff.

v. Martens, Georg Friedrich: Grundriß des Handelsrechts, Göttingen 1798.

Maurenbrecher, Romeo: Lehrbuch des gesamten heutigen gemeinen deutschen Privatrechts, Bd. 2, Bonn 1834.

Mavridis, Vassili: Eingliederungstheorie, Vertragstheorie und Gemeinschaftsverhältnis, RdA 1956, S. 444 ff.

Mayer, Otto: Deutsches Verwaltungsrecht, Bd. 2, 1. Auflage, München und Leipzig 1896.

Mayntz, Renate: Soziologie der Organisation, 2. Auflage, Reinbek 1967 (Rowohlts deutsche Enzyklopädie, Bd. 166).

Mestmäcker, Ernst-Joachim: Anmerkung zum Urteil des BGH vom 27. 9. 1956, JZ, 1957, S. 180 ff.

— Verwaltung, Konzerngewalt und Rechte der Aktionäre, Karlsruhe 1958.

— Soll das Stiftungsrecht bundesgesetzlich vereinheitlicht und reformiert werden, gegebenenfalls mit welchen Grundzügen, Referat auf dem 44. Deutschen Juristentag 1962, in: Verhandlungen, Bd. 2, Tübingen 1964, S. G 2.

— Das Verhältnis der Wirtschaftswissenschaft zur Rechtswissenschaft im Aktienrecht, in: Das Verhältnis der Wirtschaftswissenschaft zur Rechtswissenschaft, Soziologie und Statistik, Schriften des Vereins für Socialpolitik, N. F., Bd. 33, Berlin 1964, S. 103 ff.

Meyer-Ladewig, Jens: Zur Problematik des institutionellen Rechtsdenkens im Zivilrecht, ungedr. Diss. Hamburg 1959.

Mezger, E.: Zur neuesten Entwicklung des kaufmännischen Registerpfandrechts in Frankreich, ZHR 115, S. 150 ff.

Mittermaier, C. J. A.: Grundsätze des gemeinen deutschen Privatrechts mit Einschluß des Handels-, Wechsel- und Seerechts, Heidelberg 1823.

Mommsen, Agapetus: Die Haftung des Firmenübernehmers für die Firmenschulden und die Behandlung dieser Kontroverse seitens des Leipziger Oberhandelsgerichts, Buschs Archiv, Bd. 32, 1875, S. 201 ff.

Müller, Ernst: Kommentar zum Reichsgesetz zur Bekämpfung des unlauteren Wettbewerbs, 3. Auflage, Fürth 1897.

Müller, Franz H.: Artikel Organisation im Staatslexikon, 6. Auflage, Freiburg 1961, Sp. 35 ff.

Müller-Erzbach, Rudolf: Deutsches Handelsrecht, 2./3. Auflage, Tübingen 1928.

Müller-Freienfels, Wolfram: Zur Lehre vom sogenannten „Durchgriff“ bei juristischen Personen im Privatrecht, AcP 156, S. 522 ff.

— Ehe und Recht, Tübingen 1962.

v. Nell-Breuning, Oswald: Eigentum und Verfügungsgewalt in der modernen Gesellschaft, in: Wirtschaft und Gesellschaft heute, Bd. 3, Freiburg 1960, S. 253 ff.

— Ist Eigentum eine Ordnungsmacht?, ebenda, S. 272 ff.

v. Nell-Breuning, Oswald: Unternehmensverfassung, in: Das Unternehmen in der Rechtsordnung, Festgabe für Heinrich Kronstein, Karlsruhe 1967, S. 47 ff.

Netter, Oskar: Zur aktienrechtlichen Theorie des „Unternehmens an sich", in: Festschrift für A. Pinner, Bd. III, Leipzig 1932.

Neuhoff, Klaus: Die Bereitstellung von Unternehmenskapital für Stiftungen, wirtschaftswiss. Diss. Köln 1964.

Neumann, Franz L.: Das Arbeitsrecht in der modernen Gesellschaft, RdA, 1951, S. 2 ff.

Neumann-Duesberg, Horst: Betriebsverfassungsrecht, Berlin 1960.

Nikisch, Arthur: Die sozialrechtlichen Fragen der Gestaltung der Unternehmensformen, Referat auf dem 39. Deutschen Juristentag 1951, Tübingen 1952, S. B 41 ff.

— Arbeitsrecht, Bd. 1, 3. Auflage, Tübingen 1961, Bd. 2, 2. Auflage, Tübingen 1959, Bd. 3, 2. Auflage, Tübingen 1966.

Nicklisch, Hellmut: Das Recht der kommunalen Wirtschaftsbetriebe, Loseblattsammlung, Düsseldorf 1962 ff.

Nußbaum, Arthur: Zur neueren Entwicklung der Lehre vom Unternehmen, in: Beiträge zum Wirtschaftsrecht, Bd. 2, Marburg 1931, S. 492 ff.

v. Ohmeyer, Kamillo Edler: Das Unternehmen als Rechtsobjekt, Wien 1906.

Oppikofer, Hans: Das Unternehmensrecht in geschichtlicher, vergleichender und rechtspolitischer Betrachtung, Tübingen 1927.

Ostheim, Rolf: Die Rechtsfähigkeit von Verbänden nach deutschem und österreichischem Recht, Wien 1967.

Pann: Diskussionsbeitrag zum 15. deutschen Juristentag 1880, Verhandlungen, Bd. 2, Berlin 1880, S. 144.

Pardessus, J. M.: Cours de droit commercial, Bd. 3, 6. Auflage, Paris 1857.

Parsons, Talcott: The Structure of Social Action, Glencoe Ill. 1937.

— The Social Systems, Glencoe Ill. 1951.

— Suggestions for a Sociological Approach to the Theory of Organizations, in: Administrative Science Quarterly, Vol. I, New York 1956/57, S. 63 ff., 225 ff. (wiederabgedruckt bei Etzioni, Complex Organizations, S. 32 ff.).

— Pattern Variables Revisited: A Response to Robert Dubin, in: American Sociological Review, Vol. 25 Nr. 4, 1960, S. 467 ff.

— Structure and Prozess in Modern Societies, 4. Auflage, New York 1965.

Passow, Richard: Betrieb, Unternehmung, Konzern, Jena 1925.

Petersen, Julius — v. Pechmann, Wilhelm Frhr.: Gesetz betr. die Kommanditgesellschaften auf Aktien und die Aktiengesellschaften vom 18. 7. 1884, Leipzig 1890.

Pieper, Josef: Grundformen sozialer Spielregeln, 5. Auflage, Frankfurt 1966.

Pinther, Helmut: Ist das Arbeitsverhältnis ein personenrechtliches Gemeinschaftsverhältnis? ArbuR, 1961, S. 225 ff.

Pisko, Oskar: Das Unternehmen als Gegenstand des Rechtsverkehrs, Wien 1907.

— Das kaufmännische Unternehmen, in: Ehrenbergs Handbuch Bd. 2, Leipzig 1918, S. 195 ff.

Plagemann, Jochen: Stiftungsunternehmen, Die Aktiengesellschaft, 1962, S. 199.

Planck, Gottlieb — Knoke, P.: Plancks Kommentar zum Bürgerlichen Gesetzbuch, 4. Auflage, 1. Band, Allgemeiner Teil, Berlin, 1913.

Platon: Politeia, Deutsch von Rudolf Rufener, Zürich 1950.

Pöhls, Meno: Darstellung des gemeinen Deutschen und des Hamburgischen Handelsrechts, Erster Band, Hamburg 1828.

Presthus, Robert: Individuum und Organisation, Typologie der Anpassung, Frankfurt 1962.

Prölß, Erich: Versicherungsaufsichtsgesetz, Kommentar 5. Auflage, München/Berlin 1966.

Pross, Helge: Manager und Aktionäre in Deutschland, Untersuchungen zum Verhältnis von Eigentum und Verfügungsmacht, Frankfurter Beiträge zur Soziologie, Bd. 15, Frankfurt 1965.

Puchta, Georg Friedrich: Pandekten, 2. Auflage, Leipzig 1844.

Raisch, Peter: Geschichtliche Voraussetzungen, dogmatische Grundlagen und Sinnwandlung des Handelsrechts, Karlsruhe 1965.

Raiser, Ludwig: Wirtschaftsverfassung als Rechtsproblem, in Festschrift für J. v. Gierke, Berlin 1950, S. 181 ff.

— Die wirtschaftsverfassungsrechtlichen Fragen der Gestaltung der Unternehmensformen, Referat auf dem 39. Deutschen Juristentag, 1951, Stuttgart, 1952, S. B 57 ff.

— Rechtsschutz und Institutionenschutz, in: summum ius, summa iniuria, Tübingen 1963.

— Die Konzernbildung als Gegenstand rechts- und wirtschaftswissenschaftlicher Untersuchung, in: Das Verhältnis der Wirtschaftswissenschaft zur Rechtswissenchaft, Soziologie und Statistik, Schriften des Vereins für Socialpolitik, N. F., Bd. 33, Berlin 1964, S. 51 ff.

— Die Zulässigkeit des Kooptationssystems bei der Bildung von Mitgliedervertretungen großer Versicherungsvereine auf Gegenseitigkeit, ZVersWiss. 1965, S. 465 ff.

Raiser, Thomas: Das Vertragsgesetz der „DDR" vom 25. Februar 1965, JZ 1967, S. 338.

Rathenau, Walther: Vom Aktienwesen. Eine geschäftliche Betrachtung, Berlin 1918.

Ramm, Thilo: Die Anfechtung des Arbeitsvertrags, Karlsruhe 1955.

Regelsberger, Ferdinand: Über die Haftung des Firmenerwerbers für die unter der Firma von einem früheren Inhaber eingegangenen Verbindlichkeiten, ZHR 14, 1870, 1 ff.

Reichsgerichträte-Kommentar: Kommentar zum Handelsgesetzbuch, früher herausgegeben von Mitgliedern des Reichsgerichts, Bd. 1: 2. Aufl. bearbeitet von Würdinger, Berlin 1953, 3. Aufl. bearbeitet von Würdinger und Brüggemann, Berlin 1968; Bd. 2: 2. Aufl. bearbeitet von Weipert, Berlin 1950.

Reinhardt, Rudolf: Die gesellschaftsrechtlichen Fragen der Gestaltung der Unternehmensformen, Referat auf dem 39. Deutschen Juristentag 1951, Tübingen 1952, S. B 5 ff.

— Aktienrecht und Eigentumsordnung, in: Festschrift für Walter Schmidt, Berlin 1959, S. 23 ff.

Renaud, Achilles: Das Recht der Aktiengesellschaften, 2. Auflage, Leipzig 1875.

Rittner, Fritz: Unternehmen und freier Beruf als Rechtsbegriffe, Tübingen 1962.

— Die handelsrechtliche Publizität außerhalb der Aktiengesellschaft, Gutachten zum 45. Deutschen Juristentag, München und Berlin 1964, Teil 4, ferner Referat und Diskussionsbeiträge in Bd. II (Sitzungsberichte) S. F 7 ff.

— Die Funktion des Eigentums im modernen Gesellschaftsrecht, in: Marburger Gespräch über Eigentum — Gesellschaftsrecht — Mitbestimmung, Marburg 1967.

Rogron, J. A.: Code de Commerce, expliqué par ses motifs, par des exemples et par la jurisprudence, 12. Auflage, Paris 1864.

Rosenstock, Eugen: Vom Industrierecht, in: Festgabe für Gretener, Berlin 1926.

v. Savigny, Friedrich-Carl: System des heutigen römischen Rechts, Berlin 1840.

Schilling, Wolfgang: Die Einmanngesellschaft und das Einzelunternehmen mbH, JZ 1953, S. 161 ff.

— Wandlungen des modernen Gesellschaftsbegriffs, JZ 1953, S. 489 ff.

— Publizität, Aktienrechtsreform und Unternehmensrecht, DB 1962, S. 1497 ff.

— Wirtschaftliche Mitbestimmung im Meinungsstreit, ZHR 128, S. 217 ff.

Schippel, Helmut: Das Recht am eingerichteten und ausgeübten Gewerbebetrieb, München/Köln/Berlin 1956.

Schlegelberger, Franz - Quassowski, Leo: Aktiengesetz, 3. Auflage, Berlin 1939.

Schmidt, Reimer: Die Obliegenheiten, Karlsruhe 1953.

— Gedanken und Erfahrungen zur Lehre von den Unternehmensformen der Individualversicherung, in: Ins dritte Jahrhundert, 200 Jahre Hessische Brandversicherungsanstalt, Melsungen 1967.

Schmidt, Reimer – Müller – Stüler, Michael: Das Recht der öffentlich-rechtlichen Sachversicherung, 2. Auflage Karlsruhe 1968.

Schnettler, Albert: Öffentliche Betriebe, Essen 1956.

Betriebe, öffentliche Haushalte und Staat, Berlin 1964.

Schnorr – v. Carolsfeld, Ludwig: Arbeitsrecht, 2. Auflage, Göttingen 1954.

Schönfeld, Walther: Rechtsperson und Rechtsgut im Lichte des Reichsgerichts als Vorarbeit zu einer künftigen Wirklichkeitslehre des deutschen Rechts, in: Die Reichsgerichtspraxis im deutschen Rechtsleben, Festgabe der juristischen Fakultäten zum 50jährigen Bestehen des Reichsgerichts, Bd. 2, Berlin und Leipzig 1929, S. 191 ff.

Schönle, Herbert: Die Einmann- und Strohmanngesellschaft, Linden 1957.

Schreiber, Otto: Die Kommanditgesellschaft auf Aktien, München 1925.

— Grundgedanken zum System eines künftigen Handelsrechts, in: Veröffentlichungen der Vereinigung der Handelsrechtslehrer Deutscher Hochschulen, Heft 1, Berlin u. Leipzig 1928, S. 41 ff.

Schultze – v. Lasaulx, Hermann: Die Zukunft des Kaufmannsbegriffs in der deutschen Rechtsordnung, Stuttgart 1939.

Besprechung von Westermann, Sachenrecht, AcP 151, 1950, S. 449 ff.

— Besprechung von Wolff-Raiser, Sachenrecht und Westermann, Sachenrecht, 3. Auflage, AcP 156, 1957, S. 453 ff.

Schumpeter, Joseph A.: Stichwort „Unternehmer" im Handwörterbuch der Staatswissenschaften, Bd. 8, 1928, S. 476 ff.

— Kapitalismus, Sozialismus und Demokratie, Englisch, New York 1942, deutsche Ausgabe, 2. Auflage Bern 1950.

Siebert, Wolfgang: BGB-System und völkische Ordnung, Deutsche Rechtswissenschaft 1936, S. 204 ff.

— Das Namensrecht im Verhältnis zum Firmen-, Warenzeichen- und Wettbewerbsrecht, BB 1959, S. 641 ff.

Sigloch, G.: Die Unternehmungen der öffentlichen Hand, Mannheim/Berlin/Leipzig 1929.

Simon, Hermann-Veit: Über die Haftung des Erwerbers eines Einzelgeschäfts für die vor Erwerb desselben entstandenen Handlungsschulden, ZHR 24, 1879, S. 91 ff.

Smend, Rudolf: Verfassung und Verfassungsrecht, München-Leipzig 1928, wieder abgedruckt in: Staatsrechtliche Abhandlungen, Berlin 1955, S. 119 ff.

— Artikel Integration im Evangelischen Staatslexikon, Stuttgart/Berlin 1966, Sp. 803 ff.

Soergel: Bürgerliches Gesetzbuch, Bd. 1 Allgemeiner Teil, 10. Auflage, Stuttgart u. a. 1967, §§ 12, 21 ff., 80 ff BGB, bearbeitet von Schultze-v. Lasaulx; Bd. 2 Einzelne Schuldverhältnisse, 9. Auflage, Stuttgart 1962, §§ 705 ff. BGB, bearbeitet von Schultze-v. Lasaulx.

Sombart, Werner: Die Ordnung des Wirtschaftslebens, Berlin 1925.

Spieker, Wolfgang: Aktienrechtsreform, Mitbestimmung der Arbeitnehmer und öffentliches Interesse, JZ 1962, S. 721 ff.

Staudingers Kommentar zum Bürgerlichen Gesetzbuch Bd., Allgemeiner Teil, 11. Auflage, Berlin 1957, §§ 21 ff. BGB, bearbeitet von Coing; Bd. 2, 3, Recht der Schuldverhältnisse §§ 611 ff. BGB, 11. Auflage 1958 bearbeitet von Mohnen und Neumann; Bd. 2, Recht der Schuldverhältnisse, 10. Auflage 1941, §§ 705 ff., bearbeitet von Geiler und Keßler.

Stein, Ekkehart: Die Wirtschaftsaufsicht, Tübingen 1967.

Stern, Klaus — Püttner, Günter: Die Gemeindewirtschaft, Recht und Realität, Stuttgart 1965.

Steuck, Heinz-Ludwig: Die Stiftung als Rechtsform für wirtschaftliche Unternehmen, Berlin 1967.

Stinchcombe, Arthur L.: Social Structure and Organizations, in: March (Hrsg.), Handbook of Organizations, Chicago 1965, S. 142 ff.

Stobbe, Otto: Handbuch des Deutschen Privatrechts, Bd. 1, 2. Auflage, Berlin 1882.

Strickrodt, Georg: Artikel Stiftungsunternehmen in: Handwörterbuch der Sozialwissenschaften, Bd. 10, Stuttgart u. a., 1959 S. 205 ff.

— Probleme zur rechtlichen Struktur von Stiftungsunternehmen, Baden-Baden 1960.

— Die Erscheinungsformen der Stiftungen des privaten und öffentlichen Rechts, NJW, 1962, S. 1480.

— Stiftungsrecht, Baden-Baden 1962 (Loseblattsammlung).

Studienkommission: Untersuchungen zur Reform des Unternehmensrechts, Bericht der Studienkommission des Deutschen Juristentags, Teil I (Bericht der Ausschüsse 1 u. 2), Tübingen 1955.

— Vorschläge zur Reform des Stiftungsrechts, Bericht der Studienkommission des Deutschen Juristentags, München 1968.

Suhr, Dieter: Das Eigentumsinstitut als Maßstab für die Grundstruktur des aktienrechtlich organisierten Eigentums, Diss. Hamburg 1966

Tabor: Beitrag zur rechtlichen Erörterung der Verbindlichkeiten, welche aus dem Eintritt in eine bestehende Handlungsfirma entspringen, Frankfurt/Main 1826.

Teichmann, Robert — Koehler, Walter: Aktiengesetz, 3. Auflage, Heidelberg 1950.

Thieme, Werner: Verwaltungslehre, Köln u. a. 1967.

Treitschke: Einige Fragen, Aktiengesellschaften betreffend, Zeitschrift für deutsches Recht Bd. 5, 1841, S. 324 ff.

v. Tuhr, Andreas: Bürgerliches Recht, Allgemeiner Teil, Bd. 1, Allgemeine Lehren und Personenrecht, Leipzig 1910.

Twiehaus, Uwe: Die öffentlich-rechtlichen Kreditinstitute, Göttingen 1965.

Ulmer, Peter: Der Unternehmensbegriff im Vertrag der Europäischen Gemeinschaft für Kohle und Stahl, Heidelberg 1960.

Unternehmensverfassung als gesellschaftspolitische Forderung: Ein Bericht, erstattet von Erik Boettcher, Karl Hax u. a., Berlin 1968.

Vialon, Friedrich Karl: Haushaltsrecht, 2. Auflage, Berlin-Frankfurt 1959.

Vogel, Otto: Artikel Unternehmung im Staatslexikon, Bd. 7, Freiburg/Bsg. 1962, S. 1158 f.

v. Völderndorff, Otto Frhr.: Die Personen des Handelsrechts, in: Endemanns Handbuch des Handels-, See- und Wechselrechts, Bd. 1, Leipzig 1881, S. 131 ff.

Wächter, Oskar: Das Handelsrecht nach dem Allgemeinen Deutschen Handelsgesetzbuch, 1. Teil, Leipzig 1865.

Walther, Alfred: Einführung in die Wirtschaftslehre der Unternehmung, Bd. 1, 2. Auflage, Zürich 1959.

Weber, Max: Wirtschaft und Gesellschaft, 4. Auflage, Hrsg. J. Winckelmann, Tübingen 1956.

Weiske: in: Pölitz neue Jahrbücher für Geschichte und Politik, Bd. 1, 1842, S. 244 ff.

Wer gehört zu wem: Mutter- und Tochtergesellschaften von A—Z, herausgegeben von der Commerzbank AG, 7. Auflage 1967.

Westermann, Harry: Lehrbuch des Sachenrechts, 5. Auflage, Karlsruhe 1966.

Wicher, Gerhard: Die geeignete Unternehmensform für wirtschaftliche Unternehmen der Gemeinden und Gemeindeverbände, Diss. Münster 1964.

Wieacker, Franz: Wandlungen der Eigentumsverfassung, Hamburg 1935.

Wiedemann, Herbert: Das Arbeitsverhältnis als Austausch- und Gemeinschaftsverhältnis, Karlsruhe 1966.

Wieland, Karl: Handelsrecht, Bd. 1, München u. Leipzig 1921.

v. Wiese, Leopold: Artikel Organisation im Handwörterbuch der Sozialwissenschaften, Bd. 8, Stuttgart u. a. 1964, S. 108.

Wiethölter, Rudolf: Interessen und Organisation der Aktiengesellschaft im amerikanischen und deutschen Recht, Karlsruhe 1961.

— Die Position des Wirtschaftsrechts im sozialen Rechtsstaat, in: Wirtschaftsordnung und Rechtsordnung, Festschrift für Franz Böhm, Karlsruhe 1965, S. 41 ff.

— Unternehmensverfassungsrecht, Juristenjahrbuch, Bd. 7, Köln-Marienburg 1966/67, S. 162 ff.

Wolff, Hans-Julius: Organschaft und juristische Person, Bd. 1, Berlin 1933.

— Verwaltungsrecht II, 2. Auflage, München und Berlin 1967.

Wolff, Martin: On the Nature of Legal Persons, in: The Law Quarterly Review 54, 1938, S. 494 ff.

Wolff, Martin — Raiser, Ludwig: Sachenrecht, 10. Auflage, Tübingen 1957.

Würdinger, Hans: Grundfragen zur Reform der Einzelunternehmung und der Personalgesellschaften, in: NS. Handbuch für Recht und Gesetzgebung, Hrsg. H. Frank, München 1935, S. 1105 ff.

— Wirtschaftsordnung und Unternehmung, in: Jahrbuch der Akademie für deutsches Recht 1936, S. 101 ff.

— Gesellschaften, 1. Teil: Recht der Personalgesellschaften, Hamburg 1937.

— Zur Reform des Konzernrechts, in: Festschrift für Walter Schmidt, Berlin 1959, S. 279 ff.

— Die Publizität der GmbH im nationalen und europäischen Bereich, GmbH-Rdsch 1964, S. 151 ff.

— Aktien- und Konzernrecht, 2. Auflage, Karlsruhe 1966.

Zeiß, Friedrich: Zur Rechtsform öffentlicher Unternehmen, Archiv für öffentliche und freigemeinwirtschaftliche Unternehmen Bd. 1, 1954, S. 200 ff.

— Rechtsform und Geist öffentlicher Unternehmen, DÖW 1955, Heft 5, S. 35 ff.

— Neue Rechtsform für öffentliche Unternehmen, DÖW 1955, Heft 6, S. 3, 18 ff.

— Das Problem der Rechtsformen für öffentliche Unternehmen, DÖW 1958, Heft 4, S. 2 ff.

— Das Eigenbetriebsrecht der gemeindlichen Betriebe, 2. Auflage, Stuttgart 1962.

— Neuere Entwicklungen im Eigenbetriebsrecht, in: Der Städtetag, 1965, S. 565 f.

Zielinski, Gustav: Grundtypenvermischung und Handelsgesellschaftsrecht, Marburg 1925.

Zöllner, Wolfgang: Die Schranken mitgliedschaftlicher Stimmrechtsmacht bei den privatrechtlichen Personenverbänden, München u. a. 1963.

Bei Fragen zur Produktsicherheit wenden Sie sich bitte an:
If you have any questions regarding product safety,
please contact:

Walter de Gruyter GmbH
Genthiner Straße 13
10785 Berlin
productsafety@degruyterbrill.com